TRAITÉ COMPLET

DE

VERSIFICATION

FRANÇAISE.

Paris.—Imprimerie d'A. SIROU, rue des Noyers, 37.

TRAITÉ COMPLET

DE

VERSIFICATION FRANÇAISE,

OU

GRAMMAIRE POÉTIQUE

DE LA

LANGUE FRANÇAISE,

PAR J. DESSIAUX,

Principal du Collége et Directeur de l'École primaire supérieure d'Issoudun, Membre de plusieurs Sociétés savantes, auteur de l'Examen critique de la Grammaire des grammaires (vi[e] édition), d'un Cours classique de grammaire française, Collaborateur au Journal de la Langue française.

PARIS,

Mme Vve MAIRE-NYON, LIBRAIRE-ÉDITEUR,

Quai Conti, 13.

1845.

AVERTISSEMENT.

Nous avions déjà réuni une grande partie des matériaux de cet ouvrage, lorsque parut le *Traité de versification française* de M. Quicherat. Nous sommes resté longtemps indécis sur la question de savoir si nous mettrions au jour nos recherches sur ce sujet; cependant, de nouvelles et sérieuses lectures nous offrant sans cesse des faits curieux, nous inspirant des réflexions importantes pour la science grammaticale, nous n'avons pas cru devoir nous abstenir plus longtemps de publier l'ouvrage que nous offrons aujourd'hui aux amateurs de notre langue, à la jeunesse studieuse, aux grammairiens et aux professeurs. M. Quicherat verra lui-même combien notre plan diffère du sien, combien d'observations neuves, piquantes, de citations curieuses, intéressantes, inconnues, notre livre offre au lecteur, et qui ne se trouvent pas dans le sien. Cependant son ouvrage peut être encore lu avec fruit, même après le nôtre, surtout à cause des remarques littéraires et philologiques que renferment ses notes sur notre ancienne langue poétique.

Grâce aux efforts de l'enseignement universitaire, et à la résistance des hommes de goût, le retour aux saines doctrines littéraires se manifeste de toutes parts : les poëtes de notre âge n'auront pas impunément secoué les entraves que s'étaient imposées les génies du grand siècle ; beaucoup ont perdu, dans leurs tentatives rétrogrades, la force, la sève de leurs plus belles années ; ils ont dénaturé notre belle langue, sous le spécieux et vain prétexte de l'enrichir. Notre ouvrage est encore une protestation énergique contre ce présomptueux vandalisme. Le lecteur verra aussi que nous ne sommes pas un homme dévoué à l'immobilité : nous sommes ami du progrès, de l'innovation ; mais du progrès approuvé par le goût, ce régulateur des beaux-arts ; mais de l'innovation réclamée par la nécessité.

TRAITÉ COMPLET
DE VERSIFICATION FRANÇAISE,

ou

GRAMMAIRE POÉTIQUE

DE LA LANGUE FRANÇAISE.

PREMIÈRE PARTIE.

DES RÈGLES DE LA VERSIFICATION.

NOTIONS PRÉLIMINAIRES, QUANTITÉ.

1. — La *poésie* est l'art de peindre en vers les merveilles de la nature, les sentiments du cœur, les hautes conceptions de l'âme : son domaine embrasse le monde moral et le monde physique, le Ciel et la Terre.

La *versification* est l'art de faire des vers d'après certaines règles établies pour chaque langue. On peut être bon versificateur et n'être pas poëte : le poëte est celui qui a le génie de l'invention, et dont le style a une couleur propre. Quelques littérateurs ont refusé ce nom à Delille, à Boileau, même à Voltaire ; en revanche, ils l'accordaient à leurs amis, et sans doute à eux-mêmes.

2. — Un *vers* est une ligne de mots plus ou moins longue, arrangés d'après certaines règles, et formant une quantité déterminée de syllabes.

Trois particularités saillantes distinguent, dans la langue française, les vers de la prose : 1° le nombre des syllabes, ou la *mesure*; 2° la même consonnance répétée au moins à la fin de deux vers, ou la *rime*; 3° la prohibition de l'*hiatus*; c'est-à-dire qu'il n'est pas permis de faire suivre un mot terminé par une voyelle autre que l'*e muet,* d'un autre mot commençant par une voyelle ; ainsi, *j'ai été, il a eu* ne peuvent entrer dans un vers sous cette forme.

3. — On nomme *syllabe* une ou plusieurs lettres qui se prononcent d'une seule émission de voix. Dans chaque syllabe entre nécessairement une voyelle au moins. *Scander* un vers, c'est faire sentir et compter le nombre des syllabes qui le composent.

4. — On nomme *élision* la perte de l'*e* muet final d'un mot sur la voyelle initiale, ou le *h* muet du mot suivant ; ainsi, dans ces mots : *l'homme est bon,* on ne compte que trois syllabes, de même que dans *l'homme heureux*. La syllabe muette compte devant une consonne ou le *h* dit aspiré : *l'hom-me bon*, trois syllabes ; *l'hom-me har-di*, quatre.

L'*e muet*, après une voyelle, ne compte ni au milieu, ni à la fin des mots ; ainsi *dévouement* n'a que trois syllabes, et *joie, nue, fée* n'en ont qu'une. Cependant, à la fin d'un vers, cet *e* muet équivaut à une syllabe muette. Cet *e* comptait pour une syllabe dans notre ancienne poésie.

5. — La *diphthongue* est la réunion de deux voyelles prononcées dans une seule syllabe. Lorsque les deux voyelles forment diphthongue, il y a *synérèse* ; quand les deux mêmes voyelles se séparent pour appartenir à deux syllabes différentes, il y a *diérèse*, ou division.

Nous allons indiquer sommairement la quantité syllabique des accouplements de voyelles, susceptibles de former des diphthongues.

6. — IA n'est monosyllabique que dans *fiacre, diacre, diable, liard*; on peut faire la diérèse dans *li-arder*, on doit toujours la faire dans *di-abolique*.

Casimir Bonjour, dans *les Deux Cousines*, 1, 10, fait *piano* de deux syllabes :

Et l'on trouve un *piano* dans l'arrière-boutique.

7. — IAIRE ne forme diphthongue que dans le seul mot *bréviaire* :

Le moine lisait son *bréviaire*.
(*La Fontaine*, Fabl., VII, 9.)

8. — IAIS est dissyllabique *ni-ais*. Il est commun dans *biais* :

> Et vous devez chercher quelque *bi-ais* plus doux.
> (*Molière*, Tartufe, V, 1.)

> Voyons, voyons un peu par quel *biais*, de quel air.
> (*Le même*, le Misanthrope, V, 3.)

9. — IAL, IAU offrent ordinairement diérèse : *imparti-al, mi-auler*.

> L'un *mi-aule* en grondant comme un tigre en furie.
> (*Boileau*, Satire VI.)

Cependant Andrieux a cru pouvoir contracter ces voyelles, dans la fable des *Deux Rats* :

> Par de longs *miau*-lements redouble leur effroi.

10 — IAN, IANT, IENT admettent généralement diérèse ; on excepte les mots *diantre, viande, escient* :

> Mais, *diantre!* il ne faut pas déchirer les exploits.
> (*Racine*, les Plaideurs, II, 3.)

> Autour de cet amas de *viandes* entassées.
> (*Boileau*, Satire III.)

De Lamartine a, contre l'usage, fait la contraction dans *fiancée* :

> L'une ajustant le voile au front de la *fiancée*.
> (*Jocelyn*, Ire Époque.)

11. — IEL n'est diphthongue que dans les monosyllabes, *fiel, ciel, miel*. Il peut admettre la diérèse dans *mi-elleux* :

> Pour ce monsieur si gras, si *mi-elleux*.
> (*Florian*, la Poule de Caux.)

Le son IEL est commun dans *pluriel*

Je n'est qu'un singulier, avons est un *pluriel*.
(*Molière*, Femmes savantes, II, 6.)

Vous pourrez aussi bien dire le *pluri-el*.
(*Regnard*, le Distrait, III, 3.)

12.—IÉ, IER. 1° ce son forme diphthongue après une consonne simple ou non modifiée, dans les noms et les adjectifs, au milieu comme à la fin des mots *pitié, fièvre, nièce, lumière, portier, miette, siége, tiède*, etc. Les exemples suivants peuvent être considérés comme des licences.

Quatre *huissi-ers*, et la fuite vous prîtes.
(*Voltaire*, l'Enfant prodigue, III, 2.)

Des *milli-ers* de pois peuvent sortir si vite.
(*Florian*, Fables, I, 10.)

Mais bannissez l'apprêt, il nous glace, et le chant,
S'il est *mani-éré*, cesse d'être touchant.
(*Dorat*, Déclamation, III.)

Aimable Marcellus, la reine de la terre
Vient déjà nous offrir l'acanthe et le *li-erre*[1].
(*Gresset*, Églogues, IV.)

2° Le son *ié, ier* admet diérèse 1° après les liquides *l, r* précédées d'une autre consonne : *sangli-er, meurtri-er, quatri-ème*, vous *voudri-ez*, vous *sembli-ez*[2];

---

[1] De tous ces exemples, celui du mot *huissier* est seul inadmissible, à cause de la grande analogie des noms d'états soumis à la même règle. J'ai trouvé ailleurs *li-erre* avec la quantité que lui donne Gresset; *milli-er* est dans l'analogie de *milli-on*; *mani-éré* peut se dire, quoique *manière* ait toujours la diphthongue, cela tient à l'allongement du mot, qui en modifie la valeur finale, comme on l'a vu pour *li-arder, mi-elleux*, etc.

[2] L'Académie dit, sur ces vers du Cid :

Il est juste, grand roi, qu'un meurtrier périsse.

« Ce mot *meurtrier*, qu'il répète souvent, le faisant de trois

2° dans tous les verbes de la première conjugaison : *pri-er*, *suppli-er*, etc. ; 3° dans *inqui-et*, *hardi-esse*, *pi-été*, *di-érèse*, etc.

3° Jusqu'à Boileau, l'adverbe *hier* fut presque toujours monosyllabe. Corneille, Boursault, Quinault, dans leurs comédies, ne lui donnent que cette quantité. L'usage actuel est de prononcer ce mot en deux syllabes, mais en poésie on peut, par licence, lui conserver son ancienne quantité :

Les journaux d'*hier* au soir, qui n'ont pas été lus.
(**Andrieux**, le Vieux Fat, 1, 9.)

Dans les lieux, dans les temps, *hier*, demain, aujourd'hui.
(**De Lamartine**, Mort de Socrate.)

Hier, monseigneur le front ceint
De sa mitre épiscopale.
(**Béranger**, 1824.)

Boileau, qui fait toujours *hi-er* de deux syllabes, n'en donne qu'une à ce mot dans le composé *avant-hier* ; c'est un pur caprice ; le fait est que les poëtes sont libres dans l'un comme dans l'autre cas :

Le bruit court qu'*avant-hier* on vous assassina.
(**Boileau**, Épître VI.)

Avant-hi-er les Français sont entrés.
(**Voltaire**, Guerre civile de Genève, IV.)

13. — IEN est diphthongue dans *mien, tien, sien,*

---

syllabes, n'est que de deux. » Ce qui prouve qu'avant Corneille, (et tous les monuments l'attestent), ces désinences formaient diphthongue. Après le Cid, les poëtes furent partagés sur cette question ; mais bientôt, Boileau, Racine, Quinault, et même Molière et La Fontaine, firent prévaloir cette réforme exigée par la prononciation. Cependant on trouve encore *ouvrier* de deux syllabes dans Molière, et *sanglier* également de deux syllabes dans le Fabuliste. Cette licence est bannie de notre versification.

rien, chien, soutien, maintien, chrétien, et dans les verbes je *tiens*, je *viens*, etc. Hors de là, *i-en* est dissyllabique : *li-en, magici-en, aéri-en*, etc.

REMARQUES.

1° Le son *ien* admet généralement la diérèse dans les noms de peuples ; nous croyons que, dans le style comique, la poésie légère, on peut, par licence, faire la synérèse ; Voltaire et Béranger ont donné cette quantité au mot *prussien*; voici d'autres faits :

> L'*Indien* va nous placer aux petites maisons.
> (*Regnard,* Épître V.)

> Un enfant *péruvien* sur ses genoux assis.
> (*Florian,* Fables, II, 1.)

2° Nous devons faire la même observation sur les noms d'états ou de sectes : *magicien, chirurgien, épicurien*, etc. Béranger ne donne que quatre syllabes à ce dernier mot, Andrieux n'en donne que trois à *chirurgien* dans *les Étourdis* (1, 2) :

> Et que vous ont coûté médecin, *chirurgien*?

3° Le son *ien* est commun dans *gardien, ancien*. Molière et La Fontaine ont donné trois syllabes à *gar-di-en*, Andrieux et d'autres ne lui en donnent que deux. Corneille a fait le mot *an-ci-en* de trois syllabes :

> J'ai su tout le détail d'un *an-ci-en* valet.

Voltaire fait cette remarque : « *Ancien*, de trois « syllabes, rend le vers languissant ; *ancien*, de deux « syllabes, rend le vers dur. On est réduit à éviter

« ce mot quand on veut faire des vers où rien ne
« blesse l'oreille. » Cette remarque est trop sévère,
Voltaire a employé ce mot dans ses poésies.

> Nous devons l'apologue à l'*anci-enne* Grèce.
> (*La Fontaine*, Fables, III, 1.)

> Pour qui les plus *anciens* sont toujours les plus beaux.
> (*Delille*, Épît. à deux Enfants voyag.)

Andrieux, qui ne donne ordinairement que deux syllabes à cet adjectif, a suivi l'autre quantité dans ce vers :

> *An-ci-en* militaire, et seigneur de château.
> (*La Comédienne*, 1, 3.)

Le mot *pa-rois-sien* est généralement de trois syllabes :

> Le *paroissien* en plomb entraîne son seigneur.
> (*La Fontaine*, Fables, XI, 7.)

Béranger suit cette quantité. Il faut convenir que *pa-rois-si-en*, *pé-ru-vi-en*, etc., sont d'une longueur désolante [1].

---

[1] Nous pensons que, dans cette terminaison et dans quelques autres cas, on peut admettre comme licences autorisées la contraction des voyelles dans les noms propres; voici quelques exemples :

> Et dans *Valenci-enne* est entré comme un foudre.
> (*Boileau*, Épître VI.)

> Les forts de *Valencienne*, et ceux de Luxembourg.
> (*Delille*, Épître à deux Enfants voyag.)

> *Bossu-et*, Fénélon, Racine, Despréaux,
> De l'altière ignorance invincibles fléaux.
> (*Lebrun*, la Nature, III.)

> Regardez, c'est *Bossuet* qui s'élève et qui tonne.
> (*Castel*, les Plantes, II.)

> Et la fière Baltique où la *Suède* commande.
> (*Thomas*, Pétréide, la Hollande.)

14. — IEU est diphthongue dans les monosyllabes *Dieu, cieux, mieux, lieu, pieu,* etc.; dans *milieu, essieu, épieu*. Les adjectifs en *ieux* admettent la diérèse : *pi-eux, odi-eux*, etc.; il n'y a que *vieux* qui soit monosyllabe.

IEUR est toujours dissyllabique : *ri-eur, intéri-eur*, etc.

15. — IO se divise ordinairement : *di-ocèse, curi-osité, vi-olence*. Il est diphthongue dans *pioche, cariole, fiole* ; cependant nous croyons qu'il est douteux dans ces deux derniers mots :

> Chacun croit contenir comme dans une *fiole*
> Tout le bon sens de l'univers.
> (*Desmahis*, l'Honnête homme, II, 2.)
> De la *fi-ole* il raconta l'histoire.
> (*Collin d'Harleville*, l'Alchimiste, conte.)
> J'ai pris tout simplement ma petite *cariole*[1].
> (*Le même*, les Artistes, I, 8.)

16. — ION n'est diphthongue qu'à la première personne plurielle des verbes : nous *chantions*, nous *chanterions*, etc. Bien entendu qu'il faut excepter 1° le présent des verbes en *i-er* : nous *pri-ons*, nous *li-ons*; 2° la première personne des verbes où les liquides *l, r* sont précédées d'une autre consonne, nous *sembli-ons*, nous *voudri-ons*.

---

[1] Dorat, dans son épître à Hume, fait *vi-ol* de deux syllabes : ce mot cependant semble passer à l'état de monosyllabe, tendance qu'ont tous les mots d'un usage populaire, c'est-à-dire qui paraissent souvent dans la conversation. C'est ce que nous verrons plus bas pour le mot *duel*.

Dans tous les noms, *i-on* est de deux syllabes. Regnard s'est donc écarté de l'usage dans ce vers :

> Le bonhomme chargé de *fluxions* et d'années.
> (Légataire, I, 1.)

Boileau, dans sa satire I, semble avoir indiqué la quantité du mot *million :*

> Qu'un *milli-on* comptant par ses fourbes acquis.

Cependant ce mot n'a que deux syllabes dans Béranger (*le 5 mai*) :

> Armons soudain deux *millions* de soldats.

17. — OE est diphthongue dans *moelle, poêle ;* il est douteux dans *moelleux :*

> Que chacun prenne en main le *moelleux* Abéli.
> (*Boileau*, Lutrin, IV.
> Le *mo-elleux* contour d'une tête flexible.
> (*Dorat*, Déclamation, III.)

18. — OUÉ, OUER est dissyllabique : *lou-er, avou-er.*

OUET admet la diérèse *jou-et, pirou-ette, alou-ette*, etc. Nous ferons cependant remarquer que Collin-d'Harleville a fait la contraction dans ce dernier mot :

> Aussi monsieur Henri
> Y va, mais très souvent, dès le chant de l'*alouette.*
> (Les Riches, 1, 2.)

La quantité du mot *girouette* est douteuse ; La Harpe ne lui donnait que trois syllabes, y compris la muette : Molière et Voltaire ont suivi cette quantité :

La tête d'une femme est comme une *girouette*.
>(*Molière*, Dépit amoureux, IV, 2.)

Une *girouette* exposée à tout vent.
>(*Voltaire*, Guerre civile de Genève, II.)

D'autres font la diérèse : *girou-ette*.

Tourner tous ces gens-là comme une *girou-ette*.
>(*Collin d'Harleville*, l'Inconstant, I, 1.)

Le son *ouet* est généralement diphthongue dans *fouet*, mais *fouetter* admet plus facilement la diérèse, voici des exemples :

Condamnez-le à l'amende, ou, s'il le casse, au *fouet*.
>(*Racine*, les Plaideurs, II, 13.)

Il se ferait *fouetter* pour accroître son bien.
>(*Aubert*, Fables, le Miroir.)

Là peut-être un rival des Régniers, des Boileaux,
Fou-ette un buis tournant, qui châtierait les sots.
>(*Delille*, l'Homme des champs, I.)

Boursault, dans sa comédie d'*Ésope à la ville*, donne ces exemples dans la même scène (III, 7) :

Nous aurons le *fou-et* et vous en serez cause...
Ayant tort elle seule, on nous *fouette* tous deux.

19. — UA, OUA. Ces sons se divisent : *persuader*, *nu-age*, *ru-ade*, etc. Régnard, dans les *Ménechmes*, a fait la diérèse dans le mot *dou-ane* ; Béranger l'a employé avec contraction.

20. — UÉ n'est diphthongue que dans *écuelle*. On peut y joindre *duègne* qui cependant est douteux

Un satyre et ses enfants
Allaient manger son potage
Et prendre l'*écuelle* aux dents.
>(*La Fontaine*, Fables, V, 7.)

Une maman sévère, une farouche *duègne*.
(*Collin-d'Harleville*, les Mœurs du jour, II), 4.)

UÉ, UEL, UEUR partout ailleurs reçoivent la division : *nu-ée, cru-el, du-el, lu-eur*. Cependant M. Victor Hugo, dans *les Burgraves*, a fait *duel* d'une syllabe, contre l'usage :

Le grand *duel* du vieux Job et du vieux Barberousse.

Régnard fait la diérèse :

Et ces deux filles-là vont se battre en *du-el*.
(Le Distrait, III, 22.)

Voltaire, *Ode sur le vœu de Louis XIII*, et ailleurs, et presque tous les poëtes, lui donnent cette quantité. Nous pensons qu'on peut suivre la licence dont M. Victor Hugo donne plusieurs exemples (voir *Hernani*.)

21. — UI est ordinairement diphthongue : *lui, fuir*[1], *nuire, appui, suivre, puits, bruit*, etc. La diérèse est admise sans exception dans *ébru-iter*. La quantité est douteuse dans le verbe *bruire* et le substantif *bruissement*; la diérèse est généralement préférée :

Bien choisir son théâtre, et *bru-ire* à propos,
Sont deux grands points : un *bruit* accru par les échos
Ressemble beaucoup à la gloire.
(*Arnault*, Fables, II, 8.)

---

[1] La quantité du verbe *fuir* a été longtemps douteuse : Malherbe l'emploie tantôt avec, tantôt sans synérèse. L'Académie remarque, sur ce vers de Corneille,

Je ne puis te blâmer d'avoir *fui* l'infamie,

que *fui* est de deux syllabes ; Voltaire répond, mais un demi-siècle environ plus tard, que *fui* n'est plus que d'une syllabe, comme *lui, cuit, bruit* (Commentaire sur le Cid.)

Je ne me sens pas fait d'ailleurs pour la mêlée
Où *bru-it* cette foule à tant de soins mêlée.
(*De Lamartine*, Jocelyn, Ire Époque.)

Et la forêt en pousse un long *bruissement*.
(*Roucher*, les Mois.)

Ui est dissyllabique dans *ru-ine, bru-ine, flu-ide, su-icide*. Béranger a cependant employé ce dernier mot avec contraction, dans le chant sur les jeunes Escousse et Lebras.

22. — OUI est de deux syllabes : *jou-ir, évanou-ir, Lou-is*. *Oui* adverbe d'affirmation est monosyllabe ; *ouï* du verbe *ou-ir* est dissyllabe. Béranger n'a donné qu'une syllabe à *louis*, monnaie d'or ; cela ne peut se tolérer que dans une chanson.

REMARQUES.

23. — Y est dissyllabique dans *abbaye, pays*. Du temps de Régnier, *paysan* n'avait que deux syllabes ; il en a trois aujourd'hui.

24. — AOUT se prononce et s'écrit ordinairement *oût* en poésie :

Et qu'à peine au mois d'*oût* l'on mange des pois verts.
(*Boileau*, Satire III.)

Remuez votre champ dès qu'on aura fait l'*oût*.
(*La Fontaine*, Fables, V, 9.)

Se plaint-elle du froid dans le cœur du mois d'*oût* ?
(*Régnard*, Épître I.)

Néanmoins la prononciation *a-oût* étant admise dans la conversation, comme l'atteste Boiste, nous croyons qu'on peut donner deux syllabes à ce mot dans la poésie légère ; et en effet Béranger lui a donné cette quantité :

> À peine j'ose vous dire
> Que c'est le quinze d'a-oût.
> (Système des interprétations, 1820.)

25. — Souvent des poëtes, par inadvertance, ou peut-être par une licence *privée*, ont ajouté ou supprimé un *e* muet entre deux consonnes articulées, et de cette manière ont allongé ou raccourci un mot. La Fontaine, dans sa fable 22, livre IV, a écrit *culebutants*, et l'Académie écrit *culbuter*. MM. Gail et Didot ont corrigé le vers du fabuliste ; mais ils n'ont pas fait attention que les deux orthographes étaient admises autrefois, et que l'Académie a peut-être eu tort d'en rejeter une ; voici ma preuve :

> Ainsi qu'elle obéit, je vins à *culbuter*.
> (*Régnier*, Satire X.)

> Et du haut jusqu'en bas je fis la *culebute*.
> (*Le même*, Satire XI.)

La Fontaine était donc autorisé à écrire *culebutants*. Il y a mieux, cette orthographe a continué d'être en usage chez les poëtes, et nous la croyons admise comme licence poétique :

> Un drame choquant l'unité,
> *Culebutant* les bienséances.
> (*Dorat*, Epître à un Censeur indulgent.)

> On en voit dix ainsi *culebuter* pour un.
> (*Collin d'Harleville*, les Riches, V, 2.)

Voici que d'un autre côté Béranger a supprimé l'*e* du mot *laideron*, dans l'*Ange gardien* :

> D'un *laidron* je devins l'époux.

26. — Pour faire des vers, pour les juger, pour

les bien lire même, il est indispensable de connaître la quantité syllabique des mots. La poésie ne se lit pas précisément comme la prose : la lecture des vers ne permet pas les mêmes contractions des voyelles, elle exige que l'on fasse sentir les *e* muets non élidés, qui sont moins muets que dans la prose; chaque syllabe doit plus ou moins frapper l'oreille qui doit compter la mesure.

27. — On nomme *pied*, dans les vers français la réunion de deux syllabes. Quelques littérateurs donnent le nom de pied à chaque syllabe, d'autres ont émis des opinions différentes [1]. Nous suivons le sentiment des grands poëtes.

28. — Le plus long vers français a douze syllabes, et *quelquefois* treize, quand il se termine par une syllabe muette. Il y a aussi des vers de dix, de huit, de sept, de six, de cinq, et même de quatre et de trois syllabes. Ceux de deux et d'une syllabe sont moins des vers que des *rimes* ou des *échos*. Nous traiterons de tous ces vers dans un chapitre spécial. Le vers de douze syllabes est nommé *hexamètre*, celui de dix *pentamètre*, celui de quatre *tétramètre*.

29. — L'hexamètre, dont nous nous occuperons le plus particulièrement, se nomme aussi *grand*

---

[1] M. de Lécluse, dans sa *Poétique française;* Ackerman, *Journal grammatical*, IIIe série, tome 2, III.

vers, *alexandrin*[1], et *vers héroïque*, parce qu'il s'emploie dans les grandes œuvres poétiques, l'épopée, la tragédie, la haute comédie, la satire, etc. Le vers *pentamètre* se nomme aussi *commun*, parce qu'il était le plus généralement usité autrefois ; il est propre au conte, au poëme héroï-comique, à l'épître familière. Les autres mesures conviennent aux poésies fugitives ; l'ode, pleine de mouvement, aime le mélange des rhythmes.

DE L'HÉMISTICHE ET DE LA CÉSURE. — DE L'ENJAMBEMENT.

§ I. *De l'Hémistiche et de la Césure.*

30. — Le vers alexandrin se partage en deux

---

[1] Le vers alexandrin ne tire pas son nom, comme on l'a cru, du poëte Alexandre de Paris, qui vivait sur la fin du XII° siècle. On trouve ce mètre dans des monuments antérieurs à cette époque. Lambert li-Cors (le Court) et Pierre de Saint-Cloud l'employèrent dans un poëme sur la vie d'Alexandre-le-Grand, poëme que termina le poëte Alexandre, que nous venons de nommer, et c'est du héros de Macédoine que l'hexamètre français tire son nom. L'auteur de Berthe, Adam ou Adenes, se servit de cette espèce de vers.

Le vers asclépiade a généralement le même nombre de syllabes que notre alexandrin :

Mœcenas, atavis edite regibus,
O! et presidium, dulce decus meum.
(*Horace*, Odes, liv. I.)

moitiés dont chacune prend le nom d'*hémistiche*, mot qui signifie *demi-vers*. La dernière syllabe du premier hémistiche est toujours *accentuée* ou fortement articulée, et cette accentuation est suivie d'un léger repos que l'on nomme *césure*. Ce mot signifie *coupe*. On donne aussi le nom de *césures* aux autres coupes marquées par les signes de ponctuation dans l'intérieur du vers. Nous ne nous occuperons en ce moment que de la césure de l'hémistiche, qui n'est pas toujours indiquée par un signe de ponctuation. La règle générale de la césure se trouve dans ces vers de Boileau, où l'exemple est joint au précepte :

Que toujours dans vos vers le sens, coupant les mots,
Suspende l'hémistiche, en marque le repos.
(Art poétique, I.)

Cependant, si le repos était trop fortement marqué à chaque hémistiche, les vers auraient une marche monotone qui deviendrait fatigante en peu de temps ; voilà pourquoi Voltaire a cru devoir ajouter ce commentaire au précepte de Despréaux

Observez l'hémistiche, et redoutez l'ennui
Qu'un repos uniforme attache auprès de lui :
Que votre phrase heureuse, et clairement rendue,
Soit tantôt terminée, et tantôt suspendue ;
C'est le secret de l'art.

Observations sur la Césure.

51. — De ce que la césure doit avoir lieu après une syllabe d'*appui*, il s'en suit qu'elle doit appartenir à un mot qui permette un léger repos après lui, et qui ne soit pas inséparablement lié par le sens avec le mot suivant. Ainsi la césure serait essentiellement vicieuse entre les articles, les adjectifs déterminatifs et les noms ; entre les pronoms personnels, les pronoms conjonctifs et les verbes ; et même souvent entre les auxiliaires immédiatement suivis de leurs participes ; entre la plupart des prépositions et leurs régimes, etc. Les vers suivants sont donc mauvais :

Je ne verrai point la | fin de cette journée.
Fuyons les vices qui | nous font perdre la grâce.
A l'instant que j'aurai | vu venger son trépas.
(*Rotrou.*)

Tu m'es bien cher, mais si | tu combats ma tendresse.
(*Lanoue.*)

Adieu je m'en vais à | Paris pour mes affaires[1].

Ce dernier vers a été fait exprès par Voltaire pour enseigner la règle que nous développons.

52. — La séparation de l'auxiliaire et du participe à l'hémistiche n'est pas toujours repoussée par le goût ; celle de la préposition polysyllabe et de son régime est tolérée. Lemare et Boiste se sont

---

[1] Certains romantiques se moquent de la césure, des spectateurs, de leurs lecteurs, et je crois bien d'eux-mêmes, lorsqu'ils produisent et font imprimer des vers comme ceux-ci :

Et la preuve est que *mon*—professeur s'est noyé.
(*Alex. Dumas*, Caligula.)

Voilà que, comme s'*il* | était dans le cercueil,
Son amour expiré va m'habiller en deuil.
(*Le même*, l'Alchimiste.)

montrés trop sévères à cet égard. Les césures suivantes, dont nous pourrions multiplier les exemples, sont légitimées par l'autorité des grands poëtes qui les ont employées, et par l'usage :

Tous ont fui ; tous se *sont* | séparés sans retour.
(*Racine.*)

Un tel mot pour *avoir* | réjoui le lecteur.
(*Boileau.*)

Mon frère vous *serez* | charmé de le connaître.
(*Molière.*)

Le feu sort à *travers* | ses humides prunelles.
(*Boileau.*)

J'y suis encor *malgré* | tes infidélités.
(*Racine.*)

Si toutefois *après* | de si lâches efforts.
(*Voltaire.*)

Richelet, qui n'avait pas réfléchi sur la nature de l'accent tonique et de la syllabe d'appui, condamne des vers semblables à ceux que nous venons de citer [1]. Les césures suivantes, quoique faiblement marquées, peuvent également être tolérées, et nous pensons avec Ackerman (*Journal grammatical*, IIIe série, t. 2, p. 293) que M. Quicherat a eu tort de les réprouver :

---

[1] Pour bien comprendre ce mécanisme, il faut lire le chapitre de l'*accent tonique*, chap. XI.

Si la préposition a pour régime un monosyllabe accentué, la césure est mauvaise, comme dans ce vers de Lamartine (*Chute d'un Ange*) :

Et l'un debout *devant* l'autre qui s'agenouille.

Seigneur, si j'ai *trouvé* grâce devant vos yeux.
(*Racine.*)

Disant ces mots, il *fait* connaissance avec elle.
(**La Fontaine.**)

Ma foi le plaisir *est* de finir le sermon.
(*Boileau.*)

Au surplus, la haute poésie est plus sévère à cet égard que le genre simple, la tragédie que la comédie, l'ode que l'apologue.

33. — Le repos de la césure ne pouvant avoir lieu qu'après une syllabe accentuée, et l'*e* muet ne pouvant servir d'appui à la voix, il suit de là que le premier hémistiche ne peut se terminer par une syllabe muette. Ainsi, comme l'observe Lemare, ce vers ne vaudrait rien :

C'est dans l'*infortune* | qu'on connaît ses amis.

Mais celui-ci est bon

Est-on dans l'*infortune*, on connaît ses amis,

parce que l'accent tombe sur *tu*, et que la muette *ne* s'élide sur *on*. D'où cette règle : Si le premier hémistiche d'un vers se termine par l'*e* muet, le second doit commencer par une voyelle [1].

34. — Le repos du premier hémistiche est insuffisant, s'il se termine par un nom dont le déterminatif marqué par *de* se trouve dans le second hé-

---

[1] Cette règle n'était pas observée par les poëtes du XVe siècle, et même Dubartas et Ronsard l'ont souvent méconnue.

mistiche, à moins que ce complément ne le remplisse tout entier. Ainsi le premier de ces vers est défectueux, les autres sont corrects :

> Et je brûle qu'un nœud | d'*amitié* nous unisse.
> (*Molière.*)
>
> Pourvu que dans le cours | *d'un règne florissant.*
> (*Racine.*)
>
> Qui bravant tous ces dieux | *de métal* et de plâtre.
> (*Voltaire.*)

35. — Les adverbes monosyllabes *pas, plus, bien, fort, mieux, mal, très, trop* et *rien* ne peuvent être séparés, à la césure, des adjectifs ou des verbes qu'ils modifient, sans produire un effet plus ou moins mauvais, (affaire de goût) :

> Ici l'on ne veut *rien* faire qui vous déplaise.
> Mais, monsieur, il n'est *point* nécessaire de lire.
> Nous verrons qui tiendra *mieux* parole des deux.
> Hélas! vos yeux sont *trop* assurés de me plaire.

36. — La césure est défectueuse entre l'adjectif et le nom, comme dans ces vers; c'est une licence que le genre comique se permet souvent :

> Ma foi, j'étais un *franc* | *portier* de comédie.
> (*Racine.*)
>
> Nous pourrions par un *prompt* | *achat* de cet esclave.
> (*Molière.*)
>
> Tu fis cette *méchante* | *affaire* en mon absence.
> (*Andrieux.*)

Elle est également défectueuse entre le nom et l'adjectif, si cet adjectif est seul, sans complément :

> Va, va-t'en faire *amende* | *honorable* au Parnasse.
> (*Molière.*)

Observez que ces mots *au Parnasse* ne sont point

le complément de l'adjectif *honorable*, autrement la césure serait bonne. Elle l'est toujours quand l'adjectif a un complément, ou quand le nom est précédé ou suivi de plusieurs adjectifs.

> Tantôt comme une *abeille ardente* à son ouvrage.
> (*Boileau.*)

> Il dit, et d'un *regard enflammé* d'arrogance.
> (*Voltaire.*)

> Ces chanoines *vermeils*, et *brillants* de santé,
> S'engraissaient d'une *longue* et *sainte* oisiveté.
> (*Boileau.*)

Nous croyons donc que La Harpe s'est montré trop sévère en blâmant ce vers de Voltaire :

> Au secours inutile et honteux des serments.

quoique *des serments* ne soit pas le complément des adjectifs.

37. — La césure ne doit pas séparer deux verbes qui forment un sens indivisible ; ainsi ces vers sont répréhensibles :

> Ne m'a jamais rien *fait* apprendre que mes heures.
> (*Molière.*)

> Derrière elle *faisait* lire argumentabor.
> (*Boileau.*)

Racine avait fait supprimer ce vers à Despréaux, ainsi que plusieurs autres qui ne valent pas mieux ; mais le satirique les fit reparaître après la mort de son ami.

38. — Enfin, quoique dans les vers suivants la césure soit peu marquée, on la tolère néanmoins,

parce que les monosyllabes qui commencent le second hémistiche ne sont point accentués.

Pour prendre Dôle, il *faut que* Lille soit rendue.
(*Boileau.*)

Aimer la gloire *autant que* je l'aimai moi-même.
(*Racine.*)

Et près de vous ce *sont des* sots que tous les hommes.
(*Molière.*)

Ils s'arrêtent non *loin de* ces tombeaux antiques.
(*Racine.*)

Quoi! vous fuyez *tandis que* vos soldats combattent?

Nous avons cru que pour ce paragraphe il suffisait de citer le nom des poëtes, sans indiquer leurs ouvrages.

§ II. *Du repos final et de l'enjambement.*

39. — Si le repos de la césure doit être marqué, le repos final du vers doit l'être encore plus fortement, plus exactement, quoiqu'il ne soit pas nécessaire que chaque vers se détache des autres par un signe de ponctuation ; en voici des exemples :

Ce discours d'un guerrier que la colère enflamme
Ressuscite l'honneur déjà mort en leur âme.
(*Boileau*, Épître IV.)

De rage et de douleur le monstre bondissant
Vient aux pieds des coursiers tomber en mugissant.
(*Racine*, Phèdre, V, 6.)

On voit, dans ces distiques, que le sens qui commence dans le premier vers ne se termine qu'à la fin du second. Cette suspension du sens ne produit pas un *enjambement* vicieux, car c'est ce qu'on nomme *enjambement*, et il est toujours permis entre le sujet et le verbe, entre le verbe et son régime, entre le substantif et son complément, lorsque les mots rejetés au vers suivant ont un développement qui remplit entièrement ce vers :

> Ils négligent tous deux cet appareil qui rend
> Et le combat plus long, et le danger moins grand.
> (*Voltaire*, Henriade, X.)

> Il dompte les mutins, reste pâle et sanglant
> Des flammes, de la faim, des fureurs intestines.
> (*Racine*, Bérénice, 1.)

Geoffroi remarque sur ce vers que l'enjambement donne un nouvel éclat à ce passage.

40. — L'enjambement vicieux est celui qui, séparant des mots intimement liés ensemble, scinde les vers, en détruit la cadence, et nuit à la régularité de l'hexamètre, qui, naturellement majestueux, comme l'observe La Harpe, doit se reposer sur lui-même ; il perd de sa noblesse, si on le fait marcher par sauts et par bonds.

Les anciens, et surtout Ronsard, offrent des exemples nombreux d'enjambements vicieux. Boileau fait un mérite à Malherbe d'avoir respecté la règle qui défend cette licence (*Art poétique*, I).

> Et le vers sur le vers n'osa plus enjamber.

La Harpe fait observer qu'avant Malherbe, Philippe Desportes eut soin d'éviter l'enjambement. Boileau, Racine, Molière et Voltaire lui-même, génie indépendant, se sont soumis à cette loi ; Roucher et Delille ne l'ont pas toujours respectée.

EXEMPLES VICIEUX.

Celui que vous cherchez, dont la faveur des dieux
A conservé les jours, le voici. Que de grâces
Ne vous devons-nous pas ! O vous, que nos disgrâces
Ont seule intéressée ! En proie à tant de maux.....
(*Delille,* l'Enéide, I.)

Et quand il s'agira de marier ma *fille
Unique,* à qui je puis donner vingt mille écus.
(*Andrieux,* le Trésor, I, 1.)

Il sort ; Rose après lui retrouve sur la plage
Ses voiles, et tous deux retournent au village. (*Roucher.*)

Il faut pourtant remarquer que l'enjambement qui se termine à la césure est moins choquant que tout autre, parce que là se trouve un repos.

41. — Voltaire avait dit, mais en badinant, dans le *Prologue de la Prude :*

Elle se taira donc, monsieur, à votre farce
— Eh ! pourquoi, s'il vous plaît ? — Ah ! *parce
Que* l'on voit les mauvais plaisants.....

M. de Lamartine nous offre ces exemples dans le genre sérieux :

Là, tapi sous la feuille, et dérobé *derrière
Le tronc* des châtaigniers qui bordent la clairière.
(Jocelyn, IIIe Époque.)

Il chantait quelquefois de saintes hymnes, *comme
De saints* ravissements chantent au cœur de l'homme.
(Chute d'un Ange, VII.)

Mais de deux composés, mâle et femelle *afin
Que* sa dualité lui révélât sa fin [1]. (*Ibid.,* VIII.)

---

[1] Voici, entre autres singularités modernes, un vrai tour de force en enjambement :

Il a comme Flamel des maisons, des *villa
A* n'en savoir le nombre ; et puis encore *il a*
Tant de vaisseaux chargés . . . . .
(*Alex. Dumas,* l'Alchimiste.)

Quel harmonieux effet produit cet *il a,* au commencement du

Il n'y a pas précisément enjambement dans ces distiques, mais il y a violation du repos final du vers, qui doit être encore plus rigoureusement observé que celui de la césure, ainsi que nous l'avons dit.

L'exemple suivant, de Baour-Lormian (*Jérusalem délivrée*, XIII), est également répréhensible :

> Tandis que lentement il s'engage *à travers*
> Les replis sinueux de ces dédales verts.

Les poëtes modernes de la nouvelle école ne tiennent pas à ces bagatelles... Aussi quels vers !

42. — L'enjambement est autorisé dans certains cas :

1° Quand il y a réticence, interruption :

> N'y manquez pas du moins : j'ai quatorze bouteilles
> *D'un vin vieux*... Boucingot n'en a pas de pareilles.
> (*Boileau*, Satire III.)

> Faut-il qu'en un moment un scrupule timide
> *Perde*... Mais quel bonheur nous envoie Atalide ?
> (*Racine*, Bajazet, II. 4.)

2° Quand un sentiment vif produit la suspension, par une réflexion qui vient du sujet :

> Vous connaissez l'impétueuse ardeur
> *De nos Français* ? Ces fous sont pleins d'honneur.
> (*Voltaire*, Contes.)

---

premier vers et à la fin du second ! et puis ces *villa à* n'en savoir le nombre, gracieux hiatus ! Racine était bien loin de ces perfectionnements ; mais qu'est-ce que Racine au prix et auprès de MM. tel et tel !...

3° Quand il produit une coupe, un effet d'harmonie imitative ou descriptive (*voyez le chapitre de l'harmonie*) :

> Soudain le mont liquide élevé dans les airs
> *Retombe.* Un noir limon bouillonne au fond des mers.
> (*Delille,* Géorgiques, III.)

Ainsi l'enjambement est quelquefois une beauté. En général, le genre simple, le conte, la fable, l'épître familière, la comédie même, tolèrent les enjambements qui ne sont pas trop choquants. Nous terminerons ce chapitre par une observation de La Harpe : « Nos vers, dit-il, ne peuvent enjamber, « parce qu'ils riment, et la rime étant une des « premières conditions de notre poésie, tout ce qui « tend à la faire disparaître est un véritable contre- « sens. »

DE LA RIME.

DES DIFFÉRENTES ESPÈCES DE RIMES. — RÈGLES DE LA RIME. — REMARQUES PARTICULIÈRES. — OPINIONS SUR LA RIME.

§ I. *Des différentes espèces de Rimes*[1].

43. — La *rime* est le retour du même son à la fin

---

[1] Nous ne parlerons pas de toutes les espèces de rimes que les anciens avaient inventées, et dont les noms barbares se rattachent à des formes poétiques depuis longtemps tombées en désuétude. (Voyez le *Dictionnaire des Difficultés* de Laveaux, celui de Boiste, l'*Encyclopédie,* etc.)

de deux ou de plusieurs vers en rapport l'un avec l'autre. Le mot *rime* vient du grec *rhythmos*, en français *rhythme,* mot qui signifie *mesure, nombre;* il marque, dans notre poésie, que le nombre de syllabes dont se compose le vers est complet [1].

44. — La rime est dite masculine, quand elle se termine par un son plein où ne figure point l'*e* muet : *candeur, ardeur ; désir, plaisir ; vérité, été.* La rime féminine est celle qui se termine par l'*e* muet, soit seul, l'*envie ;* soit suivi du signe de la pluralité *s,* les *envies ;* soit accompagné des caractéristiques muettes de la troisième personne plurielle des verbes, ils *envient.*

REMARQUE.

Les lettres *ent* sont nulles au passé simultané, dit imparfait de l'indicatif, et au conditionnel ; ainsi les rimes suivantes sont masculines :

> Aux accords d'Amphion les pierres se *mouvaient,*
> Et sur les murs thébains en ordre s'*élevaient.*
> (*Boileau,* Art poét., IV.)

45. — La rime ne porte jamais sur la syllabe muette qui termine un vers ; voilà pourquoi les vers féminins, ou à rime féminine, ont ordinairement une syllabe de plus que les autres :

---

[1] On attribue l'introduction de la rime, dans la versification des langues modernes dérivées du latin, au pape Léon II, qui vivait dans la seconde partie du VIIe siècle.

Adorant à genoux la puissance éternel-*le*,
Oui, je viens dans son temple adorer l'Eternel.

46. — La rime est ou riche, ou suffisante, ou pauvre, ou fausse. La *rime riche* est celle qui offre une grande conformité de sons et d'articulations. Les rimes les plus riches sont sans contredit celles des homonymes, et celles des mots dont l'un contient toute l'omophonie de l'autre.

> La vigne offrait partout des grappes toujours *pleines*.
> Et des ruisseaux de lait serpentaient dans les *plaines*.
> (*Boileau*, Épître III.)

> Heureux si quelquefois, sous vos ombrages *verts*,
> L'écho redit mon nom, mon hommage et mes *vers*.
> (*Delille*, l'Homme des champs, 1.)

> Loin du trône nourri, de ce fatal *honneur*,
> Hélas! vous ignorez le charme *empoisonneur*.
> (*Racine*, Athalie, IV, 3.)

> Permets que tes sujets te parlent sans *alarmes*,
> Qu'ils te montrent leur joie, ou t'apportent leurs *larmes*.
> (*Ancelot*, Louis IX, acte IV, 6.)

Les rimes suivantes sont également riches :

> O Romains! ô vengeance! ô pouvoir *absolu*!
> O rigoureux combat d'un cœur *irrésolu*!
> (*Corneille*, Cinna, IV.)

> Ils ne censurent point toutes nos *actions*;
> Ils trouvent trop d'orgueil dans ces *corrections*.
> (*Molière*, Tartufe, I, 6.)

47. — La *rime suffisante* est celle qui est formée d'une voyelle et d'une articulation identique :

> Le sénat vous opprime, et le peuple vous *bra-ve*;
> Il faut s'en faire craindre, ou ramper leur *escla-ve*.
> (*Voltaire*, Brutus, II, 2.)

> J'abolis les faux dieux, et mon culte *épuré*
> De ma grande naissance est le premier *degré*.
> (*Voltaire*, Mahomet, II, 5.)

48. — La rime étant faite surtout pour l'oreille, il peut arriver que deux mots écrits d'une manière différente offrent cependant des rimes suffisantes ; telles sont celles-ci :

> Qu'Hermione est le prix d'un tyran *opprimé* ;
> Que je le hais, enfin, seigneur, que je *l'aimai*[1].
> (*Racine*, Androm., IV, 3.)

> O colosses du Nil, séjour pompeux du *deuil*,
> O que l'œil des humains vous voit avec *orgueil* !
> (*Delille*, l'Imagination, III.)

> La résolution en est prise, vous *dis-je* ;
> Mais quel que soit le coup, faut-il qu'il vous *oblige*...
> (*Molière*, Misanthrope, V, 1.)

> Surprise dans les nœuds d'un hymen sacri*lége*,
> A ce juge irrité, dis moi, que répon*drai-je* ?
> (*Cas. Delavigne*, le Paria, III, 2.)

> Que le prélat, surpris d'un changement si *prompt*,
> Apprenne la vengeance aussitôt que l'*affront*.
> (*Boileau*, Lutrin, III.)

49. — La *rime pauvre* est celle qui n'offre que la répétition du même son dans la plus grande simplicité. Elle est plus pauvre au singulier qu'au pluriel, au masculin qu'au féminin. Il y a beaucoup de rimes pauvres dans Voltaire et Lafontaine, mais le genre de l'apologue les fait excuser.

---

[1] Racine le fils dit que cette rime est exacte à l'oreille ; mais que la rime est toujours plus agréable, quand elle contente l'oreille et les yeux. Cela est juste, et il n'en est pas moins vrai que la rime est faite *surtout* pour l'oreille, car les deux mots *ils effeuillent* et *ils fouillent*, quoique ayant les sept mêmes lettres finales, ne riment point ensemble.

Les sons composés riment bien avec les simples, surtout quand ils sont unis à la même consonne finale, comme *bienfait* et *effet*, *essais* et *succès*, *travaux*, *bravos*, *salutaire* et *austère*.

Est-ce toi, cher amant? Ces mots *interrompus*,
Ces cris demi-formés ne sont point entendus.
(*Voltaire*, Henriade, VIII.)

Voulut du moins mourir comme il avait *vécu*,
Avec toute sa gloire et toute sa *vertu*[1].
(*Voltaire*, Henriade, III.)

Ainsi la nuit du jour retrace le *tableau;*
Ainsi de nos pensers nos rêves sont l'*écho*.
(*Le même, ibid.*)

C'est son *nom*,
Elle est actrice? Eh! oui; que serait-elle *donc*?
(*Cas. Delavigne*, les Coméd., V, 5.)

50. — La *rime fausse* est celle qui est formée par deux mots qui n'ont qu'une apparence de conformité dans le son final :

A peine à ces propos ont-ils fermé la *bouche*,
Qu'il entre à l'étourdie un sot fait à la *fourche*.
(*Régnier*, Satire X.)

Dans la mare de pourpre où leurs quatre pieds *glissent*,
Prenant à quatre bras les cadavres qui *gisent*.
(*De Lamartine*, Chute d'un Ange, X.)

Le même mouvement vous fait, à gauche, à *droite*,
Tourner tous ces gens-là comme une *girouette*.
(*Collin d'Harleville*, l'Inconstant, I, 4.)

---

[1] « J'ai fait rimer, dit Voltaire (*Lettre V^e sur Œdipe*), *frein*
« à *rien*, *héros* à *tombeaux*, *contagion* à *poison*, etc. Je ne
« défends point ces rimes parce que je les ai employées; mais
« je ne m'en suis servi que parce que je les ai crues bonnes. Je
« ne puis souffrir que l'on sacrifie à la richesse de la rime toutes
« les autres beautés de la poésie, et que l'on cherche plutôt à
« plaire à l'oreille qu'au cœur et à l'esprit. » — J.-B. Rousseau
écrivait à Brossette, au sujet de cette opinion de Voltaire (1719) :
« J'ai été scandalisé de le voir tourner sa paresse en prin-
« cipes, dans ce qu'il nous dit touchant les rimes; c'est comme
« si un poëte latin se piquait de secouer le joug de la me-
« sure. »

Près des bords de l'Iton et des rives de l'*Eure*,
Est un champ fortuné, l'amour de la *nature*.
(*Voltaire*, Henriade, VIII.)

Eure se prononce comme il s'écrit. Voltaire a encore laissé échapper les rimes de *objet* avec *abject*; La Harpe les déclare insuffisantes; nous les déclarons fausses.

La rime de *linceul* avec *deuil* et *cercueil* est également fausse; cependant Cas. Delavigne, à l'exemple de quelques-uns de ses prédécesseurs, s'en est servi dans les *Messéniennes* du *Diacre* et de *Lord Byron*; tellement que nous n'osons la condamner entièrement.

Quand ma froide dépouille étendue au *cercueil*,
Sera couverte, hélas! du funèbre *linceul*.
(*Lebrun*, Elégies, I, 2.)

Une fausse prononciation a pu égarer Voltaire sur le son du mot *Eure*, et d'autres sur celui de *linceul*.

§ II. *Règles de la Rime.*

51. — Un mot ne peut rimer avec lui-même, quoique la rime des homographes soit très-bonne. Boileau a pu dire (Satire VIII).

Prends-moi le bon parti, laisse-là tous tes *livres* :
Cent francs au denier cinq, combien font-ils? vingt *livres*,

parce que les mots *livres* ont une acception différente. Mais les rimes suivantes sont illégitimes.

Vous voyez devant vous mon adverse *partie*.
— Parbleu je me veux mettre aussi de la *partie*.
(*Racine*, les Plaideurs, II, 9.)

Ces fers, dont les anneaux sont rouillés sur nos *membres,*
Ont rivé Jésus-Christ à chacun de ses *membres.*
(*De Lamartine*, Jocelyn, V.)

52. — Un substantif ne peut rimer avec son verbe ; les vers suivants pèchent contre cette règle :

Pour eux tout se ranime, et par eux tout *s'enflamme* :
L'oiseau de Jupiter aux prunelles de *flamme*...
(*Roucher*, les Mois.)

Je ne me sens pas fait d'ailleurs pour la *mêlée*
Où bruit cette foule à tant de soins *mêlée.*
(*De Lamartine*, Jocelyn, I.)

53. — La rime du simple avec le composé n'est point permise, quand il y a trop grande analogie de sens ; ainsi les rimes de *mettre* et *remettre, voir* et *prévoir, juste* et *injuste* sont prohibées ; il en est de même des suivantes :

Que de prêtres menteurs, encor plus *inhumains,*
Se vantaient d'apaiser par le sang des *humains* !
(*Voltaire*, Henriade, VI.)

Ainsi, quand de Paris les inconstants *dégoûts*
De Londres sa rivale adoptèrent les *goûts.*
(*Delille*, l'Homme des champs, II.)

L'implacable vengeance accablait sa *disgrâce,*
Le vainqueur au vaincu n'eût osé faire *grâce.*
(*Delille*, les Trois règnes, V.)

54. — La rime des opposés est encore désapprouvée, quoiqu'on en trouve de fréquents exemples dans les meilleurs poëtes :

Je veux par votre bras vaincre mes *ennemis,*
Mais c'est de vos vertus que j'attends des *amis.*
(*Voltaire*, Henriade, I.)

Qui, dès que sa main s'ouvre, y courent les *premiers,*
Et ravissent un bien qu'on devrait aux *derniers.*
(*Boileau*, Satire I.)

Cependant, lorsque les composés et les dérivés ont des significations éloignées, la rime est bonne : exemples :

> Mais quoi que son amour ait osé vous *promettre*,
> Le Ciel, plus juste encor, n'osera le *permettre*.
> (*Corneille*, Pompée, V. 2.)

> Et ce triomphe heureux qui s'en va *devenir*
> L'éternel entretien des siècles à *venir*.
> (*Racine*, Iphig., I, 5.)

> La satire ne sert qu'à rendre un fat *illustre*;
> C'est une ombre au tableau qui lui donne du *lustre*.
> (*Boileau*, Satire IX.)

Ainsi les rimes de *front* avec *affront*, *courir* avec *secourir*, *perdu* avec *éperdu*, etc., sont-elles légitimes; on tolère même celles de *jours* et *toujours*, de *dieux* et *adieux*.

55. — Une diphthongue rime bien avec la même consonnance formant diérèse, comme *dieux* et *odi-eux*, *bien* et *li-en*, *dernier* et *reni-er*, etc.; mais ces désinences, privées de l'*i*, forment des rimes pauvres avec les mots qui ont cet *i*.

> Assis sur la colline où dorment ses *aïeux*,
> Il chante des héros les mânes *belliqueux*.
> (*Michaud*, Print. d'un proscrit.)

De même les désinences mouillées, *ion*, *ière*, veulent des sons identiques à la rime; le contraire est une négligence que La Harpe a souvent occasion de relever dans Voltaire, qui n'est pas un poëte assez châtié pour la rime.

56. — Les sons *é*, *ée*, *er*, *u*, *i*, *a* doivent rimer de toute la syllabe; ainsi *bonté* et *beauté*, *manger* et *plonger*, *abattu* et *vertu*, *averti* et *parti* riment bien ensemble; mais *bonté* et *changé*, *vertu* et *voulu*, etc., sont des rimes pauvres, trop pauvres. Cependant l'influence de la vue est telle sur le jugement dans cette matière, que les mêmes lettres accompagnées d'une consonne, ou suivies de l'*e* muet féminin, forment des rimes suffisantes; tels sont les mots *soldat* et *combat*, *bras* et *trépas*, *envie* et *chérie*, *abattue*, *éperdue*, etc.

REMARQUES.

57. — 1° Lorsque l'*é* ou l'*i* est précédé d'une voyelle avec laquelle il ne forme point diphthongue, il forme une rime suffisante.

Que si, sous Adam même, et loin avant *No-é*,
Le vice audacieux des hommes *avou-é*.
(*Boileau*, Satire X.)

Cessez de vous troubler, vous n'êtes point *tra-hi*[1],
Quand vous commanderez vous serez *obé-i*.
(*Racine*, Iphigénie, V, 4.)

2° La rime de l'articulation faible avec la forte du même organe est bonne, quand elle est précédée du même son dans les deux mots : *Condé* et *bonté*, *tromper* et *tomber*, *laissa* et *baisa* :

---

[1] La lettre *h* ne change pas la valeur des voyelles; elle équivaut ici au tréma. C'est donc à tort que quelques auteurs ont avancé qu'il n'y avait pas de rimes d'une seule lettre.

> Et ma sincérité, trop funeste *vertu*,
> Si mon amant périt, est ce qui l'a *perdu*.
> > (*Voltaire*, Alzire, IV, 2.)

3° Les monosyllabes riment fort librement entre eux, et avec d'autres mots polysyllabes; Boileau, si scrupuleux sur la rime, n'a point fait difficulté de faire rimer *temps* et *dedans, grands* et *encens*. Autres exemples :

> Qui, tous deux pleins de joie, et jetant un grand *cri*,
> Avec un rouge-bord acceptent le *défi*.
> > (*Boileau*, Satire III.)

> Mais cet enfant fatal, Abner, vous l'avez *vu*;
> Quel est-il? De quel sang et de quelle *tribu*?...
> > (*Racine*, Athalie, II, 5.)

58. — Les mots terminés par le son *ant* étant très nombreux, il est convenable de les faire rimer de toute la syllabe finale : *amant, tourment, brûlant, violent, prudent, ardent*. Toutefois *amant* et *instant* forment une rime suffisante, quoique Marmontel la traite de négligence; la rime serait pauvre entre *amant* et *content*, et inadmissible entre *amant* et *patient*. En général, dit La Harpe, les rimes doivent être d'autant plus soignées qu'elles sont plus abondantes, et l'on doit être d'autant plus sévère sur la bonté de la rime que le genre dans lequel on écrit est plus relevé.

59. — Un mot terminé par un *s* ne peut rimer qu'avec un mot terminé par *s, x, z*, lettres du même organe; ainsi *voix* et *bois*, *nez* et *nés* riment bien ensemble, mais *moins* et *loin*, *lieu* et *mieux*, *corps* et *bord* ne riment point; ce qui prouve que la rime n'est pas uniquement faite pour l'oreille. Les vers suivants sont défectueux :

> Leur sotte vanité croit ne pouvoir trop *haut*
> A des fadeurs de cour mettre un injuste *taux.*
> (*Régnard*, le Joueur, II, 4.
>
> Là s'ouvre sous tes pieds un abîme sans *fond*[1].
> Quels que soient cependant ces mystères *profonds*...
> (*Delille*, l'Imagination, I.)
>
> Quittant nonchalamment ton bonnet de *velours*,
> Tu vas donc seul bientôt bâiller au Luxembourg.
> (*Ducis*, Épîtres.)
>
> Qu'une froide poussière à moi jadis *unie*
> Soit balayée aux flots, ou bien aux *Gémonies.*
> (*De Lamartine*, Socrate.)

60. — Un mot terminé par *d* ou *t* ne peut rimer qu'avec un mot terminé par ces dentales ; ainsi *soin* et *point*, *bon* et *bond*, *sultan* et *constant* ne peuvent former des rimes suffisantes ; ce sont des négligences qu'on tolère dans une chanson, un apologue, mais dont on doit se garder dans le haut style, nouvelle preuve que la rime doit être aussi jugée par l'œil. Voici des exemples qu'on ne doit que rarement imiter :

> Entrer, voler vers nous, s'élancer sur *Gusman*,
> L'attaquer, le frapper, n'est pour lui qu'un *moment.*
> (*Voltaire*, Alzire, V, 3.)[2]

---

[1] Nous avons remarqué que Delille écrivait *fond* ou *fonds*, selon le besoin de la rime. Ce sont deux homonymes dont la signification est bien différente. *Voy.* n° 129, un pareil exemple de Quinault, ce qui nous fait pencher à croire que les poètes pourraient considérer cette orthographe comme une licence.

[2] Voltaire, dans *Mahomet* (II, 2), fait rimer encore *différent* et *tyran.*

> Expliquons ce refus : certain monsieur *Victor*
> A surpris votre cœur et me fait un grand *tort*.
> (*Cas. Delavigne*, les Coméd., II, 2.)

La Fontaine, Demoustier, Béranger offrent assez souvent de pareilles rimes, mais les genres dans lesquels ils ont écrit les rendent plus excusables. Au pluriel, ces rimes deviennent légitimes :

> Le fruit de tant de soins, la pompe des *Césars*,
> Tout deviendra le prix d'un seul de tes *regards*.
> (*Racine*, Britannicus, III, 5.)

> Et moi je pleure en vain sur mes tristes *amours* :
> A mes cris douloureux les dieux se montrent *sourds*.
> (*Millevoye*, traduct. des Bucol. Dam. Alphés.)

> Lions contre lions, parents contre *parents*[1],
> Combattre follement pour le choix des *tyrans*.
> (*Boileau*, Satire VIII.)

61. — Les mots *sang, étang, flanc, blanc, rang, banc* riment fort bien les uns avec les autres. Nous trouvons même que c'est se montrer trop sévère que de condamner les rimes suivantes, qui sont certainement suffisantes :

---

[1] Pour rendre la rime plus riche, on peut supprimer le *t* des mots terminés par *ant, ent*. Cette suppression du *t* au pluriel n'est pas une innovation du siècle dernier, comme tant de grammairiens illettrés l'ont publié. On trouve dans Marot, édit. de 1600, page 404 :

> Heureux vieillard, les gros tambours *tonnanz*,
> Le may planté, et les fiffres *sonnanz*.

Et dans le *Castoiement d'un père à son fils*, du XIV⁵ siècle :

> O mil *besanz*, o deus *serpenz*,
> Ce m'est vis, c'est droiz *jugemenz*.

Les pasteurs ne briguaient qu'un supplice plus *grand* :
Tel fut chez les Chrétiens l'honneur du premier *rang* [1].
(*Racine* le fils, la Religion, IV.)

Enfin, dans les replis de ce couple *sanglant*,
Qui déchire son sein, qui dévore son *flanc*.
(*Delille*, Énéide, II.)

Ou si le cœur aspire à des honneurs plus *grands*,
Quitte là le bonnet, la Sorbonne et les *bancs*.
(*Boileau*, Satire VIII.)

REMARQUE.

Autrefois on écrivait *besoing, soing, coing, loing*. Ces mots pouvaient rimer avec *poing*, qui a conservé le *g*; maintenant cette rime n'est plus admise que dans le style simple :

Des héros dont le premier *soin*
Est de se battre à coups de *poing*.
(*Voltaire*.)

62. — La rime des *ll* mouillés suivis de l'*e* muet avec les *ll* non mouillés est fausse ; celle de *gne* avec *ne* l'est également · *fille* ne peut rimer avec *ville*, ni *digne* avec *divine*; mais si ses consonnes dites mouillées sont suivies d'une voyelle sonore, la rime est suffisante avec ces mêmes consonnes non mouillées suivies de la même voyelle.

---

[1] Nous avons trouvé ces vers dans un ouvrage littéraire, mais voici le distique tel qu'il est dans l'édition que nous avons :

Les pasteurs espéraient des supplices plus grands :
Tel fut chez les Chrétiens l'honneur des premiers rangs.

Nous avons pris soin de collationner nos citations toutes les fois que nous l'avons pu.

De la vaste forêt l'espace en est *rempli;*
Dans ses sombres buissons le cerf a *tressailli.*
(*Saint-Lambert*, Les Saisons, Automne.)

Le peuple audacieux, prompt à se *mutiner,*
Le prit pour un tyran dès qu'il voulut *régner.*
(*Voltaire*, Henriade, III.)

63. — Un mot terminé par un *é* fermé ne peut rimer avec un mot terminé par *er* ni au singulier, ni au pluriel, bien qu'il y ait complète identité, et richesse de son pour l'oreille ; ainsi *amitié, amitiés,* et *sentier, sentiers,* et *péché* et *pécher,* et *étrangers* et *changés,* ne riment point ensemble.

64. — Un mot terminé par une consonne articulée ne peut rimer convenablement avec un mot où la même consonne est muette; ainsi *altier* et *fier, rocher* et *cher* ou *chair, ris* et *lis, fat* et *plat* sont des rimes pour la vue, et que l'oreille repousse[1]. Voltaire, qui dit lui-même que *triompher* ne peut rimer avec *enfer* qu'à l'aide d'une prononciation vicieuse, tombe souvent dans le même défaut, et va jusqu'à mettre en rapport *léger* avec *l'air.* Corneille, Racine, Boileau, Delille se sont permis quelquefois ces rimes défectueuses. Les modernes continuent de s'en servir, et n'en font pas mieux. Exemple :

Attendant son destin d'un quatorze ou d'un *sept,*
Voit sa vie ou sa mort sortir de son *cornet.*
(*Boileau*, Satire IV.)

---

[1] Voyez le dernier numéro du dernier paragraphe de ce chapitre.

Puis ces neiges où rien n'ose plus *végéter*,
Puis ces pins dont la dent semble ébrécher l'*éther* 1.
(*De Lamartine*, Chute d'un Ange, Récit.)

REMARQUES.

1° Cette rime est plus tolérée avec les noms propres :

Elle peint les festins, les danses et les *ris*,
Vante un baiser cueilli sur les lèvres d'*Iris* 2.
(*Boileau*, Art poétique, II.)

2° Le mot *fils* rime avec tous les noms terminés en *is*, que le S s'articule ou non ; ainsi l'a décidé l'usage :

Vous le savez trop bien ; jamais, sans ses *avis*,
Claude qu'il gouvernait n'eût adopté mon *fils*.
(*Racine*, Britannicus, III, 2.)

65. — La rime de la voyelle longue avec la brève est généralement blâmée, et néanmoins toujours usitée. Dès l'année 1549, Joachim du Bellay écrivait dans son *Illustration de la Langue française* : « Garde-toi de rimer les mots manifestement longs « avec les brefs aussi manifestement brefs, comme « *passe* avec *trace*, *maître* avec *mettre*, etc. » L'Académie dit qu'on ne peut faire rimer *paume* avec *pomme*. (Dictionnaire, au mot RIMER.) D'Olivet, Marmontel, La Harpe sont du même sentiment ; Vol-

---

1 Si M. de Lamartine n'eût fait que de pareils vers, il n'aurait jamais acquis sa réputation de grand poëte.

2 M. de Lamartine, *Chute d'un Ange*, première vision, fait rimer *Adam* avec *Abraham*. La Fontaine offre les mêmes rimes ; elles n'en sont pas moins fausses, inadmissibles.

taire lui-même blâme dans Corneille (Médée, I, 15) la rime de *hâte* avec *flatte*, ce qui ne l'a pas empêché de tomber volontairement dans la même faute. On trouve très souvent les rimes suivantes, *femme* et *âme*, *trône* et *couronne*, *globe*, *aube*; l'usage les a rendues suffisantes. Elles sont plus autorisées avec les noms propres :

> Faut-il donc désormais jouer un nouveau *rôle*?
> Dois-je, las d'Apollon, recourir à *Berthole*?
> (*Boileau*, Satire I.)

§ III. *Remarques particulières.*

66. — Autrefois les imparfaits et les conditionnels des verbes s'écrivaient avec le son *ois* : *j'aimois, j'aimerois*, et se prononçaient selon cette orthographe; il en était de même de beaucoup d'autres mots: Les *François*, les *Anglois*, *connoître*, *paroître*, *monnoie*. Longtemps après que ces mots eurent changé de prononciation, sans changer d'orthographe, on continua, par habitude, de les faire rimer avec les mots qui avaient conservé l'antique prononciation de la diphthongue *oi* :

> Voulant pousser à bout tous les rimeurs *françois*,
> Inventa du sonnet les rigoureuses *lois*.
> (*Boileau*, Art poétique, II.)

> L'honneur et la vertu n'osèrent plus *paroître*,
> La piété chercha le désert et le *cloître*.
> (*Le même*, Épître III.)

> Ma colère revient, et je me *reconnois* :
> Immolons en partant trois ingrats à la *fois*.
> (*Racine*, Mithridate, IV, 5.)

Par une licence contraire, les poëtes ont donné quelquefois le son *ai* à la diphthongue *oi* :

La victoire aura droit de la faire *renaître*,
Si ma haine est trop faible, elle la fera *croître*.
(*Corneille*, Sertorius, III, 4.)

Quel plaisir d'élever un enfant qu'on voit *croître*,
Non plus comme un esclave élevé par son *maître*[1].
(*Racine*, Androm., IV, 1.)

Ces licences ne sont plus permises aujourd'hui.

67. — La langue française a des mots uniques dans leur terminaison, et par conséquent sans rimes; tels sont *luxe*, *perdre*, *cirque*, *comble*, *noble*, etc. Remarquons aussi que toutes les terminaisons ne sont pas propres à former des rimes admissibles dans le style élevé, même dans le tempéré. Les mots *thorax* et *borax*, *moufle* et *souffle*, *sphinx* et *syrinx*, *joindre* et *poindre*, et les désinences *outre*, *strophe*, *graphe*, *angle*, *igme*, *ixe* forment des rimes que La Harpe nomme hétéroclites, et qu'il relève dans plusieurs poëtes. Il y a dans Béranger quelques rimes qui ne sont guère harmonieuses, pour

---

[1] Molière fait rimer *secrète* et *adroite*, *possède* et *froide* (*adrète* et *frède* sont de la prononciation populaire et rustique). La Fontaine fait rimer *étroite* avec *belette*. Quant au verbe *croître*, il a été si longtemps employé en vers avec le son *aître* que Voltaire même a cru pouvoir s'en servir, dans le *Pauvre diable*, avec la même licence :

Quel parti prendre? Où suis-je, et qui dois-je *être*?
Sur quel terrain dois-je espérer de *croître*?

Des éditeurs modernes ont eu à leur tour l'idée d'imprimer *craître*.

le chant surtout ; telle est *enfournent* et *tournent*, verbes.

68. — Il faut éviter les imparfaits du subjonctif en rimes ; cependant *usse, isse* sont moins durs que *asse*[1], surtout que *insse*. Remarquons aussi que la troisième personne singulière ne choque nullement.

> Que vouliez-vous qu'il fît contre trois ? — Qu'il *mourût*.
> Ou qu'un beau désespoir au moins le *secourût*.
> (*Corneille,* les Horaces, III, 6.)

Dans l'intérieur des vers les autres personnes peuvent quelquefois être placées avec goût :

> Deux fois le ciel souffrit que ces fatales plaines
> S'*engraissassent* du sang des légions romaines.
> (*Delille,* Géorgiques, 1.)

69. — Les rimes des deux premières personnes plurielles du passé défini, *âmes, âtes, îmes, îtes, ûmes, ûtes* ne sont guère admises dans le style noble, *inmes, intes* moins encore que les autres. Celles de la troisième personne plurielle y sont admises, à l'exception de *vinrent, tinrent,* et les dérivés.

---

[1] On trouve cependant cette finale en rime dans les comiques :
> Mais faudrait-il que moi je me *sacrifiasse* ?
> (*Collin-d'Harleville,* l'Inconstant, II, 10.)

Les deux premières personnes plurielles sont plus dures que les deux personnes correspondantes du singulier.
> C'était à sa santé, sans que vous le *crussiez,*
> Que ce malin bossu voulait que vous *bussiez.*
> (*Boursault,* Ésope à la ville, II, 1.)

Au surplus, il faut préférer une idée à un son.

De l'Eure et de l'Iton les ondes *s'alarmèrent,*
Les bergers, pleins d'effroi, dans les bois se *cachèrent.*
(*Voltaire,* Henriade, VIII.)

De l'Inde à l'Hellespont ses esclaves *coururent,*
Les filles de l'Egypte à Suze *comparurent*[1].
(*Racine,* Esther, I, 1.)

Ces désinences peuvent figurer dans le corps du vers, mais il faut en user avec ménagement :

Nous *partîmes* cinq cents ; mais par un prompt renfort,
Nous nous *vîmes* trois mille en arrivant au port.
(*Corneille,* le Cid, IV, 3.)

La deuxième personne est plus rude, et si l'on en tolère aisément une, comme dans ce vers de Racine (Athalie, I, 1) :

Qui *rassurâtes* seul nos villes alarmées ;

on trouve, ainsi que l'observe La Harpe, que deux de suite sont une négligence :

Brisâtes mes liens, *remplîtes* ma vengeance.
(*Voltaire,* Sémiramis, II, 1.)

Le son *ûtes* est le plus choquant, évitez-le

Pûtes-vous au péril vous dérober vous-même ?
(*Crébillon,* Electre, II, 1.)

70. — Ménage critique dans Malherbe les rimes de *fileront* et d'*étaleront*. « Ces troisièmes personnes
« du futur finissent désagréablement les vers, et
« celles du singulier le finissent encore plus désa-
« gréablement que celles du pluriel. »

---

[1] Cette rime est dure, et celle de Voltaire est pauvre.

Cette observation manque de justesse. Nous conviendrons avant tout que les sons *ront, ra* sont un peu durs, mais aussi bien à la seconde personne du singulier qu'à la troisième ; aussi bien à la première qu'à la troisième personne du pluriel. Il n'est pas exact de dire que le singulier est plus désagréable que le pluriel, c'est le contraire qui est vrai ; au surplus, les poëtes ont méconnu ces règles irréfléchies :

> Mais tu me fuis en vain, mon ombre te *suivra*,
> Tremble, ingrat, je mourrai, mais ma haine *vivra*.
> (*Lefranc de Pompignan*, Didon, V, Sc. d^e.)

> Pour un qui s'en *louera*, dix autres s'en *plaindront*.....
> Fiez-vous-y, les vents et les voleurs *viendront*.
> (*La Fontaine*, le Berger et la mer.)

71. — Quelques critiques ont aussi voulu proscrire la rime des participes présents. Les participes présents, comme toutes les autres espèces de mots, peuvent former quelquefois des rimes désagréables, mais le goût le plus sévère n'a rien à reprendre dans les vers suivants :

> L'autre esquive le coup, et l'assiette *volant*,
> S'en va frapper le mur, et revient en *roulant*.
> (*Boileau*, Satire III.)

Ceux-ci, terminés par deux gérondifs, choquent passablement :

> La tragédie, informe et grossière *en naissant*,
> N'était qu'un simple chœur, où chacun *en dansant*,
> Et du dieu des raisins entonnant les louanges [1]...
> (*Boileau*, Art poétique, III.)

Racine et J.-B. Rousseau ont été blessés du mot *bornant*.

72. — Voltaire, dans son Commentaire sur Corneille, dit : « Le peu de rimes nobles de notre « langue fait que pour faire rimer à *hommes*, on « fait venir comme on peut *le siècle où nous sommes*, « *tous tant que nous sommes*. » Il blâme ailleurs *songe* qui fait attendre *mensonge*, *marque* qui marche toujours avec *monarque*, *prince* qui ne va jamais sans *province*. L'oreille est flattée de ne pas entendre *foudre* après ou avant *poudre*, *ombre* avec *sombre* ; il faut maintenant des idées neuves pour servir de passe-port à ces rimes que l'on a nommées BANALES. J.-B. Rousseau ne manque jamais d'accoupler *lustre* et *illustre*.

73. — Il faut éviter de faire rimer dans un vers le premier hémistiche avec le second. C'est ce qu'on nomme *vers léonins* [1]. On a beaucoup reproché ce vers à Boileau (Satire IX) :

Aux Saumaises *futurs* préparer des *tortures*.

---

qui leur paraissait dur, dans ce début de la X° satire de Despréaux :

Enfin, *bornant* le cours de tes galanteries.

[1] Les vers *léonins* étaient des vers latins d'invention moderne, dont le milieu rimait avec la fin. Dans notre ancienne poésie, il y avait une rime nommée *léonine*, c'était une rime très-riche, comme *tournois* et *sournois*, *mentir* et *sentir*. Pierre Fabri, curé de Meray en Berry, qui vivait sous Charles VIII, dit que la rime *léonine* est la plus belle, comme le lion est le plus beau des animaux, donnant ainsi l'étymologie de ce mot. Nous pensons que le mot *léonin* vient du pape Léon II, que l'on dit l'inventeur de la rime. On a nommé *vers léonins* les vers rimés, pour les distinguer des vers qui n'étaient que mesurés et sans rimes.

Geoffroi relève la même faute dans ce vers de Racine (Britannicus, I, 1).

> Le frère de *Junie* abandonna la *vie*.

A plus forte raison doit-on s'abstenir de redoubler ces consonnances d'hémistiches dans deux vers consécutifs :

> Arma son tendre *amant*, et d'une main *tremblante*,
> Attacha *tristement* sa cuirasse *pesante*.
> (*Voltaire*, Henriade, VIII.)

On peut, de ces deux hexamètres, faire quatre petits vers de trois pieds. On trouve la même négligence ou à peu près dans ceux-ci :

> Mais son emploi n'est *pas* d'aller dans une *place*,
> De mots sales et *bas* charmer la *populace*.
> (*Boileau*, Art poétique, III.)

Lebrun critique en outre dans ces vers les mots *sales* et *bas* qu'il trouve d'un style trivial.

74. — Il faut éviter que quatre vers se suivent avec même consonnance; six fatigueraient, huit dégoûteraient. Racine tomba rarement dans cette négligence; en voici cependant un exemple (Androm., I, 2) :

> Avant que tous les Grecs vous parlent par ma *voix*,
> Souffrez que j'ose ici me flatter[1] de leur *choix*,
> Et qu'à vos yeux, Seigneur, je montre quelque *joie*,
> De voir le fils d'Achille et le vainqueur de *Troie*.

---

[1] « Me *flatter* pour *m'applaudir*, me *féliciter* est une expression peu correcte. » Geoffroi. Il faut savoir que Pylade, ambassadeur des Grecs, s'adresse à Pyrrhus, auprès de qui il est envoyé.

Boileau offre beaucoup de ces négligences : il y a même, dans la satire III, jusqu'à cinq fois les rimes redoublées en *é, ée*; et l'on trouve dans la satire IX six vers de suite en *é, ée*. J.-B. Rousseau, Voltaire, Delille, offrent trop souvent ce défaut. M. de Lamartine donne sept rimes en *ir, ire*, dans la dédicace du *Derdier chant de Child Harold*. Il est facile de comprendre que la multiplicité du même son est contraire à la mélodie.

75. — Il ne faut pas qu'un mot qui a paru à la rime y revienne avant sept ou huit vers. Il faut éviter surtout que les deux mêmes mots en rimes ne reparaissent avant une vingtaine de vers. C'est ce que n'a point observé de Lamartine dans la *Perte de l'Anio*, où les deux mots *onde* et *monde* se montrent deux fois en douze vers.

§ IV. *Opinions sur la rime.*

76. — La rime n'est pas seulement un ornement de notre poésie, elle en est encore une nécessité. Les Italiens et les Anglais font quelquefois des vers non rimés qui se supportent, on les nomme *vers blancs*, mais leurs grands poëtes même ont senti que sans la rime leurs chants n'avaient ni le même charme, ni la même beauté. Voltaire a fort bien montré [1]

---

[1] Voyez ce qu'il dit sur ce sujet à l'article *Epopée*, du Dictionnaire philosophique.

que dans notre langue les vers blancs ne pourraient réussir ; mais il a eu le tort d'émettre et de pratiquer des opinions trop relâchées sur la rime, et de violer les règles que les grands auteurs du siècle de Louis XIV avaient presque toujours rigoureusement observées dans le genre soutenu. Cependant il se plaisait à citer ces vers de La Faye, qu'il opposait aux détracteurs de la rime :

> De la contrainte rigoureuse
> Où l'esprit semble resserré,
> Il reçoit cette force heureuse
> Qui l'élève au plus haut degré.
> Telle, dans des canaux pressée,
> Avec plus de force élancée,
> L'onde s'élève dans les airs,
> Et la règle, qui semble austère,
> N'est qu'un art plus certain de plaire
> Inséparable des beaux vers.

77. — « La rime, dit Marmontel, est un plaisir
« pour l'esprit par la surprise qu'elle cause, et
« lorsque la difficulté heureusement vaincue n'a fait
« que donner plus de saillie et de vivacité, plus de
« grâce et d'énergie à l'expression et à la pensée,
« comme cela arrive si souvent dans Racine et dans
« Boileau. »

78. — Avant Malherbe, à qui Boileau accorde le mérite d'avoir épuré notre versification, l'anarchie régnait sur le Parnasse. Néanmoins, Malherbe, quoique judicieux réformateur, poussa la sévérité trop loin : il condamnait, par exemple, la rime de deux noms propres, comme *Thessalie* et *Italie*;

celle de deux mots qui exprimaient des idées où l'on pouvait découvrir certains rapports, certaines analogies, tels que *montagne* et *campagne*. Sur ses vieux jours, il avait formé la sage résolution de faire disparaître de ses ouvrages les rimes de *er* sonore avec *er* muet, comme *amer* et *aimer*, que Ménage appelle *rimes normandes*, parce que les habitants de la Normandie articulaient la finale de ces infinitifs avec le son ouvert. — Malherbe exhortait les poëtes à rechercher des rimes difficiles, parce que, prétendait-il, *les rimes rares conduisent à des pensées nouvelles*.

79. — La rime est spécialement faite pour l'oreille. Voltaire a soutenu constamment ce principe, qu'on ne peut d'ailleurs contester. La Harpe, tout en lui rendant justice, à cet égard, fait observer sur ce vers de Racine (Mithridate) :

Attaquons dans leurs murs ces conquérants si *fiers*,
Qu'ils tremblent à leur tour pour leurs propres *foyers*,

qu'il était facile au poëte de mettre *conquérants altiers*, et que l'exemple de Racine et de Boileau prouve qu'il était de principe alors qu'une rime exacte à l'œil était suffisante. — « La rime, dit
« Marmontel, doit être sensible à l'oreille, mais ce
« n'est point assez, on veut aussi qu'elle frappe
« les yeux; pourquoi? pour la rendre plus diffi-
« cile, et pour ajouter au plaisir que fait la solution
« de ce petit problème. Je n'en vois point d'autre

« a raison : c'est un défi donné aux versificateurs....
« par exemple *sultan* ne rime point avec *instant*;
« *instant* et *attend* riment ensemble. »

80. — La richesse des rimes, essentielle à tous les vers lyriques, l'est surtout à ceux où le voisinage des rimes en fait sentir l'intention et la beauté. L'oreille est flattée de ce retour exact des mêmes sons qui retombent si juste et si près l'un de l'autre, et ce plaisir tient en partie à je ne sais quel sentiment d'une difficulté heureusement vaincue, qui sera toujours pour les connaisseurs un des charmes de la poésie, quand il ne sera pas seul ; et de plus, chaque strophe, formant un petit cadre séparé, ne laisse apercevoir que l'agrément de la rime, et en dérobe la monotonie. C'est un des grands avantages que le vers de l'ode a sur l'hexamètre. (La Harpe, Cours de littérature, sur J.-B. Rousseau.)

DE L'HIATUS. — DE L'ÉLISION.

§ I. *De l'hiatus.*

81. — Nous avons dit que l'*hiatus* n'est pas permis dans notre poésie. Boileau a très bien exprimé ce précepte dans ces vers (*Art poétique*) :

Gardez qu'une voyelle, à courir trop hâtée,
Ne soit d'une voyelle en son chemin heurtée.

Ainsi un mot terminé par une voyelle autre que l'*e* muet ne peut être suivi immédiatement d'un mot commençant par une voyelle. On a même étendu la règle jusqu'à considérer comme hiatus toute voyelle précédée de la conjonction *et*, dont le *t* est muet; c'est une fâcheuse exception. Le vers suivant renferme donc deux hiatus défendus :

Et après maint ess*ai enfin* j'ai reconnu
(*Regnier*, Satire XI.)

On voit que, du temps de Régnier, la règle n'était pas encore adoptée, car, dans cette même satire, il fait des récriminations à cet égard contre Malherbe, qui tendait de tous ses efforts à l'établir, quoique lui-même offre assez souvent l'hiatus avec les pronoms :

Montre les soins que *tu as* pris.....
Car l'âme qui *lui est* transmise...
(Stances à M. de La Garde, 1628.)
Il demeure en danger que l'âme *qui est* née.
(Larmes de saint Pierre.)

Du reste ce n'était pas précisément une innovation : les poëtes du XIIIe siècle, Jean de Meun, entre autres, évitaient ce défaut autant que possible. Adam, l'auteur de *Berthe*, l'avait également évité, sans cependant y voir une loi. Cette loi aujourd'hui ne peut être violée.

82. — Le *h* muet est censé ne pas exister dans la prononciation, il n'empêche donc pas l'*hiatus*. Il n'en est pas de même du *h* dit aspiré; il compte pour une consonne :

Jeune et vaillant héros, dont *la haute* sagesse
(*Boileau*, Discours au Roi.)

Chacun s'arme *au hasard* du livre qu'il rencontre.
(*Boileau*, Lutrin, V.)

REMARQUE.

83. — Le *h* de *hors* est indiqué comme aspiré par l'Académie ; il est douteux en poésie [1].

Hors avec *h* aspiré :

La Sybille, à ces mots, *déjà hors* d'elle-même
(*Boileau*, Lutrin, V.)

Où courez-vous ainsi tout pâle et *hors* d'haleine ?
(*Racine*, Athalie, II, 1.)

Hors avec *h* muet :

Bien que votre parente, est-elle *hors* de ces lieux ?
(*Corneille*.....).

Les biens du premier âge, *hors* la seule innocence.
(*Voltaire*, Henriade, IX.)

Disant ces mots, il part. Notre lièvre *hors* d'haleine.
(*Florian*, Fables, III, 8.)

84. — L'hiatus est admis 1° de la fin d'un vers au commencement d'un autre :

Sa muse en arrivant ne met pas tout en *feu*,
Et pour donner beaucoup ne nous promet que peu.
(*Boileau*, Art poétique, III.)

---

[1] Voltaire faisait aussi tantôt aspiré, tantôt muet, le *h* de *haïr* et de ses dérivés (voyez le n° 90) :

Je meurs au moins sans être *haï* de vous.
(Enfant prodigue, IV, 3.)

Auraient rendu comme eux leur Dieu même *haïssable*.
(Alzire, I, 2.)

Ni serment ni devoir ne l'avait engagé
A courir dans l'abîme où Porus s'est plongé.
(*Racine,* Alexandre, IV, 2.)

2° Dans les noms composés :

Dans tout le *Pré-aux-Clercs* tu verras mêmes choses.
(*Corneille,* le Menteur, II, 5.)

Et l'épouvantable Typhée,
Demi-homme et demi-serpent.
(*Demoustier,* Lettres à Emilie, I.)

Je pense que dans le genre simple *demi-heure* peut fort bien se tolérer aussi.

3° Dans quelques locutions adverbiales ou proverbiales, quelques expressions composées du style familier, surtout avec la conjonction *et* :

Tant y a qu'il n'est rien que votre chien ne prenne.
(*Racine,* Plaideurs, III, 3.)

Je suais *sang et eau* pour voir si du Japon,
Il viendrait à bon port au fait de son chapon.
(*Le même,* Ibid.)

Le juge prétendait qu'*à tort et à travers*.....
(*La Fontaine,* Fables, le Loup et le Renard.)

C'est aussi l'opinion de M. C. Nodier, dans son commentaire sur cette fable.

Ma chère, vous avez *vingt et un an*, c'est l'âge.
(*Andrieux,* le Trésor, I, 2.)

85. — Avec le mot affirmatif *oui* redoublé, on permet l'hiatus, qui peut même être toléré quand *oui* est précédé de la conjonction *et* :

Oui, oui, vous me suivrez, n'en doutez nullement.
(*Racine,* Andromaque, II, 3.)

Oui, oui, mon choix est tel qu'on n'y peut rien reprendre.
(*Molière,* Sganarelle, 21.)

. . . . *Et oui* je le connais.
(*Le même*, Femmes sav., I, 6.)

Pour compléter ce que nous avons à dire sur ce mot *oui*, nous ajouterons qu'il n'admet point l'élision avec l'article, et qu'on le considère comme un mot aspiré, *le oui*. (Académie.)

Ah! ce *oui* se peut-il supporter?
(*Molière*, Femmes sav., I, 1.)

Après un mot terminé par l'*e* complétement muet, l'usage le plus général est de faire l'élision :

Est-il vrai que la reine? — *Oui*, Créon, elle est morte.
(*Racine*, Thébaïde, V, 3.)

Quoi! vous voulez, mon père? — *Oui*, je prétends, ma fille.
(*Molière*, Tartufe, II, 2.)

Casimir Delavigne a dit sans élision, mais après une forte pause (Ecole des vieillards, I, 5) :

Vous-même : *oui*, pour vous j'en ai fait la dépense.

Andrieux a dit sans pause (le Trésor, V, 2)

J'attends ; ne voulez-vous me dire *oui* ni *non*?

REMARQUE.

86 — 1° En prose on dit *le onze*, *le onzième* sans élision ; nous croyons qu'on peut dire *l'onzième* en poésie :

On a fait contre vous dix entreprises vaines,
Peut-être que *l'onzième* est prête d'éclater.
(*Corneille*, Cinna, II, 1.)

2° L'hiatus est encore permis avec les interjections :

Oh *là!* *oh!* descendez, que l'on ne vous le dise.
(*La Fontaine*, Fables, III, 1.)

87. — L'observation de la règle de l'hiatus est une des difficultés capitales de la versification française. Des critiques, qui à la vérité n'étaient pas poëtes, ont poussé la rigueur jusqu'à vouloir proscrire les hiatus qui résultent des terminaisons *at, it, er*, etc., où la consonne finale est muette, et même celui du *h* aspiré, et même celui des voyelles nasales [1]; tels sont ceux-ci enfin :

De ce *nid à* l'instant sortirent tous les vices.
(*Boileau*, Épître III.)
Rend un poëme *entier* ou burlesque, ou barbare.
(*Boileau*, Art poétique, III.)
Criant *à haute* voix qu'on n'épargne personne.
(*Voltaire*, Henriade, II.)
Dispersa tout son *camp à* l'aspect de Jéhu.
(*Racine*, Athalie, I, 1.)
C'est assez qu'en courant la *fiction amuse*.
(*Boileau*, Art poétique, III.)

Marmontel et Voltaire étaient bien éloignés de partager cette opinion ; ils regrettent au contraire que la règle de l'hiatus ait été imposée d'une manière si exclusive. Il est certain que *si on*, en deux mots, n'est pas plus dur que *Sion* en un seul, et que *tu as* est aussi doux que *tuas*, du verbe

---

[1] Ch. Nodier, dans son Examen critique des dictionnaires, pense qu'il faut interdire aux poëtes *cet épouvantable hiatus*.
Il faut... mais les poëtes en cela font la loi, et ne la reçoivent pas.

tuer. Mais, malgré tout ce qu'on peut dire contre cette règle, il faut s'y soumettre ; elle s'oppose à de graves inconvénients, et ce n'est pas sans de puissants motifs que Malherbe l'a préconisée, et que Corneille l'a constamment suivie. Ces entraves n'ont fait que rehausser le mérite de nos grands poëtes ; il n'est plus temps de protester.

REMARQUES.

88. — 1° Il y a des hiatus autorisés qu'il convient d'éviter, parce qu'ils sont choquants pour l'oreille ; tel est celui-ci, par exemple :

L'armée *à haute* voix se déclare contre elle.
(Racine, Iphigénie, V, 6.)

2° Il n'est point permis de dénaturer un mot, en y ajoutant une lettre pour empêcher l'hiatus. C'est un grand tort que s'est donné La Fontaine dans sa fable *la Colombe et la Fourmi*, où il ajoute un *s* final à ce dernier mot au singulier :

Quand sur l'eau se penchant une *fourmis* y tombe...
Ce fut un promontoire où la *fourmis* arrive.

C'est sans doute une inadvertance du bonhomme, car il fait également rimer *la fourmis* avec animaux plus *petits*, toujours dans la même fable.

§ II. *De l'élision.*

89. — L'*e* muet à la fin des mots est nul devant une voyelle ou un *h* aspiré, aussi bien dans la prose que dans les vers. Avec les monosyllabes *je, me, de, te, ne, que,* etc., l'élision se marque par une apostrophe ; mais avec les autres mots l'élision n'est pas moins réelle, quoique l'apostrophe ne l'indique pas. Ainsi, ce vers de Corneille (Cinna):

Rome a pour ma ruine une hydre trop fertile,

se prononce comme s'il y avait :

Rom' a pour ma ruin' un' hydre trop fertile.

L'élision donne de l'harmonie et de la concision au style. Les poëtes lyriques, dont les ouvrages sont destinés à être mis en musique, évitent avec le plus grand soin les *e* muets non élidés, sur lesquels la voix ne peut s'appuyer, et qui, dans tous les genres, rendent le style sourd et pesant, témoin ce vers de Louis Racine (*la Religion*) :

Contemple seulement l'arbre que je fais croître.

RAMARQUES SUR LE H ASPIRÉ.

90. — 1° Le *h* dit aspiré, équivalant à une consonne, empêche, comme on sait, l'élision :

On peut être *héros* sans ravager la terre.
(*Boileau,* Épître I.)

C'est donc avec raison que La Harpe critique ce vers de Voltaire :

Aurait rendu comme eux leur dieu même *haïssable.*
(Alzire.)

2° Le *h* de *Henri* doit être aspiré dans le style soutenu, surtout après *de* et *que* :

Louis près *de Henri* tous les deux les appelle.
(*Voltaire*, Henriade, VII.)

Dans le style familier, on peut le faire muet.

3° On dit toujours *la Hollande*, avec aspiration, mais quoiqu'on dise fromage *d'Hollande* en prose, on peut en vers faire la séparation :

Dans un fromage *de Hollande*.
(*La Fontaine*, Fables, VII, 3.)

91. — Quand un mot se termine par une des voyelles *é, i, u*, accompagnées de l'*e* muet final, il faut, de toute nécessité, que le mot suivant commence par une voyelle. Exemples :

Thésée à tes fureurs connaîtra tes bontés.
(*Racine*, Phèdre, IV, 2.)

Ma *vie* est votre bien, vous voulez le reprendre.
(*Le même*, Iphigénie, IV, 4.)

Qu'importe que César *continue* à nous croire?
(*Le même*, Britannicus, I, 2.)

Les passages suivants sont donc défectueux :

Et tout le changement que je trouve à la chose,
C'est d'être *Sosie* battu.
(*Molière*, Amphitryon, I, 2.)

Au pied d'un myrte on creuse son tombeau,
Que couvre encor le *mausolée* nouveau [1],
(*Gresset*, Vert-vert.)

C'est Thémis, oui, c'est elle-même,
Ornée de l'éclat le plus beau.
(*La Motte*, Odes...)

On voit que *Thésée à, vie est, continue à*, sont

---

[1] Des éditeurs écrivent *mausolé* pour donner le change, mais c'est éviter une faute par une autre :

Souvent la peur d'un mal nous conduit dans un pire.
(*Boileau*.

encore de véritables hiatus autorisés, parce qu'on a vu une espèce d'élision de l'*e* muet dans ces cas.

REMARQUES DIVERSES.

92. — 1° Les mots terminés de cette manière, c'est-à-dire par *ée, ie, ue, oue,* ne peuvent s'employer au pluriel dans le corps du vers ; ils ne peuvent être placés qu'à la rime :

> Heureux si ses vertus, l'une à l'autre *enchaînées,*
> Ramènent tous les ans ses premières *années.*
> (*Racine,* Britannicus, I, 2.)

> Fuyez, fuyez surtout ces basses *jalousies,*
> Des vulgaires esprits malignes *frénésies,*
> (*Boileau,* Art poétique, IV.)

2° Dans les noms composés, l'élision de l'*e* muet final précédé d'une voyelle peut ne pas avoir lieu :

> Les flots contre les flots font un *remue-ménage.*
> (*Molière,* Dépit amoureux, IV, 2.)

> Toute peur d'un retour et d'un *remue-ménage.*
> (*Quinault,* la Mère coquette, II, 3.)

> Sa voix rauque en chantant présage
> Au château grand *remue-ménage.*
> (*Béranger,* le Petit Homme rouge.)

> Elle passait pour être un peu revêche ;
> C'était tout simple, elle était *pie-grièche.*
> (*Florian,* le Tourtereau, conte.)

3° Autrefois cet *e* après une voyelle comptait pour une syllabe, et pouvait être suivi d'une consonne ; on en trouve encore des traces dans Molière, quoique la réforme sur ce point datât de Malherbe :

> Enselme, mon mignon, *crie-t-elle* à toute heure.
> (L'étourdi.)

93. — Cette élision a lieu pour les verbes comme pour les noms au singulier ; mais les verbes *crie, continue, joue*, et tous ceux de la même analogie, ne peuvent, au pluriel, figurer qu'à la fin du vers. C'est la règle formulée ainsi par Voltaire, dans son commentaire sur Médée, car du temps de Corneille elle n'était pas encore complètement établie : « Les mots *crient, plient, croient*[1] ne va-
« lent jamais qu'une syllabe, et ne peuvent être
« employés qu'à la fin du vers. »

94. — La terminaison *aient* de la troisième personne plurielle du passé simultané (ou imparfait indicatif) et du présent conditionnel de tous les verbes, peut figurer dans un vers, comme celle du singulier :

Français, Anglais, Lorrains, que la fureur assemble,
Avanç*aient*, combatt*aient*, frapp*aient*, mour*aient* ensemble.
(*Voltaire*, Henriade, VI.)

Avez-vous prétendu qu'ils se tair*aient* toujours ?
(*Racine*, Britannicus, IV, 4.)

95. — Les troisièmes personnes plurielles du présent subjonctif des verbes *avoir* et *être*, qu'ils *aient*, qu'ils *soient*, sont aussi des monosyllabes qui peuvent entrer dans un vers :

Que les vers ne *soient* pas votre éternel emploi.
(*Boileau*, Art poétique, IV.)

Faites-vous des amis prompts à vous censurer,
Qu'ils *soient* de vos écrits les confidents sincères.
(*Le même*, Art poétique, I.)

---

[1] Voyez sur *croient* le n° 96.

Sans que mille accidents et votre indifférence
Aient pu me détacher de ma persévérance.
(*Molière*, l'Étourdi, V, 3.)

Si donc existe un être en qui les dieux puissants
Aient dans un seul organe associé trois sens.
(*Delille*, l'Imagination, VII.)

REMARQUE.

96. — On a dit et répété que *soient, aient,* sont des monosyllabes qui ne pourraient former des rimes avec *voient, paient,* qui sont des désinences féminines. Nous croyons qu'il y a trop d'arbitraire dans cette décision. Les verbes *voient, croient,* sont des verbes de la 3e et de la 4e conjugaison; ils font au singulier du même temps *il voit, il croit,* comme *soient* fait *soit*; l'analogie est donc complète. D'où pourrait naître cette prohibition, sinon du caprice? Elle n'est pas admissible. Notre avis est donc que le subjonctif *aient* peut s'employer comme rime masculine et comme rime féminine, avec les imparfaits, ils *chantaient*, ou les présents, ils *paient,* ils *effraient*. — Nous n'en avons trouvé d'exemple ni pour l'un ni pour l'autre cas.

Casimir Delavigne, poëte de l'école racinienne, s'est cru autorisé à écrire, dans *le Paria* :

Va, ces mortels si fiers qui nous ont rejetés,
De ce bonheur en vain nous *croient* déshérités.

Un critique lui a reproché cette infraction à l'usage; le poëte lui a allégué l'exemple de Racine, qui plusieurs fois a employé *soient* de la même manière. Nous avouons, de bonne foi, que nous trouvons l'analogie si frappante qu'il n'y a rien à opposer à cette objection, si ce n'est l'usage, contre lequel le bon sens est toujours en droit de protester, et qui se réforme à la longue. Nous pensons donc que les monosyllabes *soient, croient, voient* [1], peuvent figurer comme rimes féminines, ou comme monosyllabes dans le corps du vers, et l'usage finira par sanctionner cette règle, car voici encore un vers de Lamartine qui vient l'appuyer :

Qui pourrait vous chanter comme vous *voient* mes yeux?
(Chute d'un Ange, I.)

97. — L'*e* muet du pronom *le*, après un impératif, acquiert le son ferme que la voyelle composée *eu* a dans *jeu*. Il ne souffre pas l'élision dans la prose, parce que la syllabe est accentuée, c'est-à-dire prononcée fortement : envoyez-*le* à Paris. Dans ce cas, ce pronom peut paraître sans élision dans le corps du vers :

Et ce qui n'est pas vrai, rendez-*le* vraisemblable.
(*Boursault*, le Mercure galant, I, 2.)

Il résulte de là que ce pronom peut figurer également sans élision à l'hémistiche :

---

[1] Si l'on objectait que *croient, voient* sont mis pour *croyent, voyent*, et qu'ils formaient autrefois deux syllabes, nous répondrions que *soient, aient,* s'écrivaient aussi autrefois *soyent, ayent*, et qu'alors ces mots avaient également deux syllabes :

Soyent blanches, *soyent* brunettes.
(*Villon.*)

Repos *ayent* en paradis.
(*Le même.*)

Eh bien ! achève-*le*, voilà mon cou tout prêt.
(*Rotrou*, cité par M. Quicherat.)

De rossignols une centaine
S'écrie, épargnez-*le*, nous n'avons plus que lui.
(*Florian*, Fables, II, 2.)

98. — Cependant, il arrive très souvent que les poëtes, par licence, se permettent l'élision devant une voyelle :

Condamnez-*le* à l'amende, ou, s'il la casse, au fouet.
(*Racine*, les Plaideurs, II, 13.)

L'abbé d'Olivet remarque sur ce vers que c'est le seul exemple qui reste dans Racine de cette élision dure, et qu'il a fait disparaître dans les dernières éditions de ses œuvres les cinq ou six exemples semblables qu'offraient *Alexandre* et *la Thébaïde*. Cette élision en effet blesse assez souvent le sentiment d'harmonie ; mais, comme elle était très ancienne dans notre poésie, puisqu'on la trouve dans des poëtes antérieurs à Marot, elle a continué d'être autorisée. Voici des exemples :

Montrons mon fils au temple, et plaçons-*le* à ses yeux.
(*Voltaire*, Mérope, IV, 5.)

Rendez-*le* à mon amour, à mon vain désespoir.
(*Le même*, Ibidem.)

Laissons-*le* en paix, son Cyrus à la main.
(*J.-B. Rousseau*, Epîtres...)

Le danger pare un cœur sublime :
Plongez-*le* au fond du noir abîme.....
(*Lebrun*, Odes, liv. II.)

Voyez-*le* en des traîneaux emporté par deux rennes.
(*Roucher*, les Mois.)

La Harpe souligne cet exemple, parce qu'il force de prononcer *voyelle*[1].

Cette élision est beaucoup plus rare avec un verbe au singulier : souvent elle serait d'un ridicule intolérable : *vois-le, perds-le, bats-le*, etc., se prononceraient *voile, perle, bâle*. L'exemple suivant, il faut l'avouer, est passablement glapissant :

Tout souverain qu'il est, *instruis-le* à te défendre.
(*Voltaire*, Henriade, VII.)

Cette élision est donc extrêmement rare au singulier. Mais lorsque l'impératif se termine par l'*e* muet, peut-elle être permise ? Voyons d'abord des exemples :

Allez voir ce que c'est, ou bien *faites-le* entrer.
(*Molière*, Misanthrope, II, 5.)

Qu'il parle du mari ; vous, *faites-le* oublier.
(*Collin d'Harleville*, les Mœurs du jour, IV, 1.)

La dernière syllabe de *faites* étant muette et ne pouvant offrir d'appui à la voix, l'accentuation doit retomber avec plus de force que dans les cas précédents sur le pronom *le* . cette élision est donc tout à fait choquante dans ce cas. Nous ne l'avons trouvée qu'avec cet impératif, et seulement dans le style comique.

99. — Le mot *grande* subit l'apocope de l'*e* muet en prose devant certains substantifs avec lesquels

---

[1] C'est précisément la prononciation indiquée, voulue par M. Dubroca, même dans la lecture de la prose ; selon lui, dans ce cas seulement, l'*e* de *le* est complétement muet. Cette opinion est celle de la minorité.
(*Journal grammatical*, t. II, p. 138.)

il ne forme plus qu'un nom composé, *grand'messe*, *grand'mère*, *grand'rue*, etc. En vers, dans le style familier ou comique, cette apocope est très commune. Elle était également usitée du temps de Marot et de Ronsard. Voici des exemples que la prose régulière doit s'interdire, du moins en général.

Il porte une jaquette à *grand*'basques plissée...
Il me fait *grand*'pitié. (*Molière*, École des maris, II, 9.)
Qui joua jour et nuit fit *grand*'chère et bon feu.
(*Régnard*.....)
Grand'soif, bon appétit, et surtout point de gloire.
(*Destouches*, le Glorieux, II, 14.)
L'oiseau madré la connut à la mine,
A sa *grand*'coiffe, à sa fine étamine.
(*Gresset*, Vert-Vert, III.)
Vers son palais à *grand*'peine s'écoule.
(*Florian*, le Cheval d'Espagne.)
Vraiment, j'en ai *grand*'peur; c'est un dernier moyen [1].
(*Andrieux*, les Étourdis, I, 1.)

---

[1] Les anciens poëtes français se permettaient non-seulement l'apocope, mais encore la syncope de l'*e* muet, ou de quelques syllabes muettes, dans beaucoup de cas; en voici deux exemples de Régnier :

Hercule, Enée, Achil', qu'ils ostent les lauriers.
(Satire IX.)
Que son ennemi vienne, estimant que sa gloire
Jà riante en son cœur lui *don'ra* la victoire.
(Satire I.)

Ces bigarrures devaient disparaître d'une langue amie du vrai. On trouve aussi l'apocope après cette formule de salut, style marotique : Dieu te *gard*', pour te *garde*.
(*Molière*, Amphitryon.)
O gens de bien, mes frères
Que Dieu vous *gard*' d'un pareil logement.
(*Voltaire*, la Bastille, Satire.)

Dans le style poissard ou rustique, on imite ces sortes de syncopes.

DU VERS PENTAMÈTRE OU DÉCASYLLABIQUE. — DES VERS D'UN MÈTRE INUSITÉ OU PEU USITÉ. — DES PETITS VERS.

§ I. *Du vers de dix syllabes.*

100. — Le vers de cinq pieds, dont nous avons déjà parlé, a une césure obligée à la quatrième syllabe, ce qui partage ce vers en deux parties inégales, que quelques auteurs nomment aussi hémistiches. Le repos de la césure est aussi marqué dans ce ce vers que celui de l'hémistiche dans l'alexandrin :

Dans ses écrits | un sage Italien
Dit que le mieux | est l'ennemi du bien.
(*Voltaire,* la Bégueule, Conte.)

Tout ce que nous avons dit, toutes les règles que nous avons données sur la césure, l'hiatus, l'enjambement, l'élision, en parlant du vers de douze syllabes, sont applicables au vers de dix.

101. — Voltaire s'est permis quelquefois de porter la césure du pentamètre au troisième pied, déplaçant ainsi les deux parties de ce vers. Ces exemples ne tirent pas à conséquence, mais il ne faut pas les imiter :

Vous porterez cette somme complète
De trois cents louis d'or; | n'y manquez pas.
(Nanine, I, 9.)
Rondon le père de | ... Quel nom dis-tu ?
(l'Enfant prodigue, III, 1.)

102. — Le vers de cinq pieds se nomme aussi *commun*, parce qu'il était autrefois le plus usité : il est très ancien dans notre poésie. Marot en a fait un si fréquent usage, que l'on a donné le nom de *marotisme* au style des modernes qui ont cherché à imiter, surtout dans ce mètre, le langage naïf, les formes et le genre poétique de cet écrivain. La Fontaine a puissamment contribué, par ses contes, à maintenir ce vieux langage, qui admet une foule de licences dont nous ne parlerons point. Les jeunes gens, dit Voltaire, s'adonnent à ce style, parce qu'il est malheureusement facile. Voltaire s'y est exercé, J.-B. Rousseau s'en est souvent servi, surtout dans ses épigrammes, et c'est peut-être le seul genre où on le tolèrerait aujourd'hui. En voici un échantillon :

> Comte, pour qui, terminant tous délais,
> Avec vertu fortune a fait la paix,
> Jaçoit qu'en vous gloire et haute naissance [1]
> Soit alliée à titres et puissance,
> Que de splendeur et d'honneurs mérités
> Votre maison luise de tous côtés ;
> Si toutefois ne sont-ce ces bluettes
> Qui vous ont mis en l'estime où vous êtes :
> Car ce n'est pas l'or qui sur nous reluit
> Qui nous acquiert renommée et bon bruit.
> Que j'aie un livre ou semblable écriture,
> Il ne me chaut de belle couverture,
> Riches fermoirs et dehors non communs
> Si le dedans sont discours importuns.
>   (*J.-B. Rousseau*, Épître IV.)

---

[1] *Jaçoit que*, vieux langage, *bien que*, *quoique*, mot déjà suranné du temps de Marot, au jugement de La Harpe.

103. — Régnier Desmarets, vers 1670, donna une nouvelle espèce de vers décasyllabes, dans lesquels se trouve un véritable hémistiche et une césure à la cinquième syllabe :

> Vous êtes Timandre | en inquiétude,
> A quoi je m'occupe | en ma solitude :
> J'y goûte en repos | l'innocent plaisir
> Que donne un heureux | et profond loisir.

Voltaire dit sur cette tentative : « On ne peut cou-
« per un vers en deux parties égales de deux pieds
« et demi (pourquoi ?) :

> « Ainsi partagés, boiteux et mal faits,
> « Ces vers languissants ne plairaient jamais...

« Ces vers de cinq pieds à deux hémistiches égaux
« pourraient se souffrir dans les chansons.

> « L'amour est un Dieu | que la terre adore,
> « Il fait nos tourments, | il sait les guérir :
> « Dans un doux repos | heureux qui l'ignore ;
> « Plus heureux cent fois | qui peut le servir.

« Mais ces vers ne pourraient être tolérés dans des
« ouvrages de longue haleine, à cause de leur ca-
« dence uniforme. »

Malgré ces observations de Voltaire, nous ferons remarquer que ce mètre ne manque pas de noblesse[1], qu'il en a peut-être autant que le vers commun, mais qu'il n'est usité que pour la musique. On le trouve dans les chansons de Béranger:

---

[1] C'est aussi l'opinion de M. Ackerman, *Journal grammatical*, IIIe série, t. 2, p. 217.

A son doux tic-tac | un jour les partis
Signeront la paix | entre les rôtis.
(Le Tournebroche . ¹)

§ II. *Des vers d'un mètre inusité ou peu usité.*

104. — Nous avons dit qu'il n'y a point de vers de onze syllabes, cependant on en a fait. L'auteur d'un Traité de versification, dans le siècle dernier, essaya de donner quelque crédit à cette espèce de vers, et, tout en avouant le peu d'usage qu'on en a fait, il déclare qu'il les trouve très beaux et très harmonieux ². Il cite à l'appui de son opinion une pièce de vers dont voici la première stance :

Parmi les Lapons | et leurs déserts sauvages,
Ma muse avec toi | polissait ses ouvrages,
Sans que les ours blancs, | qu'endormaient mes chansons,
Troublassent mes sons.

On voit que la césure est à la cinquième syllabe ; on pourrait aussi en faire où la césure serait à la

---

¹ Voyez le n° 115, *Sentiment de Voltaire sur l'hexamètre et le pentamètre.*
² De Chalons, *Règles de la poésie française*, p. 26.
Avant lui, le père Rapin avait fait des strophes dites *saphiques*, et l'épitaphe de Rousard dans le même rhythme :

Sainte-Marthe, enfin je me suis avancé,
Sur le train des vieux ai premier commencé,
Par nouveaux sentiers de m'approcher de près
Au mode des Grecs.

Ces vers étaient imités de l'italien. Ils sont de plus composés dans la réunion du système antique et du système moderne, mesurés par dactyles, spondées, etc., et rimés.

sixième, mais ces vers ont quelque chose de boiteux.

105. — Le vers de neuf syllabes n'est usité que dans certaines chansons ; celle du *Carillonneur*, de Béranger offre ce mètre :

>Les décès | m'ont assez fait connaître,
>Préludons | sur un ton plus heureux ;
>D'un vieillard | l'héritier vient de naître ;
>Sonnons fort, | c'est un fait scandaleux.

On trouve quelques vers de neuf syllabes dans Voltaire et dans Marmontel ; Racine en a aussi glissé quelques-uns dans son idylle sur la *Paix*, ouvrage de sa jeunesse.

>Ces ombrages frais
>Sont des dons | de ses mains bienfaisantes ;
>De ces lieux | l'éclat et les attraits
>Sont les fruits de ses bienfaits.

On voit, par ces exemples, que dans ces vers il se trouve une césure à la troisième syllabe ; quelquefois la césure est à la quatrième syllabe :

>Chantons, chantons | dans chaque métier,
>Le chant ranime | un bon ouvrier.

106. — Dans ces derniers temps, M. Ackerman a proposé d'autres césures obligées dans l'hexamètre et le pentamètre ; il a même proposé des vers de treize, de quatorze syllabes ; toutes ces tentatives ne sont que d'inutiles curiosités. La respiration ordinaire s'accommode parfaitement de la mesure de l'alexandrin ; d'autres considérations d'harmonie ont déterminé nos aïeux à l'adopter de préférence à tout autre plus long [1].

§ III. *Des petits vers.*

107. — On nomme petits vers ceux qui ont moins de neuf syllabes et qui n'ont point de césure.

Le vers de *huit syllabes*, ou tétramètre, est un des plus anciens de notre langue. Il est très propre à la poésie descriptive ; son allure vive et décidée convient parfaitement au genre gai, aux poésies fugitives. Voltaire, Chaulieu, Gresset, s'en sont servis avec un rare bonheur ; il se prête à tous les tons :

---

[1] Au commencement du seizième siècle, Jodelle et Baïf composèrent des vers hexamètres selon le système ancien des Latins ; mais les longues et les brèves sont choisies assez arbitrairement. Voici le distique composé d'un hexamètre et d'un pentamètre que Jodelle mit en tête des poésies d'Olivier du Magny, 1553 :

Phébus, Amour, Cypris veut sauver, nourrir, étonner,
 Ton vers et ton chef d'ombre, de flamme, de fleurs.

Paquier appelle cela un petit chef-d'œuvre. D'Aubigné rapporte que, vers 1550, un nommé Mousset donna l'Iliade et l'Odyssée traduites en pareils vers. Ainsi Jodelle n'est probablement pas l'inventeur de ce genre de versification,

Le célèbre Turgot publia en 1778 un poëme sur Didon, imité de Virgile, en vers blancs hexamètres. Ces essais n'ont rien produit ; nos éléments syllabiques ne sont pas les mêmes que chez les anciens, c'est l'opinion de d'Olivet, de Voltaire et de beaucoup d'autres. Cependant, malgré l'insuccès de ces tentatives, le comte de Saint-Leu, L. Bonaparte, a publié un recueil de poésies à Florence, en 1827, avec une épigraphe en vers blancs contre l'usage de la rime. A quoi bon ?

> Je vis ce dieu qu'en vain j'implore (*le Goût*);
> Il se plaisait à consulter
> Ces Grâces simples et naïves
> Dont la France doit se vanter ;
> Ces Grâces piquantes et vives
> Que les nations attentives
> Voulurent souvent imiter,
> Qui de l'art ne sont point captives,
> Qui régnaient jadis à la cour,
> Et que la nature et l'amour
> Avaient fait naître sur nos rives.
>
> (*Voltaire*, Temple du Goût.)

On voit que ce vers se prête aisément à former une période nombreuse.

108. — Le vers de sept syllabes offre à peu près les mêmes agréments que le vers de huit, mais il est un peu moins usité, précisément parce qu'il est un peu plus court ; du reste, il convient aux poésies légères, et l'ode même l'admet avec autant de succès que le vers tétramètre. On les trouve souvent l'un et l'autre dans les poésies lyriques de J.-B. Rousseau, particulièrement dans la stance de dix vers :

> Grand Dieu, votre main réclame
> Les dons que j'en ai reçus ;
> Elle vient couper la trame
> Des jours qu'elle m'a tissus :
> Mon dernier soleil se lève,
> Et votre souffle m'enlève
> De la terre des vivants,
> Comme la feuille séchée
> Qui, de sa tige arrachée,
> Devient le jouet des vents.
>
> (*J.-B. Rousseau*, Odes, liv. I.)

109. — Le vers de *six syllabes* n'est pas rare dans le mélange des mètres pour l'ode et les stances ; mais on trouve rarement des pièces étendues en vers de trois pieds. Ce qui rend ce vers difficile, et même peu agréable, c'est qu'il ressemble à un hémistiche de l'alexandrin :

> Est-ce la cour suprême
> Du souverain des dieux ?
> Ou Vénus elle-même
> Descend-elle des cieux ?
> Les compagnes de Flore
> Parfument ces coteaux,
> Une nouvelle aurore
> Semble sortir des eaux ;
> Et l'Olympe se dore
> De ses feux les plus beaux.
> (*J.-B. Rousseau*, Cantates.)

110. — Le vers de cinq syllabes est plus usité que celui de six. Il a une cadence vive et légère qui flatte l'oreille. On cite particulièrement pour exemple de ce rhythme la charmante idylle allégorique de Mme Deshoulières :

> Dans ces prés fleuris
> Qu'arrose la Seine,
> Cherchez qui vous mène,
> Mes pauvres brebis, etc.,

Et les couplets de la cantate de Circé par J.-B. Rousseau :

> Sa voix redoutable
> Trouble les enfers ;
> Un bruit formidable
> Gronde dans les airs, etc.

111. — Le vers de quatre syllabes est plus rare. Il s'emploie tantôt dans le mélange des mètres, tantôt seul. Les opéras de Quinault en offrent des exemples. Bernard et Parny ont fait quelques pièces sur ce rhythme; mais, comme l'observe La Harpe, il ne convient qu'à des pièces de peu d'étendue, parce que l'oreille est bientôt fatiguée du retour fatigant des mêmes sons :

Oui pour jamais   Aimons ailleurs,
Chassons l'image   Trompons comme elle.
De la volage   De sa beauté,
Que j'adorais :   Qui vient d'éclore,
A l'infidèle   Son cœur encore
Cachons nos pleurs,   Est trop flatté.
                                             (*Parny.*)

112. — Le vers de trois syllabes s'emploie aussi dans le mélange des mètres où il est même assez rare. Il est plus commun en tirade ou en épître chez les poëtes ou rimeurs des premières années du grand siècle, Scarron, Nevers, Maître-Adam, Sarrazin. Dans ce rhythme, ils se dispensaient de la succession des rimes masculines et féminines :

Grand Nevers,   De mon front,
Si les vers   Comme ils font
Découlaient,   De ton chef, etc.
Jaillissaient
                                             (*Chaulieu.*)

113. — Le vers d'un pied ou de deux syllabes, plus rare encore que les précédents, s'emploie après un plus grand, soit dans les vaudevilles, soit dans certaines circonstances pittoresques, comme dans ce passage de La Fontaine (*Fables*, V, 10) :

C'est promettre beaucoup, mais qu'en sort-il souvent ?
                Du vent.

M. Victor Hugo a employé ces petits mètres souvent avec bonheur ; en voici un exemple (*Les Djinns*)

> On doute
> La nuit...
> J'écoute ;
> Tout fuit,
>
> Tout passe.
> L'espace
> Efface
> Le bruit.

114. — Le vers monosyllabique n'est guère que l'écho de la rime du vers qui le précède. Il s'emploie dans la chanson :

> Mettez-vous bien cela ;
> *Là*,
> Jeunes fillettes :
> Songez que tout amant,
> *Ment*
> Dans ses fleurettes.
> Et l'on voit des commis
> *Mis*
> Comme des princes,
> Qui jadis sont venus
> *Nus*
> De leurs provinces.

On a tenté de faire une pièce en vers monosyllabiques ; mais on ne peut réussir dans ce tour de force, qui d'ailleurs ne produirait rien de tolérable.

115. — *Observation de Voltaire sur le vers pentamètre et l'hexamètre.*

Apamis raconta ses malheureux amours
En mètres qui n'étaient ni trop longs, ni trop courts ;
Dix syllabes par vers mollement arrangées
Se suivaient avec art, et semblaient négligées ;
Le rhythme en est facile, il est mélodieux,
L'hexamètre est plus beau, mais parfois ennuyeux.
(*Les Trois Manières.*)

DE LA CADENCE ET DE L'ACCENT TONIQUE. DU MÉLANGE DES RIMES. — DU MÉLANGE DES MÈTRES.

§ I. *De la cadence et de l'accent tonique.*

116. — Les vers ont une harmonie qui leur est propre, et qui résulte du nombre de leurs syllabes, distribuées selon les règles que nous avons exposées.

L'accentuation et le repos des césures donnent aux grands vers un rhythme musical qui, avec les sons de la rime, frappe agréablement l'oreille, à des intervalles à peu près égaux. Ce sont ces temps, ces repos et ces chutes, habilement ménagés dans la facture des vers, qui en forment la cadence :

Ayez pour la cadence une oreille sévère.
(*Boileau*, Art poét., I.)

117. — Indépendamment de ces qualités, les vers en reçoivent une autre qui tient à la disposition des accents toniques. La langue française a sans doute des syllabes longues et des brèves dans ses mots ; mais ces articulations, ces sons rapides ou prolongés, ne constituent pas l'*accent tonique*. Cet accent est ainsi appelé, parce qu'il consiste dans une intonation plus forte, ou plus modulée, que l'on donne à la syllabe qui en est affectée. Le motif de cette intonation naît du besoin même qu'éprouve celui qui parle, de faire sentir à ses auditeurs les idées dont il est affecté

118. — L'accent tonique se place toujours sur la dernière syllabe sonore des mots polysyllabes. Il ne peut se trouver que dans les mots qui expriment des idées dominantes; certaines classes de mots sont donc naturellement privées de cet accent. Ce sont :

1° Les articles et les adjectifs déterminatifs *le, la, les, du, des, au, aux, mon, ma, mes,* etc., *ce, cet, cette, ces, un, quel, quelque,* joints à des substantifs ;

2° Les pronoms personnels *je, tu, il, nous, vous, me, te, se, lui, le, la, les,* placés devant les verbes. *Moi, toi, soi,* ont l'accent ; les autres pronoms l'ont aussi, quand ils sont placés après les verbes : voulez-*vous,* entends-*tu ?* prenez-*le,* voyez-*les.* Cependant *je* n'a jamais l'accent, et *tu, il,* etc., le perdent entre l'auxiliaire et le participe :

De cette nuit, Phénice, *as-tu-vu* la splendeur ;
(*Racine,* Bérénice, I, 5.)

3° Les pronoms conjonctifs *qui, que, dont, où* ; le pronom indéfini *on,* etc. Ces mots ont l'accent en interrogation : *qui* l'a dit ? *où* l'avez-vous laissé ? Dans on *vient,* c'est le verbe qui est seul accentué ; dans *vient-on,* les deux mots le sont. Il en est de même pour les autres formes, *tu veux, veux-tu,* etc. ;

4° La plupart des prépositions et des conjonctions,

et surtout les monosyllabiques *à, de, dans, sur, sous, pour, vers,* etc., *et, ni, ou, que;* cependant *mais, car, or, donc,* sont ordinairement accentués ;

5° Les verbes auxiliaires joints à leurs participes: vous avez *vu,* je *suis tombé,* etc. ; enfin les adverbes comparatifs *plus, moins, mieux, aussi, très,* du moins dans la plupart des cas.

Le nom, l'adjectif, le verbe, l'adverbe ont presque toujours l'accent.

119. — Comme la césure et la rime partagent les grands vers en deux parties qui doivent être senties, on est donc obligé d'y placer un mot accentué: quelquefois le vers n'a que ces deux accents :

 Et je m'imagi*nais* dans la divi*nité*...
    (*Corneille*, Horace, III.)

Cette disette d'accents rend le vers traînant ou prosaïque, et tous les critiques, Boileau, d'Olivet, Voltaire, La Harpe, ont reconnu que ces *grands mots* nuisent à l'harmonie du vers. Ils l'ont senti par l'instinct du goût, mais ils n'en ont jamais exposé la cause, qui n'est que la privation des accents. Alors, pour suppléer à ces *accents toniques,* dont l'absence rend le vers rampant ou monotone, on est obligé de donner à ces longs mots un petit accent d'*appui,* sur la *radicale,* syllabe qui contient l'idée mère ou primitive de l'expression. Cette inflexion de voix ne doit pas avoir la même force que l'accent tonique :

 Et je n'*imagi*nais dans la *divi*nité ;

Ainsi, dans ce vers, les syllabes *ma* et *di* reçoivent un accent d'*appui* pour la voix [1].

Cette observation s'étend aux vers presque entièrement composés de mots ordinairement privés de l'accent tonique :

> Pour ne *pas* souhaiter qu'elle me *fût* ravie.
> (*Racine,* Iphigénie, IV, 4.)

Les monosyllabes *pas* et *fût* reçoivent un accent d'appui. De tous les accents, ceux de la césure et de la rime sont les plus prononcés.

120. — Les alexandrins n'ont le plus souvent que deux accents par hémistiche ; ce nombre convient assez à la poésie didactique, morale, philosophique : il rend le vers grave, mais il ne faut pas que la place des accents soit invariable. Le vers le mieux cadencé est celui qui offre trois accents dans le premier hémistiche, et deux dans le second.

CADENCE GRAVE, QUATRE ACCENTS.

> A de *moindres objets* tu *peux* le reconnaître (Dieu) :
> Con*temple* seulement l'*arbre* que je fais *croître*,
> Mon *suc* dans la racine à *peine* répand*u*,
> Du *tronc* qui le reçoit à la *branche* est rendu :
> La *feuille* le demande, et la *branche* fidèle,
> Pro*digue* de son *bien*, le partage avec *elle*.
> De l'éclat de ses *fruits* justement enchan*té*,
> Ne méprise ja*mais* ces *plantes* sans beau*té*......
> (*L. Racine,* la Religion, I.)

---

[1] Le père Mourgue appelle accent d'*appui* ce que les grammairiens actuels nomment accent *tonique*, ce que les Italiens nomment accent *prosodique*. M. Ackerman distingue un accent *tonique* et un accent d'*appui* différent de celui que j'indique ici. A force de subtiliser, on finit par ne plus s'entendre.

CADENCE PLEINE ET BRILLANTE, CINQ ACCENTS.

Au *pied* du *mont* Adu*le* entre *mil*le rose*aux*,
Le *Rhin*, tranquille et *fier* du progrès de ses *eaux*,
Appu*yé* d'une *main* sur son *urne* pen*chante*,
Dor*mait* au *bruit* flat*teur* de son *onde* nais*sante*,
Lorsqu'un *cri* tout à *coup* sui*vi* de *mille cris*,
Vient d'un *cal*me si *doux* retirer ses *esprits*.
(*Boileau*, Epître IV.)

121. — Le premier accent tonique peut se placer sur l'une des quatre premières syllabes de chaque hémistiche. Plus il y a de variété dans la place des accents, plus il y a d'harmonie dans les vers. On comprendra facilement que la multiplicité des accents tient aux émotions vives, aux énumérations rapides ; la cadence alors peut être saccadée :

Fuis mes *traits*, crains mes *feux*, implacable *furie*.
(*Voltaire*, Temple de la Gloire.)
Moi, *fille*, *femme*, *sœur* et *mère* de vos *maîtres*.
(*Racine*, Britannicus, I, 2.)
Vous avez *tout* per*du*, *fils*, *frère*, *épouse*, *fille*.
(*Voltaire*, Mahomet, I, 1.)

122. — L'accent de la césure et celui de la rime étant prédominants, il est contraire à l'harmonie de les faire précéder immédiatement d'une autre syllabe accentuée, car deux tons forts de suite produisent une modulation dure ; à la rime surtout cette dureté est plus sensible :

Dans quel *repos*, ô *ciel*, les avez-vous coulés !
(*Racine*, Britannicus, I, 3.)
Dieu, que les *airs* sont *doux*, que la lu*mière* est *pure* !
(*De Lamartine*, Méditations poét.)

Ce beau lac, ces *flots purs*, ces fleurs, ce *gazon frais*.
(*Delille*, l'Imagination.)

On sent que ces vers, quoique bons, ne sont pas coulants.

La Harpe critique avec raison le dernier de ces deux vers de Voltaire (*Tancrède*, I, 4) :

Mais qui peut altérer vos bontés paternelles ?
Vous seule, vous, ma fille, en abu*sant trop* d'*elles*.

« Il n'est personne, dit-il, qui ne sente combien ce « pronom d'*elles*, qui finit la phrase, produit un « mauvais effet. » Mais, comme l'observe M. Quicherat, La Harpe ne s'est pas bien rendu compte de la cause qui rend ce vers désagréable ; c'est parce qu'il se termine par deux monosyllabes accentuées. En effet, le pronom d'*elle* ne choque nullement l'oreille à la fin du vers suivant, parce que la cadence y est observée :

Elle n'aurait donc plus une mère auprès d'*elle*?
(*Chénier*, Henri VIII, IV, 4.)

Enfin, dans ce vers de Delille :

Détache-la ! je souffre à me séparer d'*elle*,
(L'Imagination, VI.)

Le même pronom peut se supporter, quoique précédé d'une syllabe accentuée, parce qu'elle appartient à un mot polysyllabe. Remarquez aussi que, dans le vers de Voltaire, il y a trois accents toniques consécutifs à la fin [1].

---

[1] Ce qui contribue encore à rendre désagréable le pronom d'*elle* dans cet exemple, c'est qu'il est en rapport avec un nom de chose, et que dans la prose on emploierait le pronom *en* :

123. — Moins les vers ont de syllabes, moins ils ont d'accents, cela va sans dire. Le pentamètre en a naturellement un de moins que l'hexamètre, avant la césure. On en donne deux ou trois aux vers de huit et de sept syllabes. Nous ne croyons pas qu'il soit nécessaire de s'appesantir davantage sur cette question.

§ II. *Du mélange des rimes.*

124. — On nomme *rimes plates* ou *jumelles* (mot plus intelligible), celles qui se succèdent deux à deux, par couple, alternativement *masculines* et *féminines*; exemple :

Quelque sujet qu'on traite, ou plaisant ou sublime,
Que toujours le bon sens s'accorde avec la rime :
L'un l'autre vainement ils semblent se haïr ;
La rime est une esclave, et ne doit qu'obéir :
Lorsqu'à la bien chercher d'abord on s'évertue,
L'esprit à la trouver aisément s'habitue ;
Au joug de la raison sans peine elle fléchit,
Et, loin de la gêner, la sert et l'enrichit [1].

(*Boileau*, Art poét., I.)

Mes bontés, vous *en* abusez. La licence était d'autant plus admissible, que *en en abusant trop* serait intolérable, à cause des deux *en*.

[1] La Harpe se trompe en attribuant à Malherbe le mérite d'avoir le premier *mélangé régulièrement les rimes masculines et les rimes féminines, dont l'effet est si sensible.* Bien antérieurement à Malherbe, Ronsard avait pratiqué cette règle, dans ses dernières poésies seulement. Dubartas avait aussi employé les rimes jumelles dans son poëme de la *Semaine*. Jean Bouchet enseignait cette règle, à laquelle Marot refusa de se soumettre : ce poëte a rendu peu de services à notre langue. Velly (*Histoire de France*, t. 4, p. 54) dit que ce fut Thibaut, comte de Champagne, sous Louis VIII, qui le premier entremêla les rimes masculines et les rimes féminines ; Quesné de Béthune, et plusieurs autres poëtes de cette époque, adoptèrent cette innovation.

125. — Les *rimes croisées* sont celles où une rime masculine et une rime féminine se succèdent alternativement. Les rimes sont encore croisées quand deux rimes d'une même espèce sont suivies d'une seule rime d'une autre espèce [1].

RIMES CROISÉES ALTERNATIVES.

Là, rarement la raison, la justice
Ont amené des mortels vertueux :
L'Opinion, la Mode, le Caprice
Ouvrent le temple et nomment les heureux.
En leur offrant la coupe délectable,
Sous le nectar cachant un noir poison,
La Déité daigne paraître aimable,
Et d'un sourire enivre leur raison.
          (*Gresset*, le Temple de la Faveur.)

RIMES CROISÉES, DEUX VERS CONTRE UN.

Qu'aux accents de ma voix la terre se réveille :
Rois, soyez attentifs ; peuples, prêtez l'oreille :
Que l'univers se taise, et m'écoute parler !
Mes chants vont seconder les accords de ma lyre ;
L'Esprit-Saint me pénètre, il m'échauffe, il m'inspire
Les grandes vérités que je vais révéler [2].

126. — Les rimes *mêlées* sont celles qui se succèdent tantôt isolément, tantôt par couple, sans autre règle que la volonté du poëte :

---

[1] Franc-Martin paraît être le premier qui se soit servi des rimes croisées dans son poëme intitulé le *Champ des Dames*, en réponse au roman de la Rose, vers la fin du quatorzième siècle.

[2] C'est la première strophe de l'ode de Rousseau intitulée : l'*Aveuglement des hommes*. Les rimes croisées sont fort usitées dans les stances.

Loin de la sphère où grondent les orages,
Loin des soleils, par de là tous les cieux,
S'est élevé cet édifice affreux,
Qui se soutient sur le gouffre des âges.
D'un triple airain tous les murs sont couverts;
Et, sur leurs gonds quand les portes mugissent,
Du temple alors les bases retentissent ;
Le bruit pénètre et s'entend aux enfers.
    (*Dorat*, Palais des Destins.)

REMARQUES.

127. — 1° Un vers masculin ou féminin ne peut être suivi d'un autre vers de la même espèce ayant une rime différente [1]. Il y en a quelques exemples dans La Fontaine, dans Démoustier (*Lettres à Emilie*), dans l'*Amphitryon* de Molière ; en voici un de Rhulières (*le Don du Contre-Temps*) :

On sait moins communément
Que l'Epoux de la déesse
Reçut du sort malfaisant
Un charme d'une autre *espèce*.
C'est une lourde *besace*
Où les dieux avaient jeté
Esprit, savoir et gaîté,
Tous trois pris hors de leur place.
    (*Noël*, Leçons de Littérature.)

2° Dans les rimes mêlées, on peut en mettre trois semblables de suite ; il n'est pas permis d'en mettre quatre ; c'est une négligence vicieuse qu'offre La

---

[1]. Dans les odes, il est permis de terminer une strophe et de commencer la suivante par deux rimes différentes masculines ou féminines : il vaut mieux éviter ce rhythme. Nous en parlerons.

Fontaine dans sa fable de *l'Hirondelle et les petits Oiseaux*.

128. — Les rimes *redoublées* offrent le retour des mêmes sons pendant une période, et quelquefois au delà, ou pendant une pièce tout entière, épître ou fugitive. Voltaire, Chaulieu, Bernis, Gresset, sont ceux qui ont le mieux réussi dans ce genre. Dans la pièce de Tancrède, que Voltaire a donnée en rimes croisées, pièce qui se soutient au théâtre, quoique cet exemple n'ait pas été suivi, la première période est en rimes redoublées.

Généreux chevaliers, l'honneur de la Sicile,
Qui daignez, par égard au déclin de mes ans,
Vous rassembler chez moi pour punir nos tyrans,
Et fonder un état triomphant et tranquille ;
Syracuse en nos mains a gémi trop longtemps
Des efforts avortés d'un courage inutile :

REMARQUE.

Il y a même des pièces de vers sur une seule rime. Voltaire, Lefranc de Pompignan, Vigée et beaucoup d'autres, ont laissé des fugitives de cette espèce [1].

---

[1] On trouve dans nos anciens poëtes des pièces *monorimes*. Alan Chartier, qui mourut en 1448, paraît avoir employé le premier, les rimes redoublées. Voici le commencement d'une idyle, genre de poésie dont il est l'inventeur :

Pour oublier mélancolie,
Et pour faire chière plus lie,
Un doux matin aux champs issy (j'allai),
Aux premiers jours qu'Amour ralie
Les cœurs en la saison jolie
Et déchasse ennui et souci,
Si allay tout seulet ainsi, etc.

§ III. *Du mélange des mètres.*

129. — On appelle vers *libres* des vers de différentes mesures que le poëte mélange à son gré, tantôt d'une manière régulière, comme dans les odes, les stances, tantôt sans cadre déterminé. Les chœurs des tragédies de Racine, les opéras de Quinault et de Marmontel, la plupart des apologues de nos fabulistes, les cantates de Rousseau, sont en vers libres. En voici un exemple tiré de l'opéra de *Proserpine* par Quinault :

> Les efforts d'un géant qu'on croyait accablé
> Ont fait encor frémir le ciel, la terre et l'onde.
>   Mon empire s'en est troublé :
>   Jusqu'au centre du monde
>   Mon trône en a tremblé.
> L'affreux Typhée, avec sa vaine rage,
> Trébuche enfin dans des gouffres sans fonds [2];
> L'éclat du jour ne s'ouvre aucun passage
> Pour pénétrer les royaumes profonds
>   Qui me sont échus en partage.
> Le ciel ne craindra plus que ses fiers ennemis
> Se relèvent jamais de leur chute mortelle ;
> Et du monde ébranlé par leur fureur rebelle
>   Les fondements sont affermis.

Voltaire, au jugement de La Harpe, a manqué de goût dans ses opéras, sous le rapport du mélange des vers.

---

[1] *Fond*, dans le sens de *profondeur*, s'écrit sans s; *fonds* avec s signifie une possession : un *fonds* de terre, un *fonds* de boutique. Ainsi, cette rime est fausse ; mais du temps de Quinault cette distinction n'était pas encore bien établie.

150. — Les vers de huit et de sept syllabes, ceux de six et de cinq, n'ayant entre eux qu'une syllabe de différence, s'agencent mal ensemble ; aussi les exemples en sont-ils assez rares ; en voici cependant un de Voltaire :

> Reçois de cette Amazone
> Le noble prix de tes combats ;
> C'est Vénus qui te le donne
> Sous la figure de Pallas.

151. — Le vers de cinq pieds peut s'unir avec celui de six, pourvu que des vers de quatre pieds s'entremêlent avec eux dans la période. Néanmoins, Marmontel remarque judicieusement que ce mélange des deux grands vers doit être banni des strophes de l'ode et des stances. Les vers qui s'entremêlent le mieux, de manière à former les nombres les plus harmonieux, sont l'alexandrin et les vers de huit et de six syllabes.

152. — Le poëte doit avoir soin d'arrondir sa période de manière qu'elle se termine avec la dernière rime. Si le sens total était clos par une rime isolée, ou si une nouvelle période commençait par un vers dont la rime se rattachât seule à la période précédente, l'oreille et l'esprit seraient également affectés d'une manière un peu désagréable : ils ne seraient point satisfaits. Toutes les parties de la Messénienne de Casimir Delavigne, intitulée *Jeanne d'Arc*, offrent l'ordre harmonieux que nous recommandons. Cette règle, qui ne concerne que les vers croisés et libres, n'est réellement obligatoire que dans le haut style.

DE L'HARMONIE EN GÉNÉRAL ET DES CACOPHONIES. — DE L'HARMONIE IMITATIVE. DE L'HARMONIE EXPRESSIVE OU DESCRIPTIVE, ET DES COUPES.

§ I. *De l'harmonie en général et des cacophonies.*

133. Il est un heureux choix de mots harmonieux.
Fuyez des mauvais sons le concours odieux :
Le vers le mieux rempli, la plus noble pensée
Ne peut plaire à l'esprit quand l'oreille est blessée.
(*Boileau*, Art poétique, I.)

La langue française est une de celles qui ont le plus de sons différents ; mais elle en a de faibles, comme l'*eu* doux et l'*e* muet ; elle en a de sourds, comme les voyelles nasales *an*, *in*, *on*, *un*. Ces diverses voyelles sont généralement inharmonieuses ; cependant, employées avec art, elles produisent, dans certains cas, de merveilleux effets.

Voltaire remarque, dans plusieurs passages, que c'est le mélange heureux des voyelles et des consonnes qui produit l'harmonie, et fait le charme de la versification. Les vers de Boileau, précédemment cités, disent clairement et convenablement ce qu'il y avait de mieux à dire en principe général. Nous allons donner quelques détails pratiques propres à éclairer, à former le goût.

154. — Les voyelles nasales de la fin des mots, quand elles ne se lient pas par la prononciation avec le mot suivant, s'il commence par une voyelle, font de véritables hiatus, et les plus durs hiatus; on doit les éviter avec un soin très attentif. D'Olivet remarque, après l'abbé de Dangeau, homme de goût, que, quand on voudra chanter ou même déclamer ce vers :

Ah! j'attendrai longtemps, la nuit est *loin encore*,

quelque expédient que prenne l'acteur ou le musicien, il lui sera impossible d'éviter le bâillement sans tomber dans un inconvénient plus grave encore. L'abbé de Dangeau a poussé l'investigation jusqu'à compter les hiatus de cette espèce qui se trouvent dans les poëtes dramatiques; il a reconnu que Corneille en offre plus que Racine et Molière ; que Quinault, dont la poésie devait être mise en musique, en a moins encore, et que même un de ses opéras n'en présente pas un seul.

155. — Remarquez que, dans le vers cité par l'abbé de Dangeau, l'hiatus a lieu entre deux nasales. Nous distinguons quatre degrés dans ces sortes d'hiatus.

1° *Hiatus nasal devant une voyelle pure, après un repos, irréprochable.*

César fut un ty*ran*, et son trépas est juste.
(*Corneille*, Cinna, II, 1.)

Tu veux m'assassiner de*main*, au Capitole.
(*Le même*, ibid., V, 1.)

Voit le long du sil*lon* une perdrix marcher.
(*La Fontaine*, Fables, VIII, 27.)

2° *Hiatus nasal, sans repos, mais tolérable.*

Et puisse en ce moment
Ce poi*son* expier le sang de mon amant.
(*Racine*, Mithridate, V, 2.)

Du jas*min* odorant les flexibles rameaux.
(*Lebrun*, Élégies, I, 1.)

Que l'ai*rain* écume et bouillonne.
(*J.-B. Rousseau*, Forges de Lemnos.)

3° *Hiatus nasal devant une voyelle nasale, à éviter.*

Le char*don* importun hérissa les guérets.
L'Aqui*lon en* fureur gronda sur les montagnes.
(*Boileau*, Epîtres, III.)

De com*bien ont* rougi les champs de Macédoine !
Com*bien en* a versé la défaite d'Antoine !
(*Corneille*, Cinna, IV, 3.)

Ce *soin* ambitieux me tirant par l'oreille.
(*Boileau*, Epîtres, III.)

4° *Hiatus nasal produit par la répétition du même son, intolérable.*

Et d'un bras que poussait sa *faim* i*mpi*toyable.
(*Voltaire*, Henriade, X.)

Immole trente mets à leur *faim indomptable*.
> (*Boileau*, Lutrin, V.)

Pourquoi d'un *an entier* l'avons-nous différée ?
> (*Racine*, Andromaque, I, 1.)

Remarquons, en outre, que la multiplicité des voyelles nasales dans un vers, même sans hiatus, est tout à fait contraire à l'harmonie :

Que d*urant* notre *enfance ont* enduré nos pères.
> (*Corneille*, Cinna, I, 3.)

S'av*ance* d'*un* pas grave, et *non moins* intrépide.
> (*Voltaire*, Henriade, VI.)

J'allai, *en* repre*nant* et *mon nom* et *mon rang*.
> (*Racine*, Iphigénie, II, 1.)

136. — Une oreille délicate évitera également autant que possible, les hiatus d'élision formés par les mêmes voyelles, comme dans ces vers :

Et tout *crie ici*-bas : L'honneur ! vive l'honneur !
> (*Boileau*, Satire XI.)

La toile est an*imée et* le marbre respire
> (*Voltaire*, Henriade, VII.)

137. — La multiplicité des syllabes muettes rend le vers sourd ; c'est un des écueils dont il faut se garantir au moyen des élisions.

Roi du mon*de et* du jour, guerrier aux cheveux d'or,
Quelle main, te couvrant d'*une* armure enflammée,
Abandonna l'espa*ce* à ton rapi*de* essor,
Et traça dans l'azur ta rou*te* accoutumée ?
Nul as*tre* à tes côtés ne l*ève* un front rival.....
> (*Baour-Lormian*, Poésies d'Ossian.)

Toutes ces élisions rendent ces vers très harmonieux ; c'est surtout quand les vers doivent être mis en musique qu'il faut prendre ce soin. Les deux vers suivants sont très désagréables, à cause de la répétition du son *eu :*

> Je l'aime, je l'avoue, et plus *que je ne veux.*
> (*Voltaire*, Alzire, I, 1.)
>
> Je sais *ce que je* dois, et non *ce que je veux.*
> (*Le même*, Brutus, II.)

Dans le langage ordinaire, on prononcerait ainsi ce dernier vers : Je sais *c' que j' dois* et non *c' que j' veux.*

158. — Le dernier vers que nous venons de critiquer est composé de monosyllabes ; il est assez rare que de tels vers ne soient pas raboteux. Tous les poëtes cependant en offrent un assez grand nombre. En voici d'assez coulants :

> C'est là que, bien ou mal, on a droit de tout dire.
> (*Boileau*, Satire I.)
>
> Le ciel n'est pas plus pur que le fond de mon cœur.
> (*Racine*, Phèdre, IV, 2.)

En voici d'assez âpres :

> J'eus le sang un peu chaud, et le bras un peu prompt.
> (*Corneille*, le Cid, II, 1.)
>
> Et que craint-on pour lui quand on est près de moi?
> (*Voltaire*, Mahomet, III, 3.)
>
> Je vais du lac au pic et de la grotte au pont.
> (*De Lamartine*, Jocelyn, III.)

Ce dernier vers est digne des belles années de Chapelain.

159. — Les défauts que nous venons de remarquer sont de ceux qui constituent les *cacophonies,* ou mauvais sons. *L'allitération*, ou répétition de la même syllabe, est une autre source de cacophonie, ainsi que la répétition de la même voyelle :

> Ils ont nommé *Mé*rope, et j'ai rendu les armes.
> (*Voltaire*, Mérope, II, 2.)
> Avec quatre canons, ramena la victoire.
> (*Le même*, la Tactique.)

Voici un exemple de Ronsard devant lequel tous les autres s'éclipsent :

> Pluton n'est roi que des morts seulement,
> *Sans* chair, *sans* os, *sans* sang, *sans* sentiment.

140. — La répétition multipliée de la même articulation, de la même consonne, produit des cacophonies fort singulières qui échappent même aux meilleurs poëtes par inadvertance ; en voici quelques exemples :

> Gardez *d*onc *d*e *d*onner ainsi que *d*ans Clélie.
> (*Boileau*, Art poétique, III.)
> Dans les champs *ph*rygiens les e*ff*ets *f*eront *f*oi[1].
> (*Racine*, Iphigénie, I, 2.)
> Une *v*ache était là, l'on l'appelle, elle *v*ient.
> (*La Fontaine*, Fables, X, 2.)
> Aurait-elle *s*ucé ce poi*s*on déte*s*table
> Apporté *p*armi nous *p*ar *s*es *p*er*s*écuteurs ?
> (*Voltaire*, Alzire, II, 6.)
> S'imaginant *sans cesse*, en sa douce manie[2].
> (*Boileau*, Satire IV.)

---

[1] Geoffroi blâme cette répétition du *f*.
[2] *Sancessensa* est passablement curieux.

Devant vos volontés vont apprendre à fléchir.
(*Voltaire*, Zaïre, III, 6.)

Oublier! non, jamais, *ma mère*, *mais mourir* [1].
(*De Lamartine*, Jocelyn, I.)

On voit que ce défaut se combine bien souvent avec celui de l'allitération. Voltaire avait laissé échapper ce vers dans la première édition de Nanine :

*N*on, il *n*'est rien que *N*anine *n*'honore ;

Il le corrigea ainsi depuis (acte III, sc. 8) :

Non, il n'est rien que sa vertu n'honore.

141. — C'est surtout la répétition du *r* articulé qui râpe désagréablement le tympan de l'oreille, et Boileau avait beau jeu contre Chapelain, dont le style rocailleux lui faisait, disait-il, presque fendre la tête. Tout le monde connaît son épigramme en style de Chapelain :

Maudit soit l'auteur dur dont l'âpre et *r*ude ve*r*ve,
Son ce*r*veau tenaillant *r*ima malgré Mine*r*ve.

Mais l'auteur de la Pucelle aurait pu opposer au satirique ces deux vers de son Art poétique (III) :

Qui dans leu*r* sombre humeu*r* se c*r*oi*r*aient fai*r*e affront,
Si les G*r*âces jamais leu*r* dé*r*idaient le f*r*ont.

Voilà de compte fait onze *r* articulés sur vingt-quatre syllabes ; c'est bien raisonnable.

---

[1] Quandoque bonus dormitat Homerus : *quelquefois le bon Homère dort.*

142. — Aux chapitres de la Rime, de l'Hiatus et de l'Élision, nous avons fait plusieurs observations concernant l'harmonie. Nous signalerons maintenant certaines consonnances désagréables que l'on doit bannir des vers :

> Sa haine ou son amour, *sont-ce* les premiers droits ?...
> (*Racine*, Thébaïde, II, 3.)
> S'il les *vainc*, s'il parvient où son désir aspire.
> (*Corneille*, Pompée, II, 4.)
> Jeu, ba*l*, *s*pectacle et soupers agréables.[1]
> (*Voltaire*, le Mondain.)

Il faut éviter de mettre une consonne après les mots terminés par une double articulation : *correct dans, exact pour,* le *Christ dit,* etc.

Quoique Corneille ait écrit *perds-je*, Gresset *crains-je*, Molière *sens-je*, Voltaire *réponds-je*, ces interrogations et d'autres semblables ne doivent point figurer dans les vers, pas même dans la prose.

143. — Racine est de tous les poëtes celui qui avait le sentiment le plus exquis de l'harmonie : Les tragédies d'Esther et d'Athalie surtout sont tellement remplies de beaux vers, de tirades éloquentes et harmonieuses, que Voltaire, après les avoir lues, disait avec franchise : *Quand on lit de*

---

[1] Ces trois consonnes articulées, *l, s, p,* se prononcent difficilement.

pareille poésie, on a honte de faire des vers. Il ne manquait à Voltaire lui-même, pour atteindre à la perfection de son modèle, que d'avoir le courage de travailler son style. S'il n'avait pas autant de sensibilité que Racine, il avait le goût aussi sûr, aussi cultivé. J.-B. Rousseau et Delille sont aussi de bons guides sous ce rapport. Nous ne croyons pas devoir citer les épigrammes cacophoniques que les auteurs ont faites sur quelques-uns de leurs confrères dont le style manque quelquefois d'harmonie.

§ II. *De l'Harmonie imitative.*

144. — Dans la formation des langues, les hommes créèrent des mots qui, par leur énonciation, représentaient à l'oreille autant qu'à l'esprit les idées dont ils étaient les signes. La plupart des mots imitaient donc certains sons, les voix, les cris, les bruits que l'homme avait remarqués dans les êtres animés ou inanimés [1] ; ce furent donc des onomatopées ou des mots imitateurs. Toutes les langues ont un grand nombre de ces expressions : *croasser, coasser, beugler, hurler, balbutier, miauler, murmure, tonnerre, coucou, gazouiller, cascade, crier,* etc., etc.

Il y a donc dans les langues une harmonie imita-

---

[1] Cette opinion est celle que Platon émet par la bouche de Socrate dans son dialogue de Cratyle.

tive qui tient à la nature de certains mots ; mais, en outre, cette harmonie peut résulter de la combinaison de certaines expressions dont les éléments phoniques sont propres à produire des onomatopées.

145. — Bien plus, la nature des sons les rend propres à peindre jusqu'aux sentiments, parce que leur manifestation extérieure est toujours accompagnée de circonstances vocales que l'expérience a remarquées. Voici, à ce sujet, l'opinion de Condillac :
« Les sons ouverts et soutenus sont propres à l'ad-
« miration, les sons aigus à la gaieté, les syllabes
« muettes à la crainte, les syllabes traînantes et peu
« sonores à l'irrésolution. Celles qui sont éclatantes
« et fortes expriment la colère : plus faciles à pro-
« noncer, elles conviennent au plaisir et à la ten-
« dresse. Les longues phrases ont une expression,
« les courtes en ont une autre ; et l'expression est
« la plus grande lorsque les mots y contribuent,
« non-seulement comme signes d'idées, mais encore
« comme sons [1]. »

Nous ne croyons pas nécessaire d'entrer dans l'examen de chaque voyelle et de chaque consonne : il suffit d'en connaître la valeur particulière pour juger des effets d'harmonie qu'on peut tirer

---

[1] Il ajoute que c'est un effet du hasard quand on peut faire concourir toutes ces choses, et qu'il ne faut pas se faire une loi de les chercher.

(*Dissertation sur l'Harmonie du style*, chap. III.)

de leur emploi [1]. Nous passerons aux exemples.

146. — *Harmonie imitative résultant de l'emploi d'un mot.*

1° ...L'essieu *crie* et se rompt. L'intrépide Hippolyte [2].
(*Racine*, Phèdre, V, 6.)

Crie est une onomatopée, et le monosyllabe de l'hémistiche, où le sens est clos, exprime fort bien la complète rupture du char.

Des coursiers attentifs le *crin* s'est *hérissé*.
(*Racine*, ibid.)

---

[1] Quand l'homme eut l'idée de représenter les éléments vocaux par des caractères nommés lettres, il leur donna une forme relative soit aux organes de la voix, soit à certains objets propres à représenter la valeur des articulations. Remarquons, avec Leibnitz, que le C et le G, peintures de la cavité gutturale, s'emploient dans les mots qui désignent un objet *creux*, comme *cave, caverne, cou, cuve, cercle, coupe, golfe, gorge, gouffre, gobelet, goulot, gourde*, etc. Le T est la figure du marteau, le S celle du serpent, le B celle de la bouche près d'articuler cette consonne, etc. L'I représente le son le plus aigu, l'E les deux lèvres et la langue prononçant cette lettre, l'O la rondeur des lèvres produisant ce son, l'U le même organe autrement modifié, etc. Ceci se rapproche de la leçon donnée au *Bourgeois gentilhomme*; mais Molière avait copié textuellement un discours publié sur ce sujet par M. de Courdemoi, Paris, 1668. Érasme, dans son dialogue dédié à Maximilien de Bourgogne, *sur la vraie prononciation de la langue grecque et latine*, 1527, fait les mêmes remarques, en partie du moins.

[2] Ce verbe *crier* produit souvent d'heureux effets d'harmonie imitative :

Du lugubre instrument font *crier* les ressorts.
(*Boileau*, Lutrin, IV.)

J'entends *crier* la dent de la lime mordante.
(*Delille*, Géorg., I.)

2° Les mots *hérisser, heurter,* sont des onomatopées : l'hiatus réel, *s'est hérissé*, et le son *ri*, achèvent de dresser le *crin*, autre mot rude comme son objet. Ce son *ri* se trouve assez souvent dans des mots qui expriment la rudesse : *rigueur, rider,* etc.

3° Après bien du travail le char arrive *au haut*.
(*La Fontaine*, le Coche et la Mouche.)

Non-seulement ces monosyllabes *au haut* peignent le dernier effort du coche pour arriver jusque-là, mais on croit même entendre le conducteur les prononcer pour arrêter ses chevaux. Nous ne voulons pas dire que l'auteur ait cherché cet effet, c'est notre avis que nous émettons.

4° Quoi ! dit-elle, d'un ton qui fit trembler les *vitres* .
(*Boileau*, Lutrin, I.)

Le *tr* de *trembler*, et le *tres* qui termine le vers, expriment merveilleusement l'effet que décrit le poëte.

5° Sous les grains bondissants dont les toits *retentissent*.
(*Delille*, Géorgiques, I.)

Le mot *retentissent* marque le bruit des grêlons qui tombent. Le latin est peut-être plus expressif encore :

Tam multa in tectis crepitans salit horrida grando.

147. — *Harmonie imitative résultant de certaines rimes.*

1° Les cloches dans les airs, de leurs voix argen*tines*,
Appelaient à grand bruit les chantres à ma*tines*.
(*Boileau*, Lutrin, IV.)

C rimes expriment parfaitement le retour du son maigre d'une petite cloche dans le carillon.

2° Vous êtes le phénix des hôtes de ces *bois.*
A ces mots, le corbeau ne se sent pas de *joie,*
Et pour montrer sa belle *voix,*
Il ouvre un large bec, laisse tomber sa *proie.*
(La Fontaine, Fables, I, 2.)

« Cette agglomération de syllabes criardes, *bois,*
« *joie, voix, proie,* exprime le chant du corbeau. »
C. Nodier.

Observons de plus, avec J.-J. Rousseau, que *large* fait image. On bâille comme le corbeau en prononçant ce mot

On voit ici que le principe que nous avons émis contre la succession de quatre rimes homophones, ou de même consonnance, souffre des exceptions. En voici encore un exemple, où le poëte a voulu imiter la continuité d'un bruit éclatant par la continuité de la même consonnance à la rime :

Le Roi des cieux et de la *terre*
Descend au milieu des *éclairs :*
Sa voix, comme un bruyant *tonnerre,*
S'est fait entendre dans les *airs.*
(J.-B. Rousseau, Odes, I, 4.)

148. — *Harmonie imitative résultant de la répétition de la même consonne.*

1° Car à peine les *coqs commençant* leur ramage,
(Boileau, Satire XI.)

Coqs com... exprime assez bien le chant du coq.

2° Lèvent de lourds marteaux
Qui *tombent* en cadence et *domptent* les métaux.
(*Delille*, Géorgiques, IV.)

Tom-t-en-den-dom-te-taux peint à l'oreille la cadence des marteaux.

3° Heurtant a*vec* le *soc* leur an*tique* dépouille....
(*Le même*, Géorgiques, I.)

Vec, soc, tique, on croit entendre le bruit du fer qui heurte les casques et les dards ensevelis sous terre.

4° Indomptable taureau, dragon impétueux,
Sa *croupe* se *recourbe* en *replis* tortueux.
(*Racine*, Phèdre, V, 6.)

Le *r* répété cinq fois dans le second vers, avec des temps égaux, ces sons *rou, our,* ces syllabes muettes *pe, se, re,* tout cela peint admirablement la démarche rampante et le frémissement des anneaux du monstre.

5° La mollesse oppressée
Dans sa bouche, à ce mot, sent sa *langue glacée*.
(*Boileau*, Lutrin, II.)

Langue gla exprime la prononciation balbutiante de la mollesse [1].

6° Pour qui sont ces serpents qui sifflent sur vos têtes.
(*Racine*, Andromaque, V, 5.)

---

[1] Delille s'est aussi heureusement servi de cette expression dans l'épisode d'Aristée, mort d'Orphée. (*Géorgiques*, IV.)
Là sa *langue glacée*, et sa voix expirante.

L'effet des *s* est tel qu'on croit entendre le sifflement des serpents [1].

Boileau s'est servi dans la même intention de la même lettre, pour exprimer les remontrances importunes de la raison, dont il dit que

C'est un pédant qu'on a *sans cesse à ses* oreilles.
(Satire IV.)

J.-B. Rousseau, dans une lettre à Brossette, lui fait remarquer cette particularité.

149. — *Harmonie imitative résultant de certaines syllabes et de certains sons.*

1° Que Neptune d'un mot mette la paix dans l'air,
Délivre les vaisseaux, des *syrtes* les *arrache*.
(*Boileau*, Art poétique, III.)

« La dureté savante de cet hémistiche, des *syrtes*
« les *arrache*, peint admirablement les efforts du
« Dieu. » Amar.

2° L'air *siffle*, le ciel gr*onde*, et l'*onde* au loin mugit.
(*Voltaire*, Henriade, I.)

Siffle exprime le coup de vent, et la répétition du son nasal *onde* rend l'écho du tonnerre. La peinture de la tempête est surtout admirable dans ces deux passages du poëme des *Saisons* par Saint-Lambert.

---

[1] Un effet semblable se trouve dans ces vers d'une épître de Voltaire :

En vain contre Henri la France a vu longtemps
La calomnie affreuse *exciter ses* serpents.

La mer *tombe* et *bondit* sur ses rives *tremblantes*,
Elle *remonte*, *gronde*, et ses *coups redoublés*
Font retentir l'abîme, et les *monts ébranlés*.
. . . .
Mais des traits enflammés ont sillonné la nue,
Et la foudre en grondant roule dans l'étendue.
Elle redouble, vole, éclate dans les airs.

« A-t-on jamais mieux rendu l'effet du tonnerre, « dont le son se prolonge dans l'éloignement, que « dans ce vers admirable : *Et la foudre en grondant* « *roule dans l'étendue ?* » La Harpe, *Cours de Littér.* Observons de plus que l'énumération des effets de la foudre se termine par le verbe *éclate*, parfaite onomatopée.

3° C'est dans ces descriptions des bruits sourds, caverneux, orageux, que nos voyelles nasales produisent d'heureux effets; en voici un dernier exemple tiré de Delille, l'un de nos poètes les plus habiles sous ce rapport [1] :

Et le *bronze* et l'*airain*, *tonnant dans les combats*.

§ II. *De l'Harmonie expressive ou descriptive, et des coupes.*

150. — On a confondu jusqu'ici l'harmonie imi-

---

[1] Nos anciens poëtes comprenaient cette beauté poétique, mais ils ont abusé des moyens. Voici comment Dubartas, dans son poëme de la *Semaine*, a dépeint le vol et le chant de l'alouette :

La gentille alouette crie son tirelire :
Tire l'ire à l'iré, et tire, tirant l'ire,
Vers la voûte du ciel ; puis son vol vers ce lieu
Vire et désire dire adieu, Dieu, adieu, Dieu.

J.-B. Rousseau a voulu imiter le coassement de la grenouille : *Breke ke ke koax koax*, matière féconde de sarcasmes pour Voltaire.

tative et l'harmonie descriptive sous le même nom, nous croyons qu'il convient de distinguer l'une de l'autre, et de réserver le nom d'harmonie imitative uniquement à celle qui représente à l'oreille les bruits divers, les frémissements, les sons, les cris, le fracas produits par les objets, et dans les circonstances que le poëte décrit.

L'*harmonie expressive* ou *descriptive* est le moyen de faire sentir, par l'arrangement des mots et les effets de prononciation qui en résultent, les choses que l'on veut peindre à l'esprit.

151. — Boileau, aussi savant versificateur que grand poëte, a exposé d'une manière étonnante le précepte qui défend l'hiatus, en faisant deux hiatus autorisés (*Art poét.*, II).

1°   Gardez qu'une voyelle, à courir *trop hâtée*,
Ne soit d'une voyelle en son *chemin heurtée*.

Il a dit dans l'épître VII :

L'aimable comédie, avec lui terrassée,
En vain d'un coup si rude espéra revenir,
Et sur ses brodequins ne *put plus* se tenir.

Voltaire trouvait *put plus* un peu rude ; mais Lebrun, en cela plus attentif, trouvait une beauté dans ces mots, qui donnent à la prononciation quelque chose qui imite la démarche mal assurée, la titubation momentanée du personnage.

2°   Le blé pour se donner sans peine ouvrant la terre,
N'attendait pas qu'un bœuf, pressé par l'aiguillon,
Traçât à pas tardifs un pénible sillon.
                                  (*Boileau*, Epître III.)

On est contraint, dit Louis Racine, de prononcer ce dernier vers avec peine et lenteur. Marmontel remarque aussi que le premier hémistiche de ce vers n'est pas fait pour être débité rapidement, ce qui le rendrait ridicule. La monotonie de ces *a* multipliés, dit Debelloi, imite précisément l'uniformité pesante de la marche du bœuf. Ce sont presque toutes des syllabes longues.

3° Quatre bœufs attelés, d'un pas tardif et lent,
Promenaient dans Paris le monarque indolent.
(*Boileau*, Lutrin, II.)

Ces vers, dit La Harpe, marchent aussi lentement que les bœufs.

4° C'est là que du lutrin gît la machine *énorme*.
(*Boileau*, Lutrin, III.)

« Cette épithète, si bien placée à la fin du vers et « de la phrase, présente la machine dans toute sa « masse. » La Harpe.

5° Dans un chemin montant, sablonneux, malaisé,
Six forts chevaux tiraient un coche.
(*La Fontaine*, le Coche et la Mouche.)
Gémissant et courbé marchait à pas pesants.
(*Le même*, le Bûcheron et la Mort.)

Ces deux vers, par la longueur de leurs syllabes ou de leurs mots, expriment fort bien la lenteur et la difficulté de la marche.

6° D'un acide p*i*quant aigu*ise* encor l'a*i*greur.
(*Delille*.)

Le poëte fait sentir l'impression de la saveur piquante par l'emploi de l'*i*, la plus aiguë des voyelles.

7° Sans fiel et sans fierté, couliez dans la paresse
Vos inutiles jours filés par la mollesse.
(*Voltaire*, Henriade, VII.)

Ces *l* accumulés font couler les vers comme les jours des voluptueux.

Et la rame inutile
Fatigua vainement une mer immobile.
(*Racine*, Iphigénie.)

La répétition de la consonne *m*, qui fait fermer la bouche, arrête la prononciation plusieurs fois, et peint l'obstacle.

152. — Nous avons vu, à l'article de l'enjambement, que le poëte tire de cette violation même de la cadence des effets avantageux, en suspendant tout à coup la marche régulière de l'alexandrin par des coupes pittoresques. Tantôt l'écrivain excite l'attention du lecteur pour la satisfaire par une césure qui fait image au vers suivant; tantôt d'un repos habilement ménagé, la phrase s'élance d'un vers sur l'autre pour produire un tableau frappant, ou vous pénétrer d'une émotion vive, que la prose ne nous ferait point éprouver. Voyons des exemples

1° Soudain le mont liquide élevé dans les airs
Retombe ; un noir limon bouillonne au fond des mers.
(*Delille*, Géorgiques, III.)

Rien n'est plus pittoresque assurément que cette chute du mont liquide, qui, élevé dans le premier vers, retombe tout à coup après le repos final. Delille avait au plus haut degré ces secrets de style. « C'était, dit La Harpe, la suite naturelle d'une lon-

« gue et pénible lutte contre la perfection de Virgile,
« le plus grand maître de l'harmonie poétique. »

> 2° Soudain amoncelée en montagne écumante
> L'onde bondit; les uns sur la cime des flots
> Demeurent suspendus, d'autres au fond des eaux
> Roulent, épouvantés de découvrir la terre.
> (Delille, Enéide, I.)

Ce désordre de la cadence, ces coupes imitent le désordre de l'orage, de la mer. On se prive de ces beautés quand on ne tient point à la règle qui proscrit les enjambements sans cause, comme le font beaucoup de poëtes actuels.

> 3° Je l'ai trouvé couvert d'une affreuse poussière,
> Revêtu de lambeaux, tout pâle, mais *son œil*
> Conservait sous la cendre encor le même orgueil.
> (Racine, Esther, II, 1.)

Il semble que cet *œil*, au bout du vers, brille du noble orgueil qui trouble Aman.

4° Voici des coupes non moins habilement ménagées.

> La terre tremble au loin sous son maître qui tonne...
> L'univers ébranlé s'épouvante; *le dieu*
> D'un bras étincelant dardant un trait de feu...
> (Delille, Géorgiques, I.)

> Les siècles devant lui s'écoulent; *et le temps*
> N'oserait mesurer un seul de ses instants.
> (Lebrun, la Nature.)

> Il tourne le bonnet; *l'enfant tire*, et Brontin
> Est le premier des noms qu'amène le destin.
> (Boileau, Lutrin, I.)

« *L'enfant tire*... L'action est marquée par ce
« mouvement qui suspend le vers. » La Harpe.

5° C'est dans une intention bien marquée de produire un effet pittoresque que Racine a fait cet enjambement :

> Et concluez. — Puis donc qu'on nous permet de prendre
> *Haleine*, et que l'on nous défend de nous entendre.
> (Les Plaideurs, III, 3.)

Tous nos grands poëtes, Racine, La Fontaine, Boileau, Voltaire, Delille, etc., sont pleins de ces effets d'harmonie. Roucher, l'auteur du poëme des *Mois*, les a recherchés avec trop d'affectation ; cependant il faut convenir qu'il réussit quelquefois très heureusement.

153. — Souvent, dans les vers libres et le mélange des mètres, un poëte habile peint sa pensée aux yeux en même temps qu'à l'esprit ; en voici quelques exemples tirés de La Fontaine :

> C'est promettre beaucoup ; mais qu'en sort-il souvent ?
> *Du vent.*
> (Fables, V, 10.)

Les deux monosyllabes expriment fort bien l'inanité des promesses du poëte hâbleur.

> Même il m'est arrivé quelquefois de manger
> *Le berger.*
> (Fables, VII, 1.)

On a remarqué l'artifice de ce petit vers, dont le lion se sert, suivant l'expression de Chamfort, pour escamoter son péché.

> Deux belettes à peine auraient passé de front
> *Sur ce pont ;*
> D'ailleurs, l'onde rapide et le ruisseau profond...
> (Fables, XII, 4.)

« Tout le monde a remarqué l'heureux emploi de
« ce vers composé de trois monosyllabes, qui figure
« à la pensée l'effrayante exiguïté du pont. » C. Nodier.

Le petit vers ressemble en effet à un petit pont jeté sur un ruisseau dont les alexandrins sont les deux rives [1].

154. — Il nous serait facile de multiplier indéfiniment les exemples d'harmonie soit *imitative*, soit *expressive*. Que penser, après cela, de l'opinion du chevalier de Jaucourt, et de ceux qui, comme lui, osent avancer que notre langue manque de cette harmonie qu'ils accordent avec de si pompeux éloges aux langues latine et grecque? Vingt critiques, parmi lesquels nous citerons L. Racine, La Harpe, l'abbé Tuet, Marmontel, Delille, etc., ont prouvé la fausseté et le ridicule de cette opinion : ils ont fait aussi marcher les poëtes, ils ont marché eux-mêmes devant ceux qui niaient le mouvement. La langue française est fille de la langue latine, a-t-elle été entièrement déshéritée des richesses que possédait sa mère? Il n'est pas bien démontré même qu'elle ne soit pas aussi riche qu'elle sous ce rapport.

Il ne faut pas croire que les poëtes aient toujours

---

[1] Des chansonniers du siècle dernier ont fait des pièces de vers dont l'ensemble figure une coupe, une bouteille ; ce sont des farces.

recherché ces effets d'harmonie; ils sont nés, souvent à leur insu, sous leur plume; on les doit à la nature même des mots, doués encore, en grande partie, de leur accentuation originelle et de leurs formes primitives.

155. — Nous terminerons ce chapitre par les vers suivants, que l'abbé du Resnel a traduits de Pope, sur l'harmonie du style poétique. Tous ces vers ont leur couleur propre, chacun peut aisément en faire l'analyse :

Que le style soit doux, lorsqu'un tendre zéphire
A travers la forêt s'insinue et soupire.
Qu'il coule avec lenteur, quand de petits ruisseaux
Traînent languissamment leurs gémissantes eaux.
Mais le ciel en fureur, la mer pleine de rage,
Font-ils d'un bruit affreux retentir le rivage :
Le vers, comme un torrent, en grondant doit marcher.
Qu'Ajax soulève et lance un énorme rocher,
Le vers appesanti tombe avec cette masse.
Voyez-vous, des épis effleurant la surface,
Camille, dans un champ, qui part, vole et fend l'air,
Le style suit Camille, et part comme l'éclair [1].

---

[1] Pierre-Augustin de Piis, chansonnier assez distingué, publia, en 1810, un poëme ayant pour titre : l'*Harmonie imitative de la langue française*, en quatre chants. L'auteur s'était imposé la tâche énorme de peindre la valeur et les effets des lettres, le bruit de tous les instruments mécaniques, le cri et le chant de tous les animaux, le murmure des ruisseaux, les sifflements des vents, les éclats de la tempête, le son des métaux, les accents de tous les êtres, etc., etc. Ces peintures, commandées par le sujet, promises par l'auteur, fatiguent à la longue un lecteur qui sent que l'auteur s'épuise en efforts souvent heureux, souvent inutiles, quelquefois ridicules, pour lui procurer un plaisir qui coûte tant de fatigue au poëte. Cependant cet ouvrage mérite d'être lu, malgré l'affectation, la gêne que l'on y découvre à

DE L'EMPLOI DES SYNONYMES. — DES ÉPITHÈTES ET DES CHEVILLES.

§ I. *Des Synonymes.*

156. — Il arrive très souvent qu'un poëte, gêné par la mesure du vers, ne peut y faire entrer le mot propre, qui rendrait le mieux sa pensée ; ce mot d'ailleurs peut être ou dur ou vulgaire. Ainsi l'harmonie, la mesure, le choix des expressions ou la rime obligent le poëte à se servir de synonymes ou de périphrases synonymiques. Il résulte de là que certaines nuances, que la bonne prose est obligée d'observer scrupuleusement, disparaissent en poésie. Cette nécessité a été une source de hardiesses heureuses qui ont enrichi notre langue, dont la sévérité laisse si peu de latitude. Aussi, combien ne faut-il pas de tact pour rester dans la limite des convenances avec cette langue délicate et scrupuleuse ! Dans une suite d'exemples et de réflexions, nous tâcherons de guider l'inexpérience des jeunes poëtes,

---

chaque pas. Voici ce que l'on y trouve sur la consonne L. (Chant premier.)

Oh ! combien la seule L embellit la parole !
Lente, elle coule ici, *là*, légère elle vole ;
Le liquide des flots par elle est exprimé ;
Elle polit le style après qu'on l'a limé.
Plus on la mêle aux mots, plus la phrase est liante ;
La multipliez-vous, c'est une huile luisante
Qui mouille la syllabe, et dont le liniment
Sauve à l'âpre consonne un triste frottement.

et de montrer quelle circonspection il faut apporter dans l'emploi des synonymes.

157. — *Tombe, tombeau, cercueil.*

Ces mots offrent des différences, cependant le dernier peut s'employer pour les deux autres, et même pour *fosse :*

Rhodes, des Ottomans, le redoutable écueil
De tous ses défenseurs devenu le *cercueil*.
(*Racine*, Bazajet, II, 1.)

Voilà de quels pensers les *cercueils* m'environnent
(*Legouvé*, la Mélancolie.)

Auprès de son trophée on creuse son *cercueil*.
(*Delille*, l'Homme des champs, IV.)

158. — *Lumières, clartés.*

Le dernier de ces mots s'emploie pour le premier dans le sens figuré en poésie seulement, et, quoique cette acception ne soit pas autorisée par l'Académie, elle nous semble suffisamment justifiée par l'usage des grands maîtres dans l'art d'écrire.

De vos propres *clartés* me prêter le secours.
(*Racine*, Esther, II, 8.)

Aspirez aux *clartés* qui sont dans la famille.
(*Molière*, Femmes sav., I, 1.)

Aux *clartés* des chrétiens si son âme est ouverte [1].
(*Voltaire*, Alzire, V, 7.)

159. — *Unir, joindre, assembler.*

Et la loi de l'hymen qui nous tient *assemblés*.
(*Corneille*, Polyeucte, I, 3.)

---

[1] L'Académie admet cependant *les clartés* du christianisme ; mais ce n'est pas la même chose que *les clartés* des chrétiens.

« Le mot propre est *unis*; on ne peut se servir de
« celui d'*assembler* que pour plusieurs personnes. »
Voltaire, Commentaire.

Cette remarque n'a pas empêché Ducis de suivre
cet exemple de Corneille. (*Hamlet*, II, 3.)

> Avant qu'un nœud si saint puisse *assembler* jamais
> Deux cœurs infortunés *unis* par leurs forfaits.

La présence du mot *unis* au second vers ferait excuser le poëte s'il avait besoin d'excuse. Baour-Lormian, dans la *Jérusalem délivrée*, a employé auss *assembler* pour *unir*, et j'en ai trouvé vingt exemples ailleurs.

160. — *Paire, couple.*

> Il dit, et de ses mains fait tomber sur le sable
> De cestes menaçants *un couple* épouvantable.
> (*Delille*, Enéide, V.)

Au lieu du mot *paire*, on peut employer en poésie le mot *couple* dans le style noble [1]. On peut, au contraire, au lieu de *couple*, employer *paire* dans le genre familier, seulement dans l'expression *paire d'amis* :

> Le chien avec le coq allaient de compagnie....
> Cette *paire* d'amis restant toujours unie.
> (*Franç. de Neuf-Château*, Fables, III, 6.)

161. — *Temps, vie, âge, durée, cours.*

> J'ai consumé mon *âge* au sein de l'Amérique.
> (*Voltaire*, Alzire, I, 1.)

---

[1] L'Académie, il est vrai, ne donne pas toutes ces acceptions ; mais toute la langue n'est pas dans son Dictionnaire.

Age signifie dans ce vers *les jours que j'ai vécu.* On a condamné cette hardiesse, qui a trouvé des approbateurs ; nous nous rangeons du côté de ces derniers. Mais il n'en est pas de même du mot *durée*, employé pour *longue vie*, dans ce passage de J.-B. Rousseau (Odes, liv. IV) :

> Et dont, malgré leur *durée*,
> Jamais mortels n'ont joui.

Durée ne se dit que des choses. Le mot *cours* n'est pas meilleur dans ce passage de Boileau (Satire VII) :

> Ainsi, soit que bientôt, par une dure loi,
> La mort d'un vol affreux vienne fondre sur moi,
> Soit que le ciel me garde un *cours* long et tranquille...

« Un *cours* n'est ni assez clair, ni assez français. » Lebrun.

162. — *Réunir, associer.*

> Si donc existe un être en qui les dieux puissants
> Aient dans un seul organe *associé* trois sens.
> (*Delille*, l'Imagination, VII.)

Il s'agit de l'éléphant. *Réunir* eût été irréprochable ici, mais combien *associé* n'est-il pas plus élégant, plus poétique !

163. — *Prémices, commencements.*

> Toujours la tyrannie a d'heureuses *prémices*.
> (*Racine*, Britannicus, I, 4.)

Est-ce que d'Olivet n'a pas eu la main assez malheureuse pour critiquer ce vers ! Geoffroi prouve que *prémices* est le mot poétique, bien préférable au mot *commencements*, que Desfontaines dit son synonyme.

164. — *Reposer, dormir.*

On emploie l'un ou l'autre de ces verbes, en parlant des êtres animés ; *reposer* s'emploie seul pour les choses, auxquelles on ne suppose ni le mouvement, ni l'action. Voici des hardiesses que l'on ne doit pas craindre d'imiter :

Le *feu* qui semble éteint *dort* souvent sous la cendre.
(*Corneille*, Rodogune, II, 4.)

Les guerriers amollis laissent *dormir* leurs *lances*.
(*Delille*, Énéide, 4.)

165. — *Faible, imbécile, débile.*

Comme on voit dans un champ un arbrisseau *débile*.
(*Boileau*, Discours au roi.)

Laveaux et Boiste font observer que *débile* est un mot poétique, ici mis pour *faible* avec un nom de chose ; cette synonymie est admise maintenant. Voltaire a été plus loin : il a employé au physique, à la manière des Latins, l'adjectif *imbécile*, et Marmontel le substantif *imbécillité*.

Prêtres audacieux, *imbéciles* soldats,
Du sabre et du mousquet ils ont chargé leurs bras.
(Henriade, IV.)

Que peut, hélas ! un corps faible et fragile ?
Dans tous ses sens quelle *imbécillité* !

L'Académie ne dit ce mot que de la faiblesse de l'esprit ; Laveaux, en citant le vers de Voltaire, dit qu'en poésie on peut l'employer pour la faiblesse du corps : nous partageons cette opinion.

166. — *Instruire, informer, avertir.*

Qu'est-ce qu'on vous écrit, daignez m'en *avertir*.
(*Racine*, Iphigénie, I, 1.)

Avertir offre implicitement une idée de futurition, et c'est avec raison que La Harpe condamne ici cette expression; cependant Geoffroi la permettrait en poésie.

167. — *Enceinte, grosse.*

Delille a fait un heureux emploi du mot *gros* dans sa traduction de Virgile :

Quand ce colosse altier, apportant le trépas
Entrait *gros* de malheurs, d'armes et de soldats.
(Énéide, IV.)

Gilbert, au contraire, a fait, au jugement de La Harpe, un emploi grotesque du mot *enceinte* dans ce vers :

Des forêts, des cités *enceintes* de guerriers.
(Ode VIII.)

168. — *Sombre, obscur, noir, ténébreux.*

Que présage à mes yeux cette tristesse *obscure*,
Et ces sombres regards errants à l'aventure?
(*Racine*, Britannicus, II, 2.)

On dit bien *tristesse sombre*, *noire tristesse*, mais non *tristesse obscure*, parce que l'*obscurité* désigne la privation de la lumière, au propre et au figuré. *Tristesse obscure* ne se dit pas plus que *joie claire*; cependant l'autorité de Racine est d'un grand poids. *Tristesse ténébreuse* ne serait pas meilleur, mais ce dernier adjectif est bien dans les vers suivants :

> Et quels heureux destins
> De vos jours *ténébreux* ont fait des jours sereins ?
> (*Voltaire*, Zaïre, I, 1.)

Nota. Ce vers est imité de celui-ci de Racine :

> En des jours ténébreux a changé ces beaux jours.
> (Athalie, I, 1.)

169. — *Soie, cheveux, poil, crins.*

L'emploi de ces deux derniers mots est très difficile chez nous, en parlant de l'homme.

> Chaque âge a ses humeurs, ses goûts et ses plaisirs,
> Et comme notre *poil* blanchissent nos désirs.
> (*Régnier*, Satire V.)

Nous dirions aujourd'hui *nos cheveux*, parce que le mot *poil* est devenu d'une trivialité grossière. Cependant ce même mot est bien dans cet exemple de Racine (*Iphigénie*, V, 5) :

> Entre les deux partis Calchas s'est avancé,
> L'œil farouche, l'air sombre, et le *poil* hérissé[1],
> Terrible, et plein du dieu qui l'agitait sans doute.

La Fontaine a dit aussi (Fables, V, 6) :

> Dès que Thétis chassait Phébus aux *crins* dorés....

C'est un latinisme que personne ne lui a reproché, mais personne ne l'a imité. Nous croyons que le mot

---

[1] M. Auguste Barbier, poëte de la nouvelle école dite *romantique*, et qui ne manque ni de génie, ni de talent, a osé dire que les HOMMES DU SEIGNEUR,

> Tous les jours prosternés dans leurs élans pieux,
> Ne voient jamais blanchir le *poil* de leurs *cheveux*.
> (Il pianto.)

Si un classique écrivait de ces choses-là, ces messieurs ne manqueraient pas de crier *perruque*.

crin est très bon dans ce vers de Delille (*Énéide*, V) mais il ne s'agit plus d'un être à figure humaine :

D'un astre chevelu les *crins* étincelants.

De Lamartine a dit, en parlant d'une chèvre :

J'entoure de mes bras son cou gonflé de joie,
Des gouttes de mes yeux tombèrent sur sa *soie*.
(Jocelyn, IXᵉ époque.)

Ce mot nous paraît fort bon en poésie.

170. — *Tout, entier.*

Ces deux mots ont bien entre eux quelque synonymie; il n'en est pas moins vrai que Voltaire a fait un solécisme pommé dans ce vers de *Mahomet* (II, 5):

J'apporte un joug plus noble aux nations *entières*.

Il fallait : à *toutes* les nations, ou à l'univers *entier*.

171. — *Ravir, voler, dérober.*

Le verbe *voler* s'est employé dans le style noble jusqu'au siècle dernier.

Et si quelque insolent lui *volait* sa conquête.
(Iphigénie, I, 3.)

Après ce peu d'instants *volés* à mon amour.
(*Voltaire*, Zaïre, III, 3.)

Malgré l'énergie que ce mot a dans le second exemple, il est devenu si commun, si populaire, qu'il faut toujours lui préférer les verbes *ravir, dérober*.

D'un autre côté, si la langue a adopté l'expression *voler quelqu'un,* dans le sens de *prendre quelque chose* à *quelqu'un,* elle n'a pas donné la même propriété au verbe *dérober;* le vers suivant, de Piron, renferme donc un épais solécisme :

Ils nous ont *dérobé*, *dérobons* nos neveux.
(Métromanie, III, 7.)

172. — *S'élancer, se précipiter.*

Et Montgolfier, fuyant la terre,
Se *précipite* dans les cieux.
(*Lebrun*, Odes, l'Enthousiasme.)

Un poëte ordinaire aurait mis *s'élance,* car se *précipiter* c'est se jeter de *haut* en *bas,* la tête la première (*præ, caput*). Eh bien! c'est précisément ce qui fait le mérite de cette expression, dont C. Nodier vante la nouveauté, la hardiesse et la justesse.

173. — *Cœur, esprit, âme.*

Ces mots ont entre eux certaines affinités synonymiques. Le *cœur* est considéré comme le siége des affections, *l'esprit* comme la source des pensées, *l'âme* est la substance immatérielle, principe de la vie, à la fois cause des sentiments et des idées, et ce nom *âme* peut remplacer presque toujours, sous ces rapports, les mots *esprit* et *cœur.*

Voulez-vous qu'un dessein si beau, si généreux,
Passe pour le transport d'un *esprit* amoureux ?
(*Racine*, Andromaque, I, 4.)

C'est le *cœur* qui est *amoureux* et qui peut avoir un *transport;* cependant, le mot *esprit* peut se justifier, car l'esprit peut aussi avoir des transports, et lui seul combine un *dessein.*

Son âme *bondissait* dans son *sein*, de colère,
Comme un fruit qui remue au ventre de sa mère.
(*De Lamartine*, Chute d'un ange, I.)

On ne peut attribuer à *l'âme* des actes matériels. Une *âme qui bondit* ne se comprend pas; qui *bondit*, non dans le cerveau, mais dans *le sein* [1], est encore une incompatibilité avec les idées reçues, et la singulière comparaison qui termine ce tableau paraît une nouvelle charge.

174. — *Baigner, tremper.*

Sa face était de pleurs toute *baignée*.
(*La Fontaine*, Fables, V, 1.)

Je la revois encore de pleurs toute *trempée*.
(*Racine*, Bérénice, II, 2.)

Dans cette acception, *baigner* est le mot propre; *tremper* ne se dit que des vêtements, ou d'une manière relative aux vêtements.

175. — *Rassasier, enivrer, soûler.*

Homère a bu *son soûl* quand il voit les Ménades.
(*Boileau*, Art poétique, II.)

Corneille, dans la première édition du Cid, avait mis:

Soûlez-vous du plaisir de m'empêcher de vivre [2].

---

[1] Il est vrai que les Grecs et les Romains donnaient à l'âme pour siége, non le cerveau, mais la poitrine.
[2] Nous citons cette remarque de Laveaux (*Dictionnaire des*

L'Académie, dans sa critique du Cid, n'a pas relevé ce vers, ce qui prouve que *se soûler* était alors admis dans le style noble. Aujourd'hui, on l'y souffrirait difficilement, soit au propre, soit au figuré ; voici pourtant deux exemples où ce verbe nous paraît très supportable.

(Le tigre) Se couche sur sa proie, et fouillant, dans son
[flanc ;
Se soûle de carnage, et *s'enivre* de sang.
(*Delille*, l'Imagination, VIII.)

De Louis onze évoquons les victimes,
Que, devoré d'un sanguinaire ennui,
Ce roi bigot, pour se *soûler* de crimes,
Mette la Vierge entre le diable et lui.
(*Béranger*, Louis XI.)

Quoique ce dernier exemple soit tiré d'une chanson, nous trouverions l'expression énergique dans un autre genre.

176. — *Instrument, outil.*

Ainsi, Seigneur, tu fais, d'un peuple, sur la terre,
L'*outil* mystérieux de quelque grand mystère.
(*De Lamartine*, Jocelyn, VIII.)

Jamais le mot *outil* ne s'est employé au figuré dans le sens moral, le mot propre est *instrument*. Ce néologisme est mort-né. Nous en disons autant de celui-ci, du même auteur (*Ch. d'un ange*, I).

---

difficultés, au mot *soûler*). Corneille, qui a senti que ce mot devenait bas, a corrigé ainsi ce vers :
Assurez-vous l'honneur de m'empêcher de vivre.
(III, 4.)

Des corps et des esprits l'indécise *frontière*.

Frontière ne s'est jamais employé au figuré pour *limite, borne,* etc. Ce mot n'a que sa signification propre, matérielle et politique. Les vers deviennent faciles quand on se fait une langue à soi, sans égard pour l'usage, *penes quem est jus et norma loquendi* (Horace, *Art poét.*) [1].

177. — Il est impossible de fixer des règles pour l'emploi des synonymes : il faut une grande connaissance de la langue, une grande habitude d'écrire et de juger la valeur des expressions, pour hasarder en vers des synonymes que la prose n'admet pas. Il en est quelques-uns qui, par leur fréquent usage, font partie de la langue poétique ; tels sont *an* [2] pour

---

[1] Molière et La Fontaine offrent beaucoup de négligences de cette espèce : ils ne châtiaient pas assez leur style. Le Fabuliste dit (Fables, VI, 11) : *Animal de somme*, au lieu de *bête de somme*, gallicisme qu'on ne peut modifier. Il dit ailleurs, par inadvertance, ou peut-être parce qu'alors la langue n'était pas encore complétement fixée (Fables, II, 9) :

La rage alors se trouve à son *faîte* montée.

On dit bien le *faîte* de la gloire, des honneurs ; mais on dit le *comble* du bonheur, du malheur, de la cruauté, de la folie, de la *rage*, etc. Parvenir au *faîte* suppose des efforts, une intention.

[2] Voyez sur ces mots la *Grammaire des grammaires*, etc. En prose, il faudrait *années* dans les exemples suivants :

Je puis choisir, dit-on, ou beaucoup d'*ans* sans gloire,
Ou peu de jours suivis d'une longue mémoire.
(*Racine*, Iphigénie, I, 2.)

Approchez, je suis sourd, les *ans* en sont la cause.
(*La Fontaine*, Fables, VII, 16.)

année, pleurs pour *larmes* **¹**, *miracles* au lieu de *prodiges* **²**, etc. Quand les nuances synonymiques sont faibles, peu marquées, la poésie les confond aisément ; mais quand les différences sont saillantes ou tiennent à un ordre d'idées qui touchent à des préjugés respectés, la synonymie est plus sévèrement jugée. Nous citerons pour exemple le mot *hostie* · il était autrefois synonyme poétique de *victime* ; Corneille nous l'offre dans cette acception :

De tous les combattans ont-ils fait des *hosties* ?
(Horace, III, 3.)

Cette seconde *hostie* est digne de ta rage.
(Polyeucte, V, 5.)

Voltaire remarque, sur ces vers, que ce mot se prenait autrefois pour *victime*, qu'il ne se dit plus

---

Ce mot est mal employé dans ce vers de Boileau (Satire IX) :
  Pradon comme un soleil en nos *ans* a paru.
Ce vers, dit Lebrun, est inharmonieux et un peu dur. Il fallait ajouter que *en nos ans*, pour *de nos jours*, *de notre temps*, n'est vraiment pas d'un français élégant et correct.
Le mot *soir* est mis aussi pour *soirée* dans ce vers de Collin d'Harleville :
  Et nous reparlerions de l'emploi de nos *soirs*.
(Les Châteaux en Espagne, III, 2.)

¹ Le mot *pleurs* est surtout consacré à la douleur : voilà pourquoi Laveaux n'approuve pas Voltaire, qui a dit des *pleurs de joie ;* cette expression est reçue en poésie.

² L'harmonie en naissant produisit ces *miracles*.
(Art poétique, IV.)

O jour trop fécond en *miracles* !
Enfer, qui m'as parlé, tes funestes oracles...
(*Voltaire*, Sémiramis, IV, 2.)

dans ce sens, et que c'est *dommage*. Boiste donne ce mot, *hostie*, comme synonyme poétique de *victime*. Quelques poëtes de nos contemporains ont renouvelé cette synonymie, que nous souhaitons voir se rétablir sans contestation.

178. — Nous terminerons cet examen par l'analyse de deux vers de Boileau (*Art poét.*, I), dont Condillac nous a suggéré l'idée. Le poëte avait à exprimer cette pensée : *Si vous voulez obtenir les suffrages ou les applaudissements du public, variez sans cesse votre style* ; il a mis :

> Voulez-vous du public mériter les amours ?
> Sans cesse, en écrivant, variez vos discours.

Au lieu de prendre la forme expositive, le poëte a préféré la forme interrogative, qui a plus de vivacité. Au lieu de *obtenir*, il a mis *mériter*, la cause pour l'effet : l'idée a plus de grâce. S'il avait dû faire un distique féminin, nous pensons qu'il aurait mis :

> Voulez-vous du public mériter les *suffrages*,

et il aurait fait venir en rime probablement le mot *ouvrages;* mais il avait besoin d'un mot masculin ; dès lors il a cherché un synonyme, il a pris *amours*, mot impropre, surtout au pluriel, dans ce sens, du moins d'après l'usage actuel ; l'expression est trop forte. Ce pas fait, il fallait une rime, faute de mieux il s'est servi de *discours*, qui n'a qu'un rapport éloigné avec le mot *style*, et ses vers sont défectueux ;

d'ailleurs, *en écrivant* est oiseux, pour ne pas dire inutile.

De la Périphrase synonymique.

179. — La périphrase n'est le plus souvent que la désignation d'un objet par l'expression de quelques-uns de ses attributs, qui supplée au mot propre, soit parce que ce mot est banni du haut style, soit parce que cette circonlocution complète mieux le vers, ou lui donne plus d'éclat [1].

180. — Nous allons donner quelques exemples de périphrases, sans nous flatter d'avoir choisi les plus beaux.

Instruite que Joas *voit encor la lumière.*
(*Racine*, Athalie, IV, 3.)

Voir la lumière pour vivre, poétique.

Cependant, sur le dos de la *plaine liquide* (la mer).
(*Racine*, Phèdre, V.)

Sur les humides bords des *royaumes du vent.*
(*La Fontaine*, le Chêne et le Roseau.)

---

[1] La métaphore est encore une source de synonymie. La Fontaine, voulant exprimer que nous sommes très clairvoyants sur les défauts d'autrui, tandis que nous sommes presque aveugles sur les nôtres, a dit (Fables, I, 7) :

Lynx envers nos pareils, et *taupes* envers nous,
Nous nous pardonnons tout, et rien aux autres hommes.

J.-B. Rousseau, dans son épître au Père Brumoi, a fait une maladroite imitation de cette métaphore :

Nos raisonneurs à petite cervelle,
Lynx dans le rien, *taupes* dans le réel.

Les royaumes du vent, *les lacs, les étangs.*

> Alors, ainsi que l'*astre auteur de la lumière.*
> (*Voltaire,* Henriade, VI.)

> Les morts et les combats qu'avait vus l'*œil du jour.*
> (*Le même,* ibid.)

> *Le roi brillant du jour* se couchant dans sa gloire.
> (*De Lamartine,* Méditations.)

Toutes ces périphrases signifient *le soleil.*

> De ce mois malheureux l'*inégale courrière* (la lune).
> (*Voltaire,* Henriade, II.)

> Le voyageur qu'arrête un *obstacle liquide,*
> A l'*écorce d'un bois* confie un pied timide.
> (*Louis Racine,* la Religion, III.)

Ce qui veut dire : Le voyageur qu'arrête une rivière, se confie en tremblant à un bateau. Il y a un peu de recherche dans *obstacle liquide.*

> Tels que es *fils d'Io* (des veaux) l'un à l'autre attachés.
> (*Voltaire,* Contes, l'Education d'un prince.)

> Le *feuillage chinois* (le thé), par un plus doux succès,
> De nos dîners tardifs corrige les excès.
> (*Delille,* les Trois Règnes, III.)

> Tel s'élève et s'abaisse, au gré de l'atmosphère,
> Le *liquide métal* balancé sous le verre.
> (*Andrieux,* le Meunier Sans-Souci.)

Le mercure dans le tube du baromètre.

Nous ferons observer que souvent la recherche du neuf, dans la périphrase poétique, produit de curieuses aberrations. Voltaire en relève des exemples curieux dans Lamotte et dans Rousseau ; en voici un exemple de M. de Lamartine, assez singulier (*Chute d'un ange,* IV) :

Elle tendait ses bras *tout chargés de prières*
Aux femmes de Phaïr assises près des pierres.

Cela veut dire qu'elle tendait *ses bras suppliants*.

REMARQUES.

1° La *machine ronde* pour la *terre*, l'*univers*, est une périphrase usée, hors du style de l'apologue et du conte.

2° Depuis un demi-siècle, les poëtes font un plus grand usage du mot propre que leurs devanciers : la poésie en est plus nerveuse, plus substantielle; mais cette qualité touche souvent à la trivialité. (Voy. Seconde partie, n°s 379 et suivants.)

§ II. *Des Epithètes et des Chevilles.*

181. L'*épithète* est le plus ordinairement un adjectif, quelquefois c'est un nom en apposition que l'on ajoute au substantif pour donner de la grâce, de la force ou de l'harmonie à la phrase. L'*épithète* et l'*adjectif* ne diffèrent que dans la manière dont ils sont employés. L'*adjectif* exprime une qualité sous l'idée de laquelle l'écrivain envisage l'objet désigné par le substantif auquel il est joint, et qui ne peut en être séparé dans la circonstance où il figure. L'*épithète* exprime une qualité que l'écrivain énonce uniquement pour nuancer, embellir son tableau; elle n'est point intimement liée à l'idée du

substantif, elle ne fait point partie intégrante, inséparable de cette idée.

VERS QUI NE CONTIENNENT QUE DES ADJECTIFS :

La nature, *fertile* en esprits *excellents*,
Sait entre les auteurs partager les talents :
L'un peut tracer en vers une *amoureuse* flamme,
L'autre, d'un trait *plaisant* aiguiser l'épigramme.
(Boileau, Art poét., I.)

VERS QUI NE CONTIENNENT QUE DES ÉPITHÈTES :

Le serpolet fleurit sur les monts *odorants ;*
Le jardin voit blanchir le lis, *roi* du printemps ;
L'or *brillant* du genêt couvre l'*humble* bruyère ;
Le pavot dans les champs lève sa tête *altière*.
(Michaud, Printemps d'un Proscrit.)

182. — Les épithètes habilement ménagées donnent du nombre et de la vie au style; elles sont la parure des substantifs qu'elles accompagnent. Elles ne sont point interdites à la prose, mais la prose doit en être plus sobre que la poésie. Cependant, même en vers, la profusion des épithètes devient fatigante ; elles rendent alors la phrase languissante, et accusent l'écrivain de mauvais goût. Les épithètes ne sont pas seulement un ornement de la poésie, elles sont encore une grande ressource de la versification : elles offrent le moyen de compléter la mesure du vers ou de l'enrichir d'une belle rime ; mais il faut bien prendre garde que ces secrets de l'art ne soient trop apparents : il faut que les épithètes naissent tellement du sujet qu'elles paraissent tomber naturellement de la plume, sans recherche, sans affectation [1].

ÉPITHÈTES DESCRIPTIVES POUR LA MESURE.

C'est peu : malgré l'horreur de ses *profondes* voûtes,
Il franchit de l'enfer les *formidables* routes,
Et, perçant ces forêts où règne un *morne* effroi,
Il aborda des morts l'*impitoyable* roi,
Et la Parque *inflexible*, et les *pâles* furies,
Que les pleurs des humains n'ont jamais attendries.
(*Delille*, Géorgiques, IV.)

ADJECTIFS ET ÉPITHÈTES A LA RIME.

Quatre bœufs attelés, d'un pas tardif et *lent*,
Promenaient dans Paris le monarque *indolent*.
Ce doux siècle n'est plus : le ciel *impitoyable*
A placé sur le trône un prince *infatigable*.
(*Boileau*, Lutrin, II.)

Rien ne choque dans ces rimes, parce que les

---

[1] La Harpe fait une judicieuse remarque après avoir cité ces beaux vers de Quinault (*Proserpine*) :

    Ces superbes géants armés contre les dieux
        Ne nous donnent plus d'épouvante.
    Ils sont ensevelis sous la masse *pesante*
    Des monts qu'ils entassaient pour attaquer les cieux.
        J'ai vu tomber leur chef *audacieux*
        Sous une montagne *brûlante* :
    Jupiter l'a contraint de vomir à nos yeux
    Les restes enflammés de sa rage *mourante* ;
        Jupiter est *victorieux*,
    Et tout cède à l'effort de sa main *foudroyante*.

« On peut remarquer que le redoublement des rimes en épi-
« thètes, qui est le plus souvent une des causes de la langueur du
« style, est ici une beauté, parce qu'elles sont toutes harmonieu-
« ses et pittoresques. » *Cours de littérature.*

qualificatifs qui les composent ne sont pas des mots inutiles, de simples remplissages.

185. — Mais les épithètes qui ne sont que des mots oiseux, parasites, doivent être sévèrement bannies de toute espèce de style, à plus forte raison de la poésie, dont rien ne doit contrarier l'éloquente expression, où tout doit concourir à toucher, à charmer, où tout doit tendre à la perfection.

EXEMPLES D'ÉPITHÈTES OISEUSES.

Et d'un peu d'aliment la découverte heureuse
Etait l'unique but de leur recherche *affreuse*.
(*Voltaire*, Henriade, X.)

Il s'agit des troupes de la Ligue qui, pendant le siége de Paris, violaient le domicile des citoyens pour chercher de la nourriture. Le mot *affreuse* ne signifie rien ici, il n'est que pour la rime.

Il arme d'un flambeau ses mains *incendiaires*;
Il court, il livre au feu les toits *héréditaires*
Qui la voyaient braver son amour *oppresseur*,
Et l'emporte mourante en son char *ravisseur*.
(*Gilbert*, Satire II.)

« *Incendiaires, héréditaires, oppresseur, ravis-
« seur*, cette accumulation d'épithètes est dans le
« goût de Brébeuf. » La Harpe.

A plus forte raison doit-on se défendre l'épithète lorsqu'elle est en contradiction ou en disparate avec les idées qu'éveille le mot auquel on l'unit. La Harpe relève cette faute dans ce vers de Voltaire (*Adelaïde du Guesclin*, I, 3) :

> Mais on craint trop ici l'*aveugle* Renommée;

On ne peut, dit-il, regarder comme aveugle ce qui est représenté avec tant d'yeux.

184. — Lorsque les épithètes sont purement oiseuses et n'ont d'autre effet que de donner au vers sa rime ou sa mesure, elles prennent le nom de chevilles; en voici d'autres exemples :

> On traîne, on va donner en spectacle *funeste*
> De son corps tout sanglant le misérable reste.
> (*Racine*, Esther, III, 8.)

Funeste est une cheville et de plus un solécisme : *donner en spectacle* ne peut avoir un sens déterminé.

> J'attaquais les Romains, et ma mère éperdue
> Me vit, en reprenant cette place *rendue*,
> A mille coups mortels *contre eux* me devouer.
> (*Racine*, Mithridate, I, 1.)

« *Rendue* est une cheville pour la rime, et *contre
« eux* une cheville pour le vers. » Geoffroi.

185. — Ainsi la *cheville* n'est pas seulement dans l'inutile emploi d'une épithète, mais dans tout mot, toute partie de phrase qui ne figure dans le vers que comme remplissage. Autres exemples de chevilles.

> Pour *tous* mes ennemis je déclare les siens.
> (*Racine*, Andromaque, V, 5.)

Tous est non-seulement une cheville, mais un non-sens.

> Sur un corps qui ne *vit*, ne meurt, ni ne *respire* [1].
> (*La Fontaine*, Fables, V, 20.)

Il est certain que si le corps est *sans vie*, il ne meurt, ni ne *respire*.

> *Sans mentir*, l'avarice est une étrange rage,
> Dira cet autre fou, *non moins privé de sens*,
> Qui jette, *furieux*, son bien à tous venants.
> (*Boileau*, Satire IV.)

Un *fou* est certainement *privé de sens*; et ce mot *furieux*, que signifie-t-il dans ce dernier vers? Quant à *sans mentir*, cette cheville était très commune dans les auteurs du grand siècle :

> Non, mais je suis tremblante, *à ne vous point mentir*.
> (*Racine*, Phèdre, I, 1.)

> *Il ne faut point mentir*, ma juste impatience
> Vous accusait déjà de trop de négligence.
> (*Racine*, Bérénice, V, 1.)

Cette cheville prosaïque a vieilli, ainsi que *mille et mille* pour signifier un grand nombre.

> Soleil, astre de feu......
> Devant qui tout éclat disparaît et *s'enfuit*.
> (*Voltaire*, Trad. d'un pass. de Milton.)

Quel effet peut produire *s'enfuit* après *disparaît*?

> Fille de tant de rois, reste d'un sang fameux,
> Illustre, mais, hélas! encor plus malheureux!
> (*Crébillon*, Rhadamiste, I, 1.)

---

[1] On trouve ces vers dans le *Caligula* de M. A. Dumas :
> Et va prendre un esclave
> Qu'en passant au forum j'ai ce soir acheté,
> Et qu'on a dû me mettre *à part, seul, de côté*.

Ce dernier hémistiche est un luxe de chevilles en pléonasmes.

« *Illustre* après *fameux* est une cheville. » La Harpe. C'est de plus un pléonasme. Le même critique cite un grand nombre de vers où les mots *en ces lieux, de ces lieux,* sont employés à la rime par le même auteur, souvent en cheville et quelquefois à contre-sens.

Les chevilles sont rares dans Boileau et dans Racine ; elles sont plus communes dans Voltaire ; elles abondent dans Crébillon. Les auteurs de notre siècle se les permettent aussi, témoin cet exemple de Lamartine (*Chute d'un ange,* VII) :

Du haut de leurs remparts, *semblables à la foudre*,
Veillent leurs défenseurs, *qui mettent tout en poudre.*

Supprimez les deux derniers hémistiches de ce distique, la pensée n'aura rien perdu. Il n'est pas permis à un poëte illustre comme M. de Lamartine de se servir de ces banalités.

SECONDE PARTIE.

DES LICENCES POÉTIQUES DE CONSTRUCTION, D'ORTHOGRAPHE ET DE SYNTAXE.

DE L'INVERSION, DE LA SYLLEPSE, DE L'ELLIPSE ET DU PLÉONASME.

186. — « Plusieurs étrangers se sont imaginé que « nous n'avons qu'un langage pour la poésie et « pour la prose; ils se sont bien trompés. » (Voltaire, Comment. sur Corneille, *Nicomède*.)

Non-seulement plusieurs étrangers se sont fait cette opinion, mais beaucoup de Français la partagent, même des hommes lettrés, tant la préoccupation cause de méprises. Il existe de nombreuses différences entre le langage de la poésie et celui de la prose, sous le triple rapport grammatical de la construction, de l'orthographe et de la syntaxe d'accord. Ce sont ces différences que nous allons exposer dans cette seconde partie; matière féconde, presque inexplorée. Sans doute, après avoir lu cet ouvrage, le philologue conviendra que notre langue est une de celles qui admettent le plus de licences poétiques; le sentiment contraire, né du défaut d'examen, est généralement établi.

187. — Les deux principales causes qui ont produit ces licences, aujourd'hui sanctionnées par l'autorité de nos meilleurs poëtes, sont *la rime* et *la mesure*. La recherche de l'harmonie, le besoin d'éviter l'hiatus n'y sont pas étrangers. Quoique l'on trouve dans la prose quelques exemples de ce que nous nommons *licences poétiques,* il ne faut pas croire qu'elles soient autorisées dans ce genre d'écrire : ce sont de malheureuses libertés que les écrivains de ce siècle, de l'école dite *romantique,* se permettent sans l'aveu du public et sans celui d'Apollon. Ces prosateurs-là nuisent plus qu'ils ne le pensent à notre belle langue poétique, qui assure à la littérature française une prépondérance marquée sur les littératures modernes : ils arrachent aux muses de la lyre leurs ornements pour en parer leurs enfants difformes ; les défenseurs du bon goût sont encore assez nombreux pour flétrir ces larcins téméraires, et s'opposer à ce triste vandalisme. Bientôt, si on laissait couler le torrent sans réprimer ses débordements, tout le domaine de la littérature serait bouleversé, toutes les bornes seraient franchies, confondues : la langue française serait une langue morte qu'il faudrait étudier uniquement dans les auteurs des deux derniers siècles.

188. — Cet ouvrage, fruit d'une étude consciencieuse, est destiné à indiquer les limites qui séparent la prose de la poésie, à constater l'état et l'usage de notre langue classique, d'après les autorités les plus respectables. C'est un supplément à tous les traités de grammaire publiés sur cette langue : les plus étendus ont à peine effleuré ce sujet. Nous suivrons, autant que possible, dans cet Exposé, l'ordre didactique des grammaires ordinaires, divisant cet ouvrage à peu près en autant de chapitres que l'on compte d'espèces de mots. Nous traiterons d'abord des quatre figures de grammaire ou des licences qu'elles comportent sous le rapport de la poésie.

§ I. *De l'Inversion.*

189. — L'*inversion* est une transposition de mots contraire à l'ordre analytique des idées. L'inversion, qui prend aussi le nom d'*hyperbate,* a lieu ou dans les mots, ou dans les parties de la phrase, ou dans les propositions.

L'inversion est propre à la prose comme à la poésie, mais celle-ci admet des inversions qui lui sont particulières et qui sont interdites à la prose : elles établissent entre les deux styles une différence essentielle et produisent des effets admirables. C'est de cette espèce d'inversions que nous nous occupons dans ce paragraphe.

Inversions non autorisées en prose.

190. — *Inversion du complément déterminatif du sujet.*

De son généreux sang la trace nous conduit.
(*Racine,* Phèdre, V.)

De la cruelle faim le besoin consumant
Fait expirer en eux tout autre sentiment.
(*Voltaire*, Henriade, X.)

Cette inversion est commune ; voici un autre genre de transposition plus rare et d'un bel effet :

Le cours ne fut pas long *d'un empire si doux.*
(*Boileau*, Epître I.)

L'effort sera plus beau *de m'avoir supporté.*
(*La Harpe*, Philoctète, I, 4.)

Les temps sont-ils venus *d'une chaîne si douce ?*
(*Delille*, l'Homme des champs, II.)

191. — *Inversion analogue pour le déterminatif du régime.*

Du palais, à ces mots, il fait ouvrir *les portes.*
(*Racine*, Mithridate, V, 4.)

Son bras, se signalant pour la dernière fois,
A *de ce grand héros* terminé *les exploits.*
(*Racine*, Mithridate, V, 4.)

Du temple, orné partout de festons magnifiques,
Le peuple saint en foule inondait *les portiques.*
(*Le même*, Athalie, I, 1.)

Du rochet à nos yeux ternira-t-il l'éclat ?
(*Boileau*, Lutrin, V.)

Guise, tranquille et fier au milieu de l'orage,
Précipitait *du peuple* ou retenait *la rage.*
(*Voltaire*, Henriade, III.)

Ce dernier exemple est très curieux et très bon. Cette inversion est encore rare et belle quand le déterminatif est un infinitif avec complément, comme dans cet exemple :

D'embellir la beauté vous obtenez *la gloire.*
(*Delille*, les Jardins, III.)

Observez que, dans tous ces vers, les mots déterminants sont dans l'un des deux hémistiches, et le mot déterminé dans l'autre. Leur réunion dans le même hémistiche n'est pas autorisée; aussi La Harpe a-t-il critiqué ce vers de Florian :

Ceux qui louaient le plus *de son chant l'harmonie.*

« Les règles de la construction poétique exigeraient
« que l'on mît :

« Tous ceux qui *de son chant* admiraient *l'harmonie.* »

Les anciens poëtes se permettaient cette construction, et nous ajouterons, d'après l'observation d'un homme de goût (M. P. A. Lemaire), que si la proposition est complète dans le même hémistiche, l'inversion peut avoir lieu, pourvu que le verbe soit entre le déterminatif et le mot déterminé :

Du Ciel suivons la loi... De Dieu chantons la gloire.

192. — *Déterminatif du régime indirect.*

Je n'ai pu *de mon fils* consentir *à la mort.*
(*Voltaire*, Orphelin de la Chine.)

La Harpe dit sur ce vers : « Inversion dure et
« forcée, étrangère au génie de notre langue. Observez que l'inversion est naturelle à notre langue
« avec un régime direct, et qu'elle y répugne avec
« un régime indirect, quand il y a concours des

« deux particules *de* et *à*. Ainsi l'on dira très bien :

« Je n'ai pu *de mon fils* envisager *la mort ;*

« mais l'on aura tort de dire :

« Je n'ai pu *de mon fils* consentir *à la mort.* »
(*La Harpe*, Cours de littérat., et *Laveaux*, Diction. des diffic., *Inversion.*)

Cette observation est fort juste ; mais nous devons dire, pour la compléter, que l'inversion est permise lorsque la préposition *à* est énoncée avant la préposition *de,* comme dans ces vers :

Tu crains A ton ami DE confier tes peines...
Cessez A vos fureurs DE vous abandonner.
(*Voltaire*, l'Orphelin, III, 4.)

Enfin, La Harpe critique encore les deux vers suivants, parce qu'ils offrent une équivoque :

A peine *de* la cour j'entrai *dans* la carrière.
(*Voltaire.*)

Quand l'amour *de* mon fils semble avoir fait le sien.
(*Crébillon.*)

Celui-ci même, quoique sans équivoque, ne vaut guère mieux :

O vous, qui *de* l'honneur entrez *dans* la carrière.
(*Voltaire*, III, Disc. sur l'Homme.)

195. — *Inversion du complément de l'adjectif* [1].

Aux larmes de sa mère il a paru *sensible*.
(*Racine*, Thébaïde, II, 2.)

---

[1] La transposition de l'adjectif avant ou après le nom forme un paragraphe du chapitre de l'*Adjectif*.

Il maudit la Pharsale *aux* provinces si *chère.*
(*Boileau,* Lutrin, V.)

Il fallait qu'*au* travail leur corps rendu docile.
(*Boileau,* Epître III.)

Joyeuse, né d'un sang *chez* les Français *insigne,*
D'une faveur si haute était le moins *indigne.*
(*Voltaire,* Henriade, III.)

Un dévot aux yeux creux, et *d'*abstinence *blême.*
(*Boileau,* Satire XI.)

Tu n'en fis pas assez, reine *de* sang avide....
(*Crébillon,* Sémiramis, V, 1.)

En biens plus précieux notre terre est *féconde.*
(*Delille,* les Trois Règnes, V.)

Mais *plein* envers les dieux *d'un* odieux mépris.
(*De Saint-Ange,* Métamorphoses, VIII, 14.)

Cette séparation de l'adjectif et de son complément n'est pas une inversion, mais elle mérite d'être remarquée et peut avoir lieu avec les adjectifs *prêt... à, digne... de,* etc.

Au bruit léger des flots voilà qu'un bruit *pareil*
Circule, à ce discours, dans les rangs du conseil.
(*Baour-Lormian,* Jérusalem délivrée, I.)

Observez que, dans cette inversion et dans celle du numéro suivant, le mot complété peut être réuni à son complément dans le même hémistiche.

194. — *Inversion du complément du participe passif.*

Maître corbeau *sur* un arbre *perché.*
(*La Fontaine,* Fables, I, 2.)

Cette inversion fait image ici, aussi bien que celle du vers suivant :

> Deux mulets cheminaient, l'un *d'avoine* *chargé*.
> (*Le même*, Fables, I, 4.)

> Je le vois, comme vous *par* la gloire *animé*.
> (*Voltaire*, Henriade, VII.)

> Il monte, il y saisit d'une main assurée
> *Pour* les fêtes des dieux la hache *préparée*.
> (*Le même*, Sémiramis, V, 4.)

> *Pour* les cœurs corrompus l'amitié n'est point *faite*.
> (*Le même*, Mélanges de poésies.)

> *D'*un mal contagieux tout fuit *épouvanté*.
> (*Legouvé*, Mérite des Femmes.)

> Et *depuis* trois mille ans Homère *respecté*
> Est jeune encor de gloire et d'immortalité.
> (*Chénier*, Epître à Voltaire.)

On voit que cette inversion est permise avec toutes sortes de prépositions. Voici un exemple vicieux :

> Versez *à* ma fureur ce sang *abandonné*.
> (*Crébillon*, Atrée et Thyeste, V, 4.)

195. — *Inversion du sujet du verbe.*

> Quand *pourront les neuf sœurs*, loin des cours et des villes,
> M'occuper tout entier !...
> (*La Fontaine*, Fables, II, 4.)

> Chaque fois que je prends mes pincettes fidèles,
> *Partent* en pétillant *des milliers* d'étincelles.
> (*Delille*, les Trois Règnes, I.)

Voyez-vous ce mont chauve et dépouillé de terre
A qui *fait l'Aquilon* une éternelle guerre [1] ?
(*Le même,* l'Homme des champs, III.)

De ces solennités, par qui *sut* autrefois
L'*imagination* suppléer à nos lois.
(*Le même,* l'Imagination, VIII.)

Par ces portes *sortaient* les fières *légions.*
(*De Saint-Ange,* Voyage du poëte.)

Chercher quelle fut cette belle :
La grâce décorait son front et ses discours,
Et, comme elle, *craindront* de voir finir leurs jours,
Ceux qui les passeront près d'elle.
(*A Chenier,* la jeune Captive.)

Déjà *fuit* son *bonheur* avec son innocence.
(*De Fontanes,* la Bible.)

Souvent *frémit* la *faux* sur la pierre aiguisée.
(*Le même,* le Verger.)

Cette inversion n'est poétique qu'avec un adverbe de temps ; avec un adverbe de lieu, elle appartient aussi à la prose ; cependant l'exemple suivant est purement poétique :

Ici *venaient* vos rois *expier* les batailles.
(*De Treneuil,* Tombeaux de St-Denis.)

Nous remarquerons que les orateurs ont quelquefois usé de cette inversion avec un adverbe de temps : DÉJA *frémissait* dans son camp *l'ennemi* confus et déconcerté; DÉJA *prenait* l'essor pour se sauver dans

---

[1] Cette inversion hardie était d'autant plus nécessaire, que sans cela il y avait allitération : *a qui l'aqui* l'on fait...

les montagnes *cet aigle,* etc. (Fléchier, *Oraison fun. de Turenne.*)

La séparation de l'auxiliaire *être* d'avec le *participe* par le sujet, comme dans ces vers :

> Quand *sera* le voile *arraché* [1]
> Qui sur tout l'univers jette une nuit si sombre.
> (*Racine*, Esther, II, 9.)

Cette construction, disons-nous, est regardée par Geoffroi comme une des plus lyriques ; Racine l'a encore employée dans cet autre vers :

> Sur qui *sera* d'abord la vengeance *exercée* ?

Il faut un goût sûr pour user convenablement de cette transposition.

196. — *Inversion du complément indirect du verbe.*

> *A* de plus hauts partis Rodrigue peut *prétendre.*
> (*Corneille*, le Cid, I, 7.)

> *A travers* les rochers la peur les précipite.
> (*Racine,* Phèdre, V, 6.)

---

[1] Cette séparation de l'auxiliaire *être* de son participe peut, comme on le voit, se faire quelquefois, parce que, dans tous les cas, le participe s'accorde avec son sujet. Cette transposition ne peut avoir lieu avec l'auxiliaire *avoir*; on ne peut plus mettre le régime entre les deux mots, comme dans cet exemple de La Fontaine (Fables, V, 8) :

> Un certain loup dans la saison
> Où les tièdes zéphirs *ont* l'herbe ***rajeunie.***

Cette inversion forçait l'accord du participe, et produisait souvent des équivoques. On la trouve encore dans Corneille.

Jamais *de* la nature il ne faut *s'écarter*.
(*Boileau*, Art poétique, III.)
Mais *à* d'autres qu'à toi pourquoi t'en *rapporter*?
(*Voltaire*, Mort de César, III, 2.)

A tes songes brillants que j'aime à me *livrer*!
(*Delille*, les Trois Règnes, I.)

Au monarque des bois la guerre est *déclarée*,
Il a vu *d'*ennemis sa demeure *entourée*.
(*Saint-Lambert*, les Saisons, III.)

D'un éclat différent mon camp *frappe* leur vue.
(*Voltaire*, Henriade, III.)

On dirait qu'*avec* vous il craint de *s'engager*.
(*Raynard*, Etats de Blois, III, 6.)

A marcher sur mes pas Bajazet se *dispose*.
(*Racine*, Bazajet, III, 2.)

Je cours *à* vous *servir encourager* son bras.
(*Voltaire*, Mahomet, III, 3.)

De t'avoir trop aimé je puis me *repentir* [1].

Les trois derniers exemples présentent le régime-verbe; l'inversion de ce régime est assez commune avec la préposition *à*; elle est rare avec la préposition *de*.

197. — *Inversion du complément, ou régime direct.*

Et si quelque bonheur *nos armes* accompagne.
(*Racine*, Frères ennemis, I, 3.)

C'est le seul exemple qu'offre Racine de cette in-

---

[1] En recueillant cet exemple, j'ai oublié d'écrire le nom de l'auteur.

version, qui ne pouvait subsister dans notre langue, dont la clarté et la précision forment le caractère distinctif et le premier mérite. Pour admettre cette inversion, il faudrait établir plusieurs conventions, dont la première serait que le sujet se placerait toujours avant le régime, comme dans le vers cité. Les auteurs du grand siècle l'ont bannie du haut style ; l'apologue et l'épître familière la tolèrent. Scarron, Molière, Corneille, l'ont admise dans la comédie.

L'aigle et le chat-huant *leurs querelles* cessèrent.
(*La Fontaine,* Fables, V, 18.)

Le roi ne l'entend pas,
Et, sans le regarder, *son chemin* continue.
(*Florian,* Fables, III, 9.)

Ce malheureux, dans sa folie,
Les bonnes pommes ménageait.
(*Le même,* Fables, IV, 10.)

198. — *Inversion du circonstanciel et de l'adverbial.*

Je sais, *sur* ma conduite, et *contre* ma puissance
Jusqu'où de leurs discours ils portent la licence.
(*Racine,* Athalie, II, 5.)

Ces vers renferment plusieurs inversions belles et hardies, et Racine, que certains novateurs littéraires accusent de timidité dans le style, a poussé, comme nous le verrons encore, la hardiesse des figures aussi loin que notre langue peut le comporter.

Dans un lâche sommeil, crois-tu qu'enseveli,
Achille aura pour elle impunément pâli ?
(*Le même,* Iphigénie, IV, 1.)

Il suffit de donner la construction analytique de ces vers pour en faire sentir les fortes inversions : *Crois-tu qu'Achille, enseveli dans un lâche sommeil, aura pâli impunément pour elle ?*

> Le bonheur des méchants *comme* un torrent *s'écoule.*
> (*Le même*, Athalie, II, 7.)

L'inversion produit ici un très bel effet ; ce mot *s'écoule*, qui termine le vers, peint par sa chute et sa brièveté la rapidité du torrent.

> Néron *devant sa mère* a permis le premier
> Qu'on *portât* des faisceaux couronnés de laurier.
> (*Le même*, Britannicus, I, 1.)

> Ne vous enivrez pas des éloges flatteurs
> Qu'un amas *quelquefois* de vains *admirateurs*
> Vous *donne* en ces réduits, *prompts* à crier merveille.
> (*Boileau*, Art poétique, IV.)

Les inversions de ces deux derniers vers sont remarquables.

> Il craint *avant* le temps d'*exposer* son armée.
> (*De Saint-Ange*, Métamorphoses, VII, 10.)

> Heureux, alors heureux qui, sous le diadème,
> *D'avance*, avec rigueur *s'était jugé* lui-même.
> (*Delille*, l'Imagination, VII.)

> Quelques rayons de miel *sans* maître se *trouvèrent*.
> (*La Fontaine*, Fables, I, 19.)

> *Pour* guider des Français le ciel *l'avait formé*.
> (*Thomas*, Pétréide, II, De la France.)

> De tous les champs thébains puisses-tu n'acquérir
> Que l'espace *en tombant* que ton corps peut *couvrir*.
> (*Ducis*, Œdipe chez Admète, V, 2.)

L'inversion suivante est défectueuse ; le poëte

veut dire : *Et sans perdre le temps en discours hors de saison*, et il met :

Et sans perdre en discours le temps hors de saison.
(*Boileau*, Satire VIII.)

199. — *Inversions avec le QUE déterminatif ou corrélatif.*

On *veut* sur vos soupçons *que* je vous satisfasse.
(*Racine*, Britannicus, IV, 1.)

Tu *vois*, pour m'arracher du cœur de ses soldats,
*Qu'*il va chercher sans moi les siéges, les combats.
(*Le même*, Bajazet, I, 1.)

Et je ne *réponds* pas, avant la fin du jour,
Que le sénat, chargé des vœux de tout l'empire...
(*Le même*, Bérénice, I, 1.)

La Thessalie entière, ou vaincue ou calmée...
Ne *sont* d'Achille oisif *que* les amusements.
(*Le même*, Iphigénie, I, 2.)

C'est *moi*, sur cet arrêt, *que* l'on doit consulter.
(*Thomas Corneille*, Comte d'Essex, V, 5.)

Sait-elle à résister *qu'*il y va de sa vie?
(*Crébillon*, Electre, I, 4.)

Je ne pourrais d'autrui *que* troubler le plaisir.
(*Collin d'Harleville*, les Chât. en Esp. IV, 7.)

J'irai, bien *plus* content, et de vous et de moi,
Détromper son amour d'une feinte forcée,
Que je n'allais tantôt déguiser ma pensée.
(*Racine*, Bajazet, III, 4.)

La Harpe blâme cette séparation du *que* trop éloigné de *plus*. Geoffroi trouve cette phrase excellente ; nous croyons qu'il a raison contre La Harpe.

Cependant, quand cette transposition produit une équivoque, elle doit être évitée; tel est cet exemple critiqué par Voltaire sous ce rapport :

Je *jure* à mon retour *qu'*ils périront tous deux.

200. — *Autres inversions et transpositions.*

Je ne *sais* même encor, quoi qu'il m'ait su promettre,
Sur d'autres que sur moi *si* je dois m'en remettre.
(*Racine,* Andromaque, IV, 4.)

Et *de* peur contre lui *de* me mettre en courroux.
(*Quinault*, la Mère coquette, V, 4.)

Et, *loin* sur ses défauts *de* la mortifier,
Lui-même prend le soin de la justifier.
(*Boileau*, Satire X.)

Des dons du ciel apprendre et combiner l'usage
Sans du froid pédantisme *affecter* l'étalage.
(**Des Mahis**, l'Honn. homme, IV, 1.)

Ces trois derniers exemples sont remarquables : *loin* et de *peur* séparés de la préposition *de* ; *sans* séparé de son complément-verbe. Ces transpositions, dans les prépositions composées *loin de, avant de, de peur de*, ne choquent nullement; mais il faut en user avec ménagement. Autrefois on pouvait faire de pareilles transpositions avec les prépositions *pour, malgré,* etc., et leurs compléments-noms, comme dans ce vers de Corneille :

Malgré de mon destin *la rigueur* importune.

L'usage actuel ne permet plus cette tournure.

Observations sur l'inversion.

201. — Le poëte, pour employer l'inversion, ne consulte ordinairement que le besoin de former son vers avec harmonie, ou d'amener un mot à la rime. Quelquefois aussi il établit une progression dans les idées qu'il doit exprimer, réserve la plus saillante pour la chute de sa phrase et l'accent final : de là, des coupes et des inversions pittoresques ou frappantes. Nous avons déjà fait remarquer l'effet du mot *énorme* à la fin de ce vers de Boileau :

C'est là que du lutrin gît la machine *énorme*.

Cette *énormité* est bien l'idée principale dans la pensée et la proposition de l'écrivain; sans l'inversion, il n'aurait pu la placer à l'endroit où elle produit tout son effet.

Quand Théramène raconte la mort d'Hippolyte à Thésée, il termine son récit par ces deux vers :

Triste objet où des dieux triomphe la colère,
Et que méconnaîtrait l'œil même de son père ;

Le mot *colère*, expliqué par les expressions antécédentes, à cause de l'inversion, est à la fois le plus frappant comme le plus accentué dans la première proposition : il doit émouvoir le malheureux père qui a pu invoquer cette terrible *colère* des dieux contre son fils; mais quand Théramène ajoute que ce fils expirant, déchiré, presque en lambeaux sanglants, ne serait pas même reconnu par l'œil..... *de son père,* c'est le dernier trait porté au cœur de Thésée et auquel succède le silence du narrateur. Tout cet effet est dû à deux inversions assez communes cependant.

202. — Il y a pourtant des cas où la construction directe doit être préférée à la construction inverse : c'est précisément lorsqu'elle s'opposerait à ce que le poëte obtînt ces résultats favorables, ou quand elle énerverait l'expression ; tels seraient ces vers, on le sentira, si l'on en transposait les hémistiches :

Leur fougue impétueuse enfin se ralentit [1].
(*Racine,* Phèdre, V, 6.)

Les vainqueurs sont jaloux du bonheur du vaincu.
(*Corneille,* Cinna, V, 1.)

Il faut un nouveau Dieu pour l'aveugle univers [2].
(*Voltaire,* Mahomet, II, 5.)

---

[1] L'inversion serait ici une contradiction.
[2] J.-B. Rousseau a dit aussi sans inversion :

> Grand Dieu ! c'est toi que je réclame,
> Lève ton bras, lance ta flamme
> *Abaisse la hauteur des cieux,*
> Et viens sur leur voûte enflammée...

Voltaire a transporté cette image dans la Henriade :

> *Viens,* des cieux enflammés abaisse la hauteur.

« Le petit vers de Rousseau est d'un plus grand effet que l'hexa-
« mètre de Voltaire...... *enflammés* n'ajoute rien à l'idée.....
« Rousseau a eu soin de commencer le vers par le mot essen-
« tiel *abaisse,* ce vers est d'une beauté frappante. » La Harpe, *Cours de littérature.*

Le vers de Voltaire est moins énergique que celui de Rousseau, à cause de l'inversion, qui seule d'ailleurs fait passer l'épithète *enflammés.*

Dans le récit de la mort d'Hippolyte, dont nous venons de parler, Théramène, quoique profondément affligé, n'est cependant que simple narrateur ; en cette qualité, il a pu faire cette légère inversion :

Jusqu'au fond de nos cœurs notre sang s'est glacé ;

Mais Zénobie, en reconnaissant son époux qu'elle croyait mort depuis longtemps, saisie d'une terreur soudaine, d'un frisson glacial, doit s'écrier et s'écrie naturellement sans inversion :

Tout mon sang s'est glacé jusqu'au fond de mon cœur.
(*Crébillon*, **Rhadamiste**, III, 5.)

Ces rapprochements nous paraissent suffisants pour éclairer le goût, sous ce rapport. Dans les chapitres suivants, nous verrons beaucoup d'autres inversions propres à la poésie.

§ II. *De la Syllepse.*

205. — La *syllepse grammaticale* est une figure par laquelle on fait accorder un mot avec celui auquel il correspond dans la pensée, et non avec celui auquel il se rapporte dans la phrase. Cette figure se nomme aussi *compréhension*.

La syllepse est rare en prose, elle est assez fréquente en poésie. Nous en distinguons de trois espèces, celle du nombre, celle du genre, celle de la personne.

204. — *Syllepse du nombre, idée collective.*

Quel plaisir de penser et de dire en vous-même :
Partout, en ce moment, on me bénit, on m'aime,
On ne voit point le *peuple* à mon nom s'alarmer,
Le ciel, dans tous *leurs pleurs*, ne m'entend point nommer!
(Racine, Britannicus, IV, 3.)

Un jour, il m'en souvient, *le sénat* équitable
Vous pressait de souscrire à la mort d'un coupable ;
Vous résistiez, seigneur, à *leur* sévérité.
(Le même, même scène.)

Le reste.......
Se fait initier à ses honteux mystères,
Et blasphème le dieu qu'ont invoqué *leurs* pères [1].
(Le même, Athalie, I, 1.)

Entre *le pauvre* et vous, vous prendrez Dieu pour juge,
Vous souvenant, mon fils, que, caché sous le lin,
Comme *eux* vous fûtes pauvre, et comme *eux* orphelin.
(Le même, Athalie, IV, 3.)

Car, qui pourrait souffrir *un âne* fanfaron ?
Ce n'est point là *leur* caractère.
(La Fontaine, Fables, II, 14.)

Tout le *peuple* au-devant court en foule avec joie ;
Ils bénissent le chef que Madrid *leur* envoie [2].
(Voltaire, Henriade, VIII.)

---

[1] Racine préfère *leurs* à *ses* parce que ce mot *ses* se trouve dans le premier vers en relation avec Baal, et qu'il y aurait eu quelque équivoque en le mettant dans le second vers.

[2] Un annotateur de Voltaire blâme cette tournure. Pour comprendre les poètes, il faut être un peu animé de leur esprit.

Voici une autre syllepse poétique du nombre après un verbe impersonnel, et par laquelle une proposition est à la fois prise dans un sens général et dans un sens particulier.

. . . . Votre frère
En a reçu des soins tendres, compatissants :
Il est permis, je crois, d'être *reconnaissants*.
(Collin d'Harleville, les Riches, I, 7.)

S'il est infortuné, faut-il être *barbares* ?
(Delille, la Pitié, II.)

(L'AMÉRICAIN.)
S'*il* n'avait des vertus, vous n'auriez plus de père ;
Avez-vous oublié qu'*ils* m'ont sauvé le jour ?
(*Le même,* Alzire, I, 1.)

Le *citoyen* de Rome, insolent et jaloux...
Et d'un bannissement le décret odieux
Devient le prix du sang qu'on a versé pour *eux*.
(*Le même,* Brutus, II, 2.)

Se déchaîne une ardente et vile *populace* ;
La haine arme *leurs* bras.
(*Delille,* Enéide, I.)

Boileau a dit :

La vieillesse chagrine incessamment amasse...
Inhabile aux plaisirs dont la *jeunesse* abuse,
Blâme en *eux* les douceurs que l'âge lui refuse.
(Art poétique, III.)

Lebrun aimerait mieux *en elle* ; nous sommes du même avis, parce que *jeunesse* et *vieillesse* sont des termes abstraits ; mais Despréaux a dû employer la syllepse parce qu'*en elle* ne pouvait entrer dans son vers.

205. — *Syllepse du genre.*

Jeune et charmant *objet*...
Vous n'êtes point *tombée* en de barbares mains.
(*Voltaire,* Mahomet, I, 2.)

Je vois certains *attraits*
S'acheminer pour prendre ici le frais ;
De chez Rondon, me semble, *elle* est sortie.
(*Le même,* l'Enfant prodigue, IV, 1.)

Un seul *être* du moins me restait sous les cieux...
..... Ce coup.....
La frappa lentement pour m'être plus sensible.
(*De Lamartine,* à lord Byron.)

Les mots *objets, attraits, être*, se rapportent à une femme, et cette idée est dominante dans l'esprit de l'écrivain.

206. — *Syllepse de la personne.*

C'est déjà pour *Antoine* une assez dure loi,
Que tu cherches la gloire et le trépas sans *moi* [1].
    (*Voltaire*, Mort de César, I, 1.)

Etouffe tes soupirs, malheureuse *Constance*;
Soyons en tous les lieux digne de *ma* naissance.
    (*Le même*, Princesse de Navarre, III, 3.)

Ah! si de la Discorde allumant le tison,
Jamais à tes fureurs tu mêlas *mon* poison.
    (*Le même*, Henriade, IX.)

C'est la Discorde elle-même qui parle à l'amour et se désigne à la troisième personne dans le premier vers.

Qu'enfin les tiens, *toi-même*, et la postérité
Gardent ce saint usage avec fidélité.
    (*Delille*, Enéide, III.)

Toi-même semblerait exiger *gardiez*, mais cette idée s'efface avec deux autres mots à la troisième personne.

Allons dans les combats porter mon désespoir;
Et *mourons*-y du moins fidèle à *mon* devoir.
    (*Marmontel*, Denis le Tyran, I, 8.)

Sauvons, par ce mystère,
Un chagrin à Danville, et *faisons mon* devoir.
    (*Cas. Delavigne*, Ecole des Vieillards, I, 5.)

---

[1] C'est Antoine qui parle.

Courons chercher *ma* proie au fond du sanctuaire.
(***Le même.***)

Quelques personnes désapprouveront peut-être cette construction usitée par Voltaire, Marmontel et Casimir Delavigne, où le pluriel et le singulier sont employés à la même personne; mais si l'on fait réflexion que l'impératif pluriel ne figure ici que pour le singulier, qui n'existe pas, on trouvera que cette syllepse n'est point illogique, et que les poëtes ont bien fait d'en enrichir notre langue.

§ III. *De l'Ellipse.*

207. — L'*ellipse*, ou *omission*, est une figure qui consiste à retrancher un ou plusieurs mots que l'esprit peut aisément suppléer, mais dont l'énonciation ôterait à la phrase de sa force ou de sa vivacité.

La poésie, consacrée surtout à la peinture des grandes passions, doit faire de cette figure un usage plus fréquent que la prose. Lemare dit qu'il n'y a peut-être pas de langue qui soit, autant que la nôtre, pleine d'ellipses et d'inversions (*Cours de langue française,* p. 567). Cette assertion peut être contestée, mais ceux qui ont étudié notre langue et qui l'ont comparée avec d'autres, conviendront du moins qu'elle admet, surtout en vers, des ellipses très fortes. La Fontaine et Racine ont surtout montré une grande hardiesse dans l'emploi de cette figure. Nous ne citerons ici que des ellipses propres à la poésie, et que la prose n'oserait se permettre, du moins ordinairement.

208. — *Ellipse d'une proposition.*

> La galante fit chère lie
> Mangea, rongea : Dieu *sait la vie !*
> Et le lard qui périt en cette occasion.
> (*La Fontaine*, Fables, III, 17.)

Dieu sait la vie *qu'elle fit* [1].

> Frappe, et si tu me crois indigne de tes coups,
> Si la haine m'envie un supplice si doux ;
> Ou si d'un sang trop vil ta main *serait* trempée,
> Au défaut de ton bras, prête-moi ton épée.
> (*Racine*, Phèdre, II, 5.)

Si tu penses qu'en me tuant ta main serait..... quelle hardiesse!

> Je l'aimais inconstant, qu'aurais-je fait, *fidèle ?*
> (*Le même*, Andromaque, II, 5.)

Cette ellipse est citée partout, tantôt avec approbation, tantôt avec blâme. Voici la construction : Qu'aurais-je fait, *si tu avais été* fidèle? Voltaire en parle comme de l'ellipse la plus hardie qu'on ait jamais vue; il l'approuve, ainsi que Geoffroi, nous sommes du même avis.

> L'innocente équité, honteusement bannie,
> Trouve à peine un désert *où fuir* l'ignominie.
> (*Boileau*, Satire XI.)

Un désert où *elle puisse* fuir l'ignominie.

---

[1] Presque toutes les éditions offrent une virgule entre *la vie* et *le lard* ; nous ne croyons pas cette ponctuation rationnelle.

209. — *Ellipse d'une partie de la phrase.*

Telle est la loi des dieux à mon père dictée.
En vain, *sourd à Calchas*, il l'avait rejetée.
(*Racine*, Iphigénie, V, 2.)

Sourd à Calchas est mis pour *sourd à la voix de Calchas*. Ces figures animent la poésie. (Geoffroi.)

De ce faible triomphe il sera moins flatté
Qu'indigné de l'outrage *à ma* fidélité.
(*Voltaire*, l'Orphelin de la Chine, IV, 4.)

Construction : Il sera moins flatté qu'il *ne sera* indigné de l'outrage *fait* à ma fidélité. La première ellipse est admise en prose, la seconde est purement poétique.

S'il fallait l'en punir, madame, était-ce *à vous* ?
(*Crébillon*, Electre, I, 5.)

Construction : Etait-ce à vous *de le faire* ?

La nature étonnée *à ce danger* funeste.
(*Voltaire*, Sémiramis, V, 1.)

Construction : Étonnée *à la vue* de ce danger funeste [1].

Vous régnez. Londre est libre, et vos *lois florissantes*,
(*Le même*, Henriade, II.)

Construction : Et vos lois *sont* florissantes. Cette

---

[1] Ces ellipses sont désignées sous le nom de *précision poétique*. La Harpe blâme celle-ci de Voltaire (*Sémiramis*) :

Ah ! c'est le dernier trait à mon âme éperdue.

Le dernier *coup* serait peut-être meilleur, cependant *trait* nous paraît plus poétique et le vers est excellent, selon nous.

ellipse, quoique naturelle, est cependant rare en prose, à cause du changement de nombre dans les sujets.

> Le chemin n'est pas long *à la rive* chérie.
> (*La Harpe,* Philoctète, I, 4.)

Construction : N'est pas long *d'ici* à la rive.

> Quel plaisir, *entouré* d'un double paravent,
> D'écouter la tempête, et d'insulter au vent !
> (*Delille,* les Trois Règnes, I.)

Construction : Quel plaisir *pour l'homme entouré,* etc.

> Enfin, pour *abréger* un si plaisant prodige.
> (*Boileau,* Art poétique, IV.)

Chapelain demandait ce que veut dire *abréger un prodige.* La pensée est *abréger* LE RÉCIT *d'un si plaisant prodige;* cela s'entend très bien, mais ne serait pas bon en prose.

210. — *Ellipse de certains pronoms.*

> Voyez si mes regards sont *d'un* juge sévère.
> (*Racine,* Andromaque, III, 6.)

C'est-à-dire sont *ceux* d'un juge sévère.

> Je recherche le jour *que* je souille et j'abhorre.
> (*La Touche,* Iphigénie en Tauride, III, 5.)

Cette ellipse du pron.-conj. *que* devant un second verbe, n'est permise qu'en poésie, et seulement avec un temps simple.

> *Me* l'avez-vous rendu pour le ravir encore?
> (*Voltaire,* Sémiramis, V, 4.)

Pour *me le* ravir encore.

Je vous laisse à regret *éloigner* de ma vue[1].
(*Racine,* Britannicus, V, 5.)

Vous éloigner de ma vue.

Le prendre sans mon ordre *est* aussi m'offenser.
(*C. Delavigne,* Louis XI, III, 5.)

En prose, on mettrait c'est aussi m'offenser, parce que le sujet est un verbe à l'indéfini, *le prendre...*

Nous *devons* l'un à l'autre un mutuel soutien.
(*Voltaire,* Mérope, I, 3.)

Nous *nous* devons. Cette ellipse est approuvée par La Harpe et condamnée par Laveaux et Girault-Duvivier. Nous convenons qu'elle peut choquer le goût de certains grammairiens, parce que le sens n'est pas ici d'une clarté parfaite ; mais la suppression du pronom réfléchi avec les pronoms *l'un l'autre,* n'en est pas moins autorisée en poésie ; en voici deux exemples :

Enfin, chercher en quoi tous ces peuples nombreux
Ressemblent l'un à l'autre, ou diffèrent entre eux.
(*Delille,* Epître sur les Voyages.)

C'est-à-dire, *se* ressemblent l'un à l'autre.

L'un à l'autre aujourd'hui *pardonnez* vos malheurs.
(*Le même,* la Pitié, IV.)

C'est-à-dire, pardonnez-*vous* vos malheurs.

Nous verrons encore beaucoup d'autres ellipses en différents endroits de cet ouvrage. Voici com-

---

[1] Voyez la seconde partie, § I.

ment Condillac s'exprime en parlant de cette figure:
« Les grammairiens disent que l'ellipse doit être
« autorisée par l'usage; mais il suffit qu'elle le
« soit par la raison. Vous pouvez vous permettre
« ces sortes de tours toutes les fois que les mots sous-
« entendus se suppléent aisément. »

§ IV. *Du Pléonasme.*

211. — Le *pléonasme* est une redondance de mots, la répétition de la même idée sous une autre expression dans la même phrase. A part certains pléonasmes généralement admis, et qui sont communs à la prose comme aux vers, cette redondance est presque toujours un défaut; cependant, on pardonne au poëte l'emploi de deux synonymes, l'un à la suite de l'autre, soit quand le dernier est accompagné de modificatifs ou d'épithètes qui en agrandissent l'idée, soit quand il y a gradation.

212. — *Pléonasmes dans les noms, dans les adjectifs et dans les verbes.*

Sous ses drapeaux, sous ses *fiers étendards*.
(*J.-B. Rousseau*, Epître à L. Racine.)

Mais nous autres, faiseurs de *livres* et d'*écrits*,
Sur les bords du Permesse aux louanges nourris,
Nous ne saurions briser nos *fers* et nos *entraves*.
(*Boileau*.)

Livres et *écrits*, *fers* et *entraves* ne sont pas précisément des idées différentes dans l'esprit de l'auteur; cependant, la synonymie de ces mots n'est pas tellement complète qu'on ne puisse les accoupler pour donner plus de force, de précision à l'expression. Il en est de même des mots *tendresse* et *amour* des vers suivants :

Que nous recevons d'elle (d'une mère), en respirant le
[jour,
Les premières leçons de *tendresse* et d'*amour*.
(*Ducis.*)

Que peuvent inspirer la *tendresse* et l'*amour*.
(*Florian*, Fables, II, 22.)

Vous avez déchiré l'âme *sensible* et *tendre*.
(*Collin d'Harleville*, le Vieux Célibataire, IV, 8.)

On l'*insulte*, on l'*outrage* encore après sa mort.
(*Voltaire*, Henriade, II.)

Puisse en éclats le ciel *fondre* et *tomber* sur moi.
(*Baour-Lormian*, Jérusalem déliv., IV.)

Je servirais encor si les glaces du temps
N'avaient appesanti ce corps *faible* et *débile*.
(*Thomas*, Pétréide, I, De la Hollande.)

213. — *Pléonasme du sujet par le pronom IL.*

Louis, en ce moment prenant le diadème,
Sur le front du vainqueur *il* le posa lui-même.
(*Voltaire*, Henriade, VII.)

Fatime, tu le vois, ce puissant *Saladin*....
Au sein d'une chrétienne *il* avait pris naissance.
(*Le même*, Zaïre, IV, 2.)

Qui sait bien ce que c'est qu'un prodigue, un avare,
Un honnête homme, un fat, un jaloux, un bizarre,
Dans une scène heureuse *il* peut les étaler.
(*Boileau*, Art poétique, III.)

Quelques grammairiens blâment ce pléonasme,

mais Laveaux dit qu'on peut se le permettre en poésie ; d'autres même pensent qu'on doit le tolérer dans la prose, quand le sujet est trop éloigné du verbe, et que l'idée commence à s'en affaiblir.

214. — *Pléonasme de la même préposition et de son régime* [1].

C'est *à* vous, mon esprit, *à* qui je veux parler.
(*Boileau*, Satire IX.)

« La plus belle satire de Boileau commence par « une phrase incorrecte. » Daunou.

Boileau ne voulut jamais corriger ce vers, il croyait cette redondance permise, au moins en vers. Nous ne sommes pas éloigné de partager cette opinion, parce qu'à nos yeux la répétition de cette préposition *à* appuie davantage sur le rapport de but. Quoi qu'il en soit, nous devons dire qu'elle est généralement condamnée. Elle est très commune

---

[1] Voici d'autres pléonasmes échappés à l'inadvertance des écrivains, et que repoussent tous les styles :

Il en coûta la *tête* et la *vie* à Pompée.
(*Corneille.*)

Voltaire remarque que la *vie* est de trop, car, qui dit la *tête*, dit la *vie*.

Et la mort *livide* et *blême*.....
(*J.-B. Rousseau*, Odes, liv. IV.)

Blême a-t-il une signification différente ou plus forte que *livide* ? au contraire. Il y a donc pléonasme par *dégradation*, ce qui est un défaut ; si le poète avait pu mettre : La mort *blême* et *livide*, il aurait fait un pléonasme permis.

J.-B. Rousseau a employé plusieurs fois ce *livide et blême*.

avec la préposition *de,* surtout dans les auteurs du grand siècle :

Et de quelque talent *dont* on soit revêtu,
On ne fait point fortune avec trop de vertu.
(*Boursault,* Mercure galant, II, 4.)

Et ce n'est pas *d'autrui,* tête légère,
Dont il s'agit. . . .
(*Voltaire,* la Prude, IV, 5.)

Mais *de* quelque superbe titre
Dont ces héros soient revêtus.
(*J.-B. Rousseau,* Odes, liv. IV.)

LICENCES DANS L'EMPLOI DU SUBSTANTIF.

Orthographe poétique de quelques noms communs. — Orthographe des noms composés et des mots dérivés d'une langue étrangère. — Orthographe des noms propres d'hommes. — Orthographe des noms propres de villes. — Du genre de quelques noms communs en poésie. — De l'emploi des nombres dans les substantifs, en poésie.

§ I. *Orthographe poétique de quelques noms communs.*

215. — On écrit toujours en prose *pied, clef, remords, cou, pensée, chèvrefeuille.*

On peut écrire en vers *pié, clé, remord, col* devant une voyelle, *penser, chèvrefeuil*. Exemples de chaque mot :

Sachez que pour céans j'en rabats de moitié,
Et qu'il fera beau temps quand j'y mettrai le *pié*.
(*Molière*, Tartufe, I, 1.)

Eh! mon ami, crois-moi, ton éclat fait pitié ;
Le bonheur suit souvent un bon bourgeois à *pié*.
(*Delille*, Epître sur le Luxe.)

De ses chiffres accumulés,
Des fonds dormant dans son coffre à trois *clés*.
(*Delille*, la Conversation, II.)

Qu'il est lourd ! Pour l'ouvrir il nous faudrait la *clé*.
Voici le dernier trait et le plus signalé.
(*Andrieux*, le Trésor, V, 9.)

Hier, il dit qu'on l'a volé,
Moi du trésor je prends la *clé*.
(*Béranger*, le Troisième Mari.)

La vie est à l'abri du souffle de la mort,
Grâce à ses soins pieux, sans terreur, sans *remord*.
(*Delille*, la Pitié, II.)

Que le crime ne peut, même après le *remord* [1],
S'absoudre, et se cacher dans la nuit de la mort.
(*Legouvé*, Mérite des femmes.)

Voilà mon âne à l'eau, jusqu'au *col* il s'y plonge.
(*La Fontaine*, Fables, II, 10.)

Dans un vase à long *col* et d'étroite embouchure [2].
(*La Fontaine*, Fables, I, 18.)

---

[1] Cette licence est assez moderne, elle a commencé sous Louis XV; Voltaire a surtout contribué à la faire admettre.

[2] M. Quicherat range cette licence parmi les archaïsmes. Les exemples de Dorat et de Saint-Ange *prouvent* qu'il a tort, et d'ailleurs nous suivons l'opinion de la majorité des grammairiens. De Saint-Ange emploie même quelquefois *col* devant une consonne, quand cette orthographe lui paraît favorable à l'harmonie.

Son *col* abandonné touche aux lis de son sein.
(*Dorat*, Déclamation, IV.)

Il s'élance (le chien) sur lui, le presse, le menace
Et, le *col* allongé, semble suivre sa trace.
(*De Saint-Ange*, Métamorphoses, I, 19.)

Lorsqu'entraînant son *col* aux longs crins de vipère.
(*Le même*, Métamorphoses, X, 3.)

Je tremble au seul *penser* du coup qui me menace.
(*Racine*, Andromaque, V, 1.)

Voilà de quels *pensers* les cercueils m'environnent.
(*Legouvé*, la Mélancolie.)

Le *penser* est un terme poétique, presque interdit à la prose ; ce mot est masculin, parce que c'est un verbe devenu substantif.

Antoine, gouverneur de mon jardin d'Auteuil,
Qui diriges chez moi l'if et le *chèvrefeuil*.
(*Boileau*, Epître à son jardinier.)

Ou que le cep errant, le souple *chèvrefeuil*,
De leurs bras amoureux étreignent le tilleul.
(*Delille*, Paradis perdu, IX.)

216. — *Remarque sur le mot* GRACES.

Grâces, pour remercîment, se met généralement au pluriel en prose : Je vous rends *grâces*. Employé interjectivement ou avec le verbe *rendre*, il peut s'employer au singulier en poésie :

Cependant, je rends *grâce* au zèle officieux
Qui sur tous mes périls vous fait ouvrir les yeux.
(*Racine*, Athalie, I, 1.)

Grâces aux dieux, Seigneur, Junie entre vos mains.
(*Racine*, Britannicus, II, 2.)

Grâce aux dieux ! mon malheur passe mon espérance.
(*Le même*, Andromaque, I, 1.)

Mais *grâce* à du bon sens, je sais ce que je veux.
(*C. Delavigne*, Ecole des Vieillards, II, 7.)

217. — *Remarque sur les mots zéphyr et Zéphire.*

« Zéphire, nom que les anciens donnaient au vent
« d'occident. Il se dit aussi du vent d'occident per-
« sonnifié et qualifié de dieu par la fable. Dans ce
« sens, il ne prend jamais l'article : Les amours de
« Zéphire et de Flore. » *Dict. de l'Académie*, 1835.

« Zéphyr. On appelle ainsi toutes sortes de vents
« doux et agréables. Les doux zéphyrs, etc. » *Académie*, 1835.

Cette distinction, admise en prose, est méconnue
très souvent par les poëtes. Ils confondent ces deux
expressions, et les emploient indifféremment soit
comme noms communs, soit avec personnification
mythologique, l'une ou l'autre avec ou sans article.

Zéphire ou zéphyre employé avec article.

Les plus aimables fleurs, et le plus doux *zéphyre*,
Parfument l'air qu'on y respire.
(*Quinault*, Armide.)

Que le style soit doux, quand un tendre *zéphyre*
A travers les forêts s'insinue et soupire.
(*Du Resnel*, traduction de Pope.)

Sur les myrtes voisins le bengali soupire
Parmi les lataniers qu'agite le *zéphyre*.
(*Castel*, les Plantes, II.)

Les rayons d'un beau jour naissent de ton sourire ;
De ton souffle léger s'exhale le *zéphyre*.
> (*Delille*, l'Homme des champs, IV.)

Sous un ciel ténébreux Borée et le *zéphyre* [1]
Des campagnes de l'air se disputent l'empire.
> (*Saint-Lambert*, Saisons, I.)

Zéphyr employé comme nom propre, sans article.

Zéphyr n'est-il point las de caresser la rose ?
> (*Delille*, l'Homme des champs, IV.)

Ainsi, que sur les fleurs *Zéphyr* se balançant,
De leur brillant duvet teint son aile en passant.
> (*Lemière*, Fastes, IX.)

Zéphyr, pour ranimer la fleur qui vient d'éclore,
Va dérober au ciel les larmes de l'Aurore.
> (*Michaud*, Printemps d'un proscrit, I.)

Je vais chanter *Zéphyr*, les nymphes, les bocages.
> (*A. Chénier*, Elégies.)

Zéphyr, de la vapeur des cieux
Forme un nuage officieux.
> (*Demoustier*, Lettres sur la Mythol., XXII.)

Nous remarquerons, en terminant ce numéro, que nous n'avons pas trouvé *les zéphyres* avec cette or-

---

[1] Voilà un *zéphyre* qui n'est point un vent agréable ; c'est le vent violent dont il est question dans le premier livre de l'Enéide :

Eurum ad se zephyrumque vocat.

Aussitôt, appelant l'Eurus et le zéphyre.
> (Trad. de Delille.)

Nous ne concevons pas pourquoi l'Académie écrit *zéphire* sans *y*.

thographe au pluriel; nous ne voulons point dire que l'emploi de ce mot serait une faute.

Voyez la note sur le numéro 60, concernant les mots *fonds, fond* [1].

§ II. *Orthographe des noms composés, et des noms tirés d'une langue étrangère.*

218. — D'après les meilleurs grammairiens, les noms composés, non encore passés à l'état de mots, doivent s'écrire au singulier et au pluriel, selon la nature et le sens des mots partiels.

Les opinions sur ce point sont loin d'être uniformes, et même ceux qui adoptent le principe précédent ne s'entendent point sur son application. L'Académie elle-même ne s'accorde pas dans des expressions analogues. Comment cette diversité d'opinions ne jetterait-elle pas du doute dans l'esprit, et comment les poëtes n'en profiteraient-ils pas pour se donner quelques libertés?

N'avez-vous pas sur vous quelque bon *cure-oreille*?
(*Scarron,* Jodelet, II, 14.)

L'Académie orthographie ainsi ce mot : Lemare et

---

[1] M. de Lamartine, grand poëte et homme de cœur et de raison droite, a eu l'inconcevable caprice de retrancher deux lettres au mot *puits*, pour le faire rimer avec *lui*. Il faut être aussi judicieux conservateur en littérature :

Il fit signe à Cédar, en lui montrant le *pui*,
De les faire descendre et boire devant lui.
(Chute d'un Ange, IV⁰ vision.)

beaucoup d'autres grammairiens ajoutent un *s* à *oreille.*

Voltaire, dans le conte *Ce qui plaît aux dames,* a écrit une vieille *sans-dent.* Orthographe de l'Académie que n'adoptent pas beaucoup de grammairiens, parce qu'on entend *privée de ses dents.*

> Quand la capacité de son esprit se hausse
> A connaître un pourpoint d'avec un *haut-de-chausse.*
> (*Molière,* Femmes savantes, II, 7.)

Selon Lemare et Laveaux, il faut un *s* à *chausse.* Boiste et l'Académie admettent les deux orthographes au singulier.

> Donner un *croc-en-jambe* à l'hymen qu'il veut faire.
> (*Boursault,* Esope à la ville, I, 3.)

Beaucoup écrivent *croc-en-jambes.*

> Répondre en *coq-à-l'ânes,*
> Et voir tous les mortels ainsi que des profanes.
> (*Regnard,* le Distrait, IV, 7.)

Il faudrait des *coq-à-l'âne,* selon l'Académie et la majorité des grammairiens, à cause de l'article singulier *l',* ou bien écrivons des *coqalânes,* sans tirets, comme on écrit les *alentours.*

> Prendre du sexe et l'habit et la mine
> Devant les yeux de vingt *gardes-marine.*
> (*Voltaire,* la Prude, I, 1.)

La plupart des grammairiens exigent un *s* à *marine,* contrairement à l'Académie.

> Je veux un peu voir nos deux *trouble-fêtes.*
> (*Le même,* Enfant prodigue, I, 5.)

Il faudrait deux *trouble-fête,* disent les grammairiens.

Mais que parlé-je ici de *chefs-d'œuvres* et d'arts !
(*Delille*, Epître sur le luxe.)

Des *chefs*-d'œuvres... un d'eux a frappé mes regards.
(*Collin d'Harleville*, Apollon et les Muses.)

Partout ailleurs ces poëtes écrivent des *chefs-d'œuvre*, comme tout le monde.

Ne venez plus troubler nos tendres *tête-à-têtes*.
(Un poëte dont j'ai oublié le nom.)

Cette orthographe était celle de Jean-Jacques, même en prose; Marmontel écrivait même quelquefois des *têtes-à-têtes*.

L'Académie écrit *réveille-matin*. En poésie, on peut aussi écrire *réveil-matin*, comme nous avons vu qu'on écrit *chèvrefeuil*.

L'une entre, l'autre sort : on dirait qu'un lutin
Les agite. Oh ! l'amour est un *réveil-matin*.
(*Demoustier*, les Femmes, II, 3.)

J'en serai le *réveil-matin*.
(*Béranger*, la Vivandière.)

Mon petit page, mon beau page,
Le jour qu'il revient, je m'engage
A décorer ton noir visage
De deux pendants *d'oreille* en or.
(*Ernest Fouinet*.)

Ces pendants sont pour les *deux oreilles* assurément [1]. Les meilleurs dictionnaires écrivent des *pendants d'oreilles*.

---

[1] Dans le Nivernais, on dit, par une heureuse formation, des *endoreilles*.

219. — Ces licences se trouvent généralement dans le style tempéré ou comique : elles se rapprochent beaucoup de celles dont nous parlerons au § VI sur l'emploi des nombres ; elles ne s'étendent cependant pas jusqu'à mettre au singulier des substantifs qu'on a coutume de voir au pluriel, comme des *chefs-lieu* par exemple, ni à faire varier des éléments invariables, comme des *pour-boires*, des *passe-partouts ;* cela serait absolument réprouvé.

Mots tirés d'une langue étrangère.

220. — L'Académie, malgré les réclamations des grammairiens les plus judicieux et les exemples de ses membres passés et présents, refuse encore à quelques-uns de ces mots le signe du pluriel, qu'elle accorde à d'autres de la même terminaison. C'est une anomalie que le temps détruira. En attendant cet acte de simple bon sens, les poëtes ne sont point obligés de suivre cette orthographe. Régnier écrivait des *alibis*, des *récipés* :

Et, qui pis est, ce mal, qui m'afflige à mourir,
S'obstine aux *récipés* et ne veut point guérir.
(**Régnier**, Satire XV.)

Il met tous les matins six *impromptus* au net.
(**Boileau**, Art poétique, II.)

L'Académie écrit *impromptu*, c'est-à-dire qu'elle change la physionomie de ce mot, dont l'étymologie est *in promptu*, et s'obstine à le laisser invariable.

Aux chefs-d'œuvre jadis on accordait des prix.
Les rivaux moins heureux avaient les *accessits*.
(Cité par *Ragon*, Journ. gram. 3ᵉ série, t. ɪ, p. 357.)

L'Académie écrit *des accessit*, et prévient que quelques-uns écrivent *des accessits*, avec un *s* au pluriel.

Vos diplomates, vos chevaux
N'ont point épuisé nos *bravos*.
(*Béranger*, les Boxeurs.)

L'Académie adopte ce pluriel ; pourquoi écrit-elle donc les *recto*, les *verso* ?

§ III. *Orthographe des noms propres d'hommes.*

221. — Le nom propre s'emploie ou naturellement, ou par emphase, ou par antonomase.

Le nom propre, employé naturellement pour ce qu'il est, ne varie point au pluriel, même quand il désigne plusieurs personnes qui l'ont porté : Les *deux Sénèque*, les *deux Corneille*. Voilà la règle de la prose. Elle admet cependant deux exceptions : 1° Les noms de dynasties prennent le signe du pluriel : les *Césars*, les *Capets*, les *Bourbons*, les *Stuarts*, etc. 2° Il en est de même des noms des familles romaines dont plusieurs membres se sont rendus illustres : Les *Catons*, les *Gracques*, les *Curiaces*, les *Scipions*, etc. C'est une imitation de la langue latine.

222. — Les poëtes n'observent ces règles qu'autant qu'elles s'accordent avec leurs besoins ; autrement ils les violent avec une liberté pleine et entière. Voltaire a dit dans ses mélanges :

> Méditez dans vos doctes veilles
> Les ouvrages des *deux Corneilles*.

Et même sans nécessité, par pure imitation des anciens :

> *Deux Bouillons* tour à tour ont brillé dans le monde.
> Dans ce pays *trois Bernards* sont connus.

Delille n'a pas non plus respecté le nom de dynastie dans ces vers (*l'Imagination*, VI) :

> A travers les débris du trône des *Capet*
> Il part, il se relègue au donjon de Coppet.

223. — Le nom propre est employé par emphase lorsque, désignant le seul individu qui l'a porté, il est précédé de l'article pluriel. Alors il n'y a pas même pluralité dans l'idée ; le signe de la pluralité doit donc être exclu de l'expression à plus forte raison que dans le cas précédent :

> On vit les *Sarpedon* et les *Hector* renaître.
> (*Boileau*, Traité du sublime.)

Voilà bien l'orthographe de la prose, que l'on peut suivre en vers. Néanmoins, les poëtes ont le droit de faire varier le nom propre dans cette circonstance, et cela est d'une généralité telle qu'il n'y a plus à réclamer.

> On traitait d'auteurs froids, de poëtes stériles
> Les *Homères* et les *Virgiles*.
> (*Boileau*. Epigrammes.)

Je sais ce qu'il coûta de périls et de peines,
Aux *Condés*, aux *Sullys*, aux *Colberts*, aux *Turennes*.
(*Voltaire*, les Cabales.)

Contemplez ces armets, ces casques, ces brassards
Des *Nemours*, des *Clissons*, des *Coucis*, des *Bayards*.
(*Delille*, l'Imagination, IV.)

Telle que s'offre encore, avec tous ses grands noms,
La ville des Césars, et celle des *Platons*.
(*Le même*, même chant.)

Qui vont citant à tous propos
Les Jean-Jacques, les *Diderots*.
(*Dorat*, Epître à Hume.)

Tes *Miltiades*, tes *Socrates*
Sont livrés au plus triste sort.
(*Gresset*, Ode sur l'Ingratitude.)

224. — Le nom propre est employé par antonomase quand il désigne non la personne ou les personnes qui l'ont porté, mais celles qui leur ressemblent par les vertus, les talents, les œuvres. Alors il devient un véritable substantif commun, et prend forcément le signe de pluriel, même en prose :

Un Auguste aisément peut faire des *Virgiles*.
(*Boileau*, Epître au Roi.)

Un coup d'œil de Louis enfantait des *Corneilles*.
(*Delille*, Epître à M. Laurent.)

On trouve cependant des exemples d'infraction à la règle de la prose, mais ils sont rares :

Les rivaux mieux connus de l'empire animal.
Le fruit eut *ses Herschell*, et la fleur *ses Portal*.
(*Delille*, les Trois Règnes, VI.)

Orthographe absolue des noms propres d'hommes.

225. — Les noms propres d'hommes, terminés par une syllabe muette avec un *s* final, comme *Mécènes, Charles, Jacques,* etc., peuvent perdre cette lettre en vers ; mais ceux qui en sont privés ne peuvent la recevoir [1].

> Quand le ciel me voulut, en rappelant *Mécène*,
> Après tant de faveurs, montrer un peu de haine.
> (*Corneille*, Cinna, V, I.)

> Entreprit de tracer, d'une main criminelle,
> Un portrait réservé pour le pinceau d'*Apelle*.
> (*Boileau*, Discours au Roi.)

> Moins hardi dans la paix, plus actif dans la guerre,
> *Charle* aurait sous ses lois retenu l'Angleterre.
> (*Voltaire*, premier Discours sur l'Homme.)

> Il faudrait un *Descarte* instruisant un Voltaire.
> (*Delille*, l'Imagination, III.)

226. — *Suppression de la particule nobiliaire* DE.

Quelquefois en vers on supprime la particule ou préposition nobiliaire *de*. Cela est même naturel en prose quand le personnage a acquis une célébrité qui a rendu son nom populaire ; on va plus loin en vers.

> Un bruit s'épand qu'*Enghien* et Condé sont passés.
> (*Boileau*, Epitre au Roi.)

---

[1] Du temps de Marot, et même du temps de Régnier, on pouvait supprimer l'*e* muet final des noms *Orphée, Lyncée,* et même on pouvait écrire *Achil'*.

Autant le jeune *Aumale*, au cœur présomptueux,
Répand dans les esprits son courage orgueilleux.
. . . .
D'Aumale est du parti le bouclier terrible.
(*Voltaire*, Henriade, III.)

Ce dernier exemple montre à la fois *Aumale* et *d'Aumale*. Il faut néanmoins un certain tact pour user de cette licence.

227. — *Désinences des noms propres.*

La désinence des noms propres d'hommes étrangers est ordinairement déterminée par l'usage. En prose, on dit toujours *Claude, Mécènes, Lélius, Montezuma*, etc.; en vers, on peut donner à ces noms une autre désinence : *Claudius, Mécénas, Lélie, Montézume*, etc. Ainsi, tantôt la désinence étrangère et tantôt la désinence francisée est une licence; mais là encore il faut un sentiment exquis pour ne pas choquer le goût général.

De *Claude*, en même temps, épuisant les richesses,...
. . . .
Cependant *Claudius* penchait vers son déclin.
(*Racine*, Britannicus, IV, 1.)

Mais sans un *Mécénas* à quoi sert un Auguste ?
(*Boileau*, Satire I.)

C'est ainsi que Lucile, appuyé de *Lélie*.
(*Le même*, Satire IX.)

Soleil, ton courroux s'allume ;
Tu vis tomber *Montézume*
Sous des monstres triomphants.
(*Lebrun*, Ode au Soleil.)

Dorat, dans son Epître à Hume, fait rimer avec

plaisir le nom de *Shakespir,* qu'il écrit ainsi, conformément à la prononciation anglaise, quoique l'on écrive *Shakespear.* Andrieux a fait comme Dorat.

228. — Il est cependant une foule de noms francisés qui n'ont qu'une désinence : tels sont *Auguste, Octave, Tibère, Néron, Antoine, Antonin, Plaute, Térence, Sénèque, Horace,* etc. Il en est d'autres, comme *Brutus, Crassus, Marius, Pyrrhus,* etc., qui n'ont que leur désinence latine [1]. Quelques-uns de ces noms peuvent néanmoins se prêter à la terminaison française, surtout dans le genre familier ou badin :

De la jeune *Amarile* ils feraient les délices.
(Gresset, Eglogues, Iris.)

Leur Jupiter, au temps du bon roi *Tulle,*
Etait de bois ; il fut d'or sous *Luculle.*
(Voltaire, le Mondain.)

Corneille, dans Cinna, emploie *Rutile, Marcel, Pompone,* etc., pour *Rutilius, Marcellus, Pomponius,* etc. Ces noms ainsi écrits ne paraissent plus assez romains ; les poëtes postérieurs à Corneille se sont bien gardés de l'imiter.

§ IV. *Orthographe des noms propres de villes.*

229. — Beaucoup de noms propres de villes

---

[1] On trouve dans Corneille *Brute* et *Crasse* pour *Brutus* et *Crassus.* Ces mots sont ridicules par les idées qu'ils éveillent. Ronsard appelle Henri II *Henriot,* Charles IX *Carlin,* Catherine de Médicis *Catin.* De Pyrrhus et de Phidias il faisait *Pyrrhe* et *Phidie.* Ces gentillesses sont passées de mode depuis longtemps.

étaient du pluriel chez les Grecs et chez les Romains. Nous avons conservé à ces noms leur caractère de pluralité, en les terminant par la figurative *s* : tels sont *Athènes, Mycènes, Thèbes,* etc. Il y a aussi beaucoup de noms de villes modernes terminés en français par une syllabe muette avec *s* final, comme *Londres, Valenciennes, Versailles,* etc. Les poëtes ont le droit de supprimer cette lettre nulle selon le besoin de l'élision et de la rime :

Au tumulte pompeux d'*Athène* et de la cour.
(*Racine*, Phèdre, I, 2.)

De mille illusions peuple à son gré la scène,
Me transporte à son choix dans Rome, dans *Athène*.
(*Delille*, l'Imagination, V.)

Nil ! quels sont ces débris sur les bords dévastés ?
C'est *Thèbe* aux cent palais, l'aïeule des cités.
(*Chênedollé*, le Génie de l'homme, IV.)

Et dans *Valencienne* est entré comme un foudre.
(*Boileau*, Epître IV.)

Vous régnez ; *Londre* est libre et vos lois florissantes.
(*Voltaire*, Henriade, II.)

Et, si loin des beaux-arts, l'amant de Pompadour
T'interdisait *Versaille*, où, portant sa livrée,
Dominait en rampant la bassesse titrée...
(*Chénier*, Epître à Voltaire.)

Accorde-lui (à St-Louis) du moins un asile à *Vincenne*,
Un tombeau de gazon sous cet antique chêne.
(*De Treneuil*, Tombeaux de St-Denis.)

De *Leuctre* à Marathon, tout répond, tout vous crie
Vengeance, liberté, gloire, vertu, patrie.
(*De Lamartine*, Pèlerinage de Child-Harold.)

§ V. *Du genre de certains substantifs.*

230. — Les poëtes ne suivent pas exactement les mêmes règles que les prosateurs dans l'emploi des substantifs *aigle, amour, foudre, hymne, hydre, œuvre, sentinelle.*

Aigle, désignant le plus fort des oiseaux de proie, est masculin; tel est l'usage actuel, confirmé par le dictionnaire de l'Académie, 1835. En poésie, on peut donner à ce mot le genre féminin, que l'Académie d'autrefois autorisait même en prose.

> *Une aigle* au bec tranchant dévore le vautour ;
> L'homme d'un plomb mortel atteint *cette aigle altière.*
> (*Voltaire*, Désastre de Lisbonne.)

> Il pria de son antre une *aigle*, sa voisine,
> De daigner le conduire à la sphère divine.
> (*Le même*, le Père Nicomède et Jeannot.)

> Ils la verront peut-être à *l'aigle consternée*
> Ravir les tonnerres des dieux.
> (*Lebrun*, Ode à L. Racine.)

> Comme une aigle aux ailes immenses,
> *Légère habitante* des cieux.
> (*Chênedollé*, Bossuet.)

En terme d'armoiries, de devises, et dans le sens d'*enseignes*, d'*étendards* surmontés de l'effigie de cet oiseau, *aigle* est féminin. *L'aigle éployée* d'argent, *l'aigle romaine* (Académie).

Les poëtes respecteront *l'aigle romaine*, mais ils ne craindront pas de dire *l'aigle impérial*, symbole de l'Empire français. De même, Casimir Delavigne a dit dans la *Varsovienne* :

> Dans son essor voyez notre *aigle blanc*.

On dit *l'aigle blanc* de Pologne, *l'aigle noir* de Russie, même en prose, tellement que le genre féminin serait ici une licence.

Béranger a dit aussi, et avec goût, dans *le Vieux Drapeau* :

> Son *aigle* est *resté* dans la poudre,
> *Fatigué* de lointains exploits.

Le genre masculin convient mieux à ce symbole guerrier.

259. — AMOUR. Ce mot, désignant le sentiment qui nous attache à un objet, dans une acception différente de celle qu'il a quand il désigne la passion d'un sexe pour l'autre, est du masculin : *amour filial, amour maternel*.

Ce mot, signifiant l'attachement d'un sexe pour l'autre, est du masculin au singulier : *mon premier amour*; et du féminin au pluriel : *d'éternelles amours*. Voilà l'usage actuel de la prose, attesté par tous les grammairiens et l'Académie. La poésie ne tient à aucune de ces considérations ; elle fait le mot *amour* masculin ou féminin, au singulier comme au pluriel, selon ses besoins ; c'est un de ses privilèges les moins contestés.

> Il venait à ce peuple heureux
> Ordonner de l'aimer d'une *amour éternelle*,
> (Racine, Athalie, I, 4.)

> Ninias vous implore, il vous aime, il vous jure
> Les plus profonds respects et l'amour *la plus pure*.
> (Voltaire, Sémiramis, IV, 4.)

Les solides vertus furent ses *seuls amours* [1].
(*Le même*, Henriade, IX.)

Que de charmes n'ont pas leurs amours *maternelles*.
(*Delille*, les Trois Règnes, VIII.)

Je vais loin des cités rêveur, et solitaire,
De vos *amours furtifs* épier le **mystère**.
(Soumet.)

Voyez, pour d'autres exemples, la Grammaire des grammaires, dernière édition, revue par A. Lemaire, et la Gramm. Nationale.

Le genre féminin était généralement donné à ce mot dans le vieux langage. Châteaubriand et quelques prosateurs modernes ont employé ce mot au singulier avec ce genre, c'est faire tort à la langue poétique, voilà tout.

252. — Foudre, dans le langage ordinaire et dans le langage des physiciens, décharge d'électricité, est féminin. L'Académie donne cependant cet exemple : *être frappé du* foudre ; mais ce genre ne convient qu'à la poésie ou à la haute éloquence.

Au figuré, *foudre* signifiant les grands actes vengeurs du pouvoir, est masculin. Il a encore ce genre quand il désigne l'artillerie et ses moyens. La poésie le fait des deux genres dans toutes les acceptions. Voici des exemples contraires aux distinctions ad-

---

[1] M. Quicherat se trompe donc quand il dit, note 18 : « Au pluriel, nous faisons *amours* uniquement du féminin. »

mises en prose, et l'on peut les imiter sans le moindre scrupule :

> Le feu, présent céleste, agent conservateur,
> *Du foudre* dans ses mains surpasse la fureur.
> (*Castel*, les Plantes.)

> De ce Breton qui, né bourgeois,
> N'en fit pas moins de grands exploits,
> Et de ses *foudres roturières*
> Sur les mers terrassa l'Anglais.
> (*Thomas*, Epître à M. Clapier.)

> Le pontife est armé de la *foudre sacrée*[1].
> (*Cas. Delavigne*, Vêpres Siciliennes, I, 1.)

> Aplanissez ces monts, dont les rochers fumants
> Tremblent sous nos *foudres guerrières*.
> (*Le même*, Messéniennes, II.)

233. — HYMNE. Ce mot est ordinairement masculin ; cependant, quand il désigne spécialement les hymnes que l'on chante à l'église, il est du genre féminin.

Comme l'*hymne* est de sa nature un chant religieux, les poëtes ont pris le droit de faire ce mot des deux genres, mais surtout masculin, dans toutes les significations :

> Roulant les yeux, tordant les mains,
> Santeuil nous lit ses *hymnes vains*.
> (*Boileau*, Epigrammes.)

Santeuil faisait précisément des *hymnes* d'église dont quelques-unes se chantent encore.

---

[1] Casimir Delavigne a dit dans le *Paria*, II, 2 :
> De mes *foudres sacrés* j'hésite à l'écraser.

Pour la seconde fois, le nautonier fidèle,
Adresse l'*hymne sainte* au dieu de l'univers.
    (*Esmenard*, la Navigation, VIII.)

Et du fond des bosquets un *hymne universel*
S'élève dans les airs, et monte jusqu'au ciel.
    (*Michaud*, Printemps d'un proscrit.)

Les *hymnes effrénés*, les sons des instruments,
Y couvraient de la mort les derniers râlements,
    (*De Lamartine*, Chute d'un ange, VII.)

Ils chantaient quelquefois de *saintes hymnes*, comme
De saints ravissements chantent au cœur de l'homme.
    (*Le même*, ibidem.)

254. — HYDRE. L'Académie ne donne ce nom que comme un substantif féminin. Les poëtes le font du masculin quand ils le jugent convenable, à l'exemple des Latins :

De l'*hydre affreux* les têtes menaçantes.
  (*Voltaire*, cité par la *Grammaire des grammaires*,
    p. 132, édition d'A. Lemaire.)

Enfants, vous qui cueillez et la fraise et les fleurs,
Fuyez, l'*hydre est caché* sous les gazons trompeurs.
    (*Millevoye*, Bucoliques, Palémon.)

Et vengeant ses autels par Méduse souillés,
Hérissa ses cheveux d'*hydres entortillés*.
    (*De Saint-Ange*, Métamorphoses, IV, 21.)

255. — ŒUVRE. D'après l'Académie de 1835, ce mot n'est masculin que quand il désigne les estampes d'un graveur, les ouvrages des musiciens, la pierre philosophale, le grand œuvre ; hors de ces trois acceptions, il est féminin [1].

---

[1] La *Grammaire des grammaires*, édition de 1842, d'Auguste Lemaire, dit que ce mot est encore masculin dans le style

En poésie, ce mot adopte le genre masculin, quand il désigne une production de l'esprit, une entreprise importante.

> Sans cela toute fable est un *œuvre imparfait*.
> (La Fontaine, Fables, XII, 2.)

> Donnons à ce *grand œuvre* une heure d'abstinence.
> (Boileau, Lutrin, IV.)

> Je sais qu'il est indubitable
> Que, pour former *œuvre parfait*,
> Il faudrait se donner au diable,
> Et c'est ce que je n'ai point fait.
> (Voltaire, à Benoît XIV.)

236. — SENTINELLE. Ce substantif est du féminin. L'Académie ajoute : « quelques poëtes ont fait ce « mot masculin. » Nous ferons observer que cette licence est autorisée au figuré comme au propre :

> Ce sentiment si prompt, dans nos cœurs répandu,
> Parmi tous nos dangers *sentinelle assidu*.
> (Voltaire, V° Discours sur la nature du plaisir.)

> Déjà dans Amsterdam ce bruit est répandu ;
> Le monstre à mille voix, *sentinelle assidu*,...
> (Thomas, Pétréide, Ch. de la Hollande.)

> Qu'autour de mon bercail, *vigilant sentinelle*,
> Sans cesse haletant veille mon chien fidèle.
> (Delille, L'imagination, VIII.)

Delille lui donne encore ce genre dans *le Paradis perdu*, II, et dans *les Jardins*, IV. M. Parseval-Grand-Maison a dit aussi :

---

soutenu, seulement au singulier, *un œuvre de génie, un saint œuvre*. Mais l'Académie n'autorise pas ce genre. Les poëtes sont aussi des autorités pour les poëtes.

Sentinelle hideux du dernier océan.

REMARQUES.

237. — 1° Le mot *pleurs* était autrefois des deux genres. Régnier lui donne le féminin dans son dialogue de *Cloris et Philis* :

Quels sanglots, quels soupirs, *quelles nouvelles pleurs!*

M. De Lamartine a cru pouvoir rajeunir ce genre, contre l'usage actuel. Nous croyons qu'on aurait tort de l'imiter :

Et des *secrètes* pleurs qu'elle eût dû cacher *toutes*,
Ses pieds sentaient parfois ruisseler quelques gouttes.
(Chute d'un ange, III.)

2° Lebrun, par une autre singularité, s'est cru autorisé à personnifier l'Écho, à lui donner le genre de la nymphe dont il conserve le nom :

Une sauvage *Echo* du fond de ces bois sombres
Prolongeait mes accents égarés sous leurs ombres.
(Elégies.)

§ VI. *De l'emploi des nombres dans les substantifs communs en poésie.*

258. — Tout substantif employé sans article, en régime d'une préposition, prend le nombre que le sens exige. Buffon a dit : L'alouette s'élève par *reprises*; Fontenelle a dit : Avant Corneille, les ouvrages étaient *sans règles, sans élévation*, et dans les deux phrases les substantifs ont le nombre qui leur convient.

Les poëtes ont une latitude plus grande, surtout dans le sens indéfini, tel que nous venons de le spécifier. Quand le substantif est en régime d'une préposition et sans article ou équivalent, ils mettent au pluriel ou au singulier un nom qui, en prose, adopterait nécessairement un nombre différent. Aucune licence n'est plus autorisée par l'usage.

239. — Il ne s'agit pas ici de ces mots qui ont au singulier à peu près la même signification qu'au pluriel : ainsi, on est accablé de *douleur* ou de *douleurs*, excédé de *fatigue* ou de *fatigues*. Nous ne nous occupons point non plus des locutions : réduire *en cendre* ou *en cendres,* par *intervalle* ou par *intervalles,* à *tout moment* ou à *tous moments,* de *toute part* ou de *toutes parts,* de *tout côté* ou de *tous côtés,* etc. Quoique le pluriel, dans ces expressions, soit préférable au singulier, même en prose, ces nuances disparaissent trop aisément en poésie. Nous ne parlons que des cas où, l'un des deux nombres étant rigoureusement exigé par le sens, le poëte se sert de l'autre pour satisfaire aux règles de la versification, ce qui constituerait un véritable solécisme en prose.

240. — *Substantifs au singulier qui, en prose, seraient au pluriel.*

Certaine fille un peu trop fière
Prétendait trouver un mari
Jeune, bien fait et beau, d'*agréable manière.*
(*La Fontaine,* Fables, VII, 4.)

C'est-à-dire *doué d'agréables manières*.

> Son orgueil est *sans borne*, ainsi que sa puissance.
> (*Racine*, Esther, II, 9.)

L'Académie dit que, dans cette acception, *bornes* se met toujours au pluriel [1].

> Oh ! que j'aime bien mieux cet auteur plein d'adresse,
> Qui, sans faire d'abord de si *haute promesse*.
> (*Boileau,* Art poétique, III.)

En prose, il faudrait, sans faire *une si haute promesse* ou *de si hautes promesses*.

> Tu n'as pas *d'aile*, et tu veux voler ? Rampe.
> (*Voltaire*, le Pauvre Diable.)

Une *aile* ne suffit pas pour voler.

> Les rois chargés *d'outrage*, et les dieux de blasphèmes.
> (*Delille*, l'Imagination, V.)

Outrage aurait le même nombre que *blasphèmes*, sans l'obligation de l'élision.

> Sans soins, sans gens *d'affaire*, et partant sans souci,
> Jean-Jacques fut souvent le vrai Montmorency.
> (*Le même,* l'Imagination, VI)

Il est certain que, même au singulier, on dit un homme *d'affaires*.

---

[1] Boileau a été plus loin : il emploie ce mot au singulier, dans cette acception, avec un déterminatif, et cela ne choque point :

> Mon cœur, exempt de soins, libre de passion,
> Sait donner *une borne* à son ambition.
> (*Boileau,* Satire II.)

> Ah! que sur ton instinct ta vertu se repose,
> Homme, un dieu t'apparait dans un buisson de *rose*.
> (*Lemière*, les Fastes, IX.)

> O jours de mon printemps, jours couronnés de *rose*
> A votre fuite en vain un long regret s'oppose.
> (*A. Chénier*, Elégies, XIV.)

On sent qu'il faut plusieurs roses pour former un *buisson*, une *couronne*.

> Certain jour on le vit détruire à coups de *pierre*,
> Un malheureux nid de moineaux.
> (*Florian*, Fables, III, 18.)

Pierre est en rime avec *colère*. Le méchant n'a pas jeté qu'une seule pierre.

> Et, soudain comme un trait, meutes, coursiers, *chasseur*,
> Du rempart du taillis ont franchi l'épaisseur.
> (*Roucher*, les Mois.)

La pensée supplée le pluriel ou sous-entend *chaque chasseur*.

> Jette Europe mourante au *bord* qui la vit naître.
> (*Lebrun*, Odes, Europe.)

En vers, *les bords* est une expression poétique qui se met pour *les lieux* ou toute expression équivalente. Le singulier est une licence surajoutée qui se trouve aussi dans l'ouvrage de Roucher, *les Mois*. Le mot *rives* est dans le même cas.

> Son œil au jour s'est éteint *par degré*.
> (*Campenon*, l'Enfant prodigue.)

> Ce nom, il est écrit en *sanglant caractère*
> Des bors du Tanaïs au sommet du Cédar.
> (*De Lamartine*, Bonaparte.)

Nous avons recueilli plus de trois cents exemples de cette licence.

241. — *Substantifs au pluriel qui, en prose, seraient au singulier.*

> Et dans toute la Grèce il n'est point de *familles*
> Qui ne demandent compte à ce malheureux fils
> D'un père ou d'un époux qu'Hector leur a ravis.
> (*Racine*, Andromaque, I, 2.)

C'est-à-dire, il n'est pas *une famille*.

> Il ne me fallait pas payer en coups de *gaules*,
> Ni me faire un affront si sensible aux épaules.
> (*Molière*, l'Étourdi, II, 9.)

Il est clair que le battant n'a pas frappé avec plusieurs gaules.

> Et, chrétiens fabuleux, n'allons pas, dans nos songes,
> D'un Dieu de *vérité* faire un Dieu de *mensonges*.
> (*Boileau*, Art poétique, III.)

Il est évident que *mensonge* s'oppose à *vérité*, et devrait être au même nombre.

> La molle volupté, sur un lit de *gazons*,
> Satisfaite et tranquille, écoute leurs leçons.
> (*Voltaire*, Henriade, VIII.)

Voltaire a dit dans le poëme de *Fontenoy* :

> D'un rempart de *gazon*, faible et prompte barrière;

parce qu'ici rien ne le forçait à donner le pluriel au mot *gazon*, purement déterminatif ou spécificatif dans les deux exemples.

> . . . Vont payer de vos soins les efforts inutiles;
> De soldats entourés nous n'avons plus d'*asiles*.
> (*Le même*, l'Orphel. de la Ch., II, 3.)

> Le peuple, pour ses rois toujours plein d'*injustices*,
> Hardi dans ses discours, aveugle en ses caprices.
> (*Le même,* Marianne, I, 1.)

Voltaire aurait pu mettre, par une autre combinaison, *plein d'injustice,* et aveugle en *son caprice.*

> L'insecte ailé brillait des plus vives couleurs,
> Jeune, beau, petit-maître, il court de *fleurs en fleurs.*
> (*Florian,* Fables, II, 11.)

Un insecte ne vole que d'une fleur à une autre à la fois.

> L'émotion redouble à ce doux bruit de l'eau,
> Qui, dans son cours plaintif, qu'on écoute avec *charmes,*
> Semble à la fois rouler des soupirs et des larmes.
> (*Legouvé,* La Mélancolie.)

> Elle prend la Raison pour *bases*
> De mes plus badines chansons,
> Chicanant les mots et les phrases.
> (*Lamotte,* la Louange et la Critique.)

> En berline, en *wiskis,* en frac, en *guêtre,* en bottes.
> (*Delille,* Épitre à deux enfants voyag.)

Wiskis devrait être au singulier comme *berline,* et *guêtres* devrait être au pluriel comme *bottes.* Cet exemple présente les deux genres de licence.

PREMIÈRE REMARQUE.

242. — Quelquefois, par une hardiesse heureuse, les poëtes emploient au pluriel, dans le sens déterminé, des substantifs dont les prosateurs ne doivent se servir qu'au singulier, du moins avec la même acception.

Pressé de toutes parts *des colères célestes.*
(*Corneille,* Pompée, I, 1.)

Voltaire dit que ce mot *colères* n'admet pas le pluriel (commentaire). C'est déjà une erreur matérielle. Dans l'esprit du poëte, ce mot signifie collectivement *la colère des dieux,* et c'est une belle expression. Voltaire lui-même a dit, moins heureusement peut-être (*Henriade*) :

La vérité terrible ici fait *leurs supplices.*

Mais, quoique *supplice* soit en relation avec *vérité,* nous ne pourrions condamner l'expression, parce qu'il s'agit *des supplices de l'enfer.*

Toutefois, nous partageons l'avis de La Harpe, qui critique cette autre phrase de ce poëte :

..... Vois enfin si *les temps sont venus*
De lui porter des coups.....

parce que le *temps de porter* des coups marque un point déterminé de la durée, au lieu que *les temps* désigne un espace plus ou moins long. Voilà pourquoi Delille a pu dire, en parlant de la saison de l'hymen pour les oiseaux :

Les temps sont-ils venus d'une chaîne si douce?
(L'Homme des champs, II.)

Continuons nos citations et nos analyses :

De son temple détruit et caché sous *les herbes,*
Sion vit relever les portiques superbes.
(J.-B. Rousseau, Odes, liv. III.)

Sans la rime, Rousseau aurait mis *sous l'herbe,* comme on le trouve dans d'autres poésies.

> Eh bien! le temps sur *vos poussières*
> A peine encore a fait un pas!
> Sortez, ô mânes de nos pères,
> Sortez de la nuit du trépas.
>
> (*De Lamartine,* Méditations, I.)

Vos poussières ne s'est jamais dit, que nous sachions, il est dans l'analogie de *vos cendres;* voilà de la poésie [1]!

DEUXIÈME REMARQUE.

243. — Il y a des substantifs dont le pluriel est purement poétique, et qui sont admis comme tels depuis longtemps; tels sont ceux-ci:

> Il n'est plus temps, il sait *mes ardeurs* insensées.
> (*Racine,* Phèdre, III, 1.)

> Que vos *félicités,* s'il se peut, soient parfaites.
> (*Voltaire,* Zaïre, I, 1.)

---

[1] Racine a dit, dans *Bajazet,* II, 5 :
> Je vois que votre amour se fait *quelques plaisirs*
> De me prouver sa foi dans ses derniers soupirs.

Geoffroi observe que ce pluriel n'est ici ni exact, ni élégant. Cela prouve qu'il faut beaucoup de discernement pour user de cette licence.

On trouve ces deux vers dans Voltaire (*Tancrède*) :
> Ma mère au lit de mort a reçu nos promesses;
> Sa dernière prière a béni *nos tendresses.*

Laveaux dit que *tendresse,* en ce sens, ne peut s'employer au pluriel. Ce jugement nous paraît outré pour la poésie; nos *tendresses* est dans l'analogie de *nos amours.* Nous avouons qu'il est rare, mais Voltaire l'emploie assez souvent.

Voici encore un exemple où le pluriel choque, parce qu'il est en attribut avec le verbe au singulier:

> Jusque-là, vous servir sera *mes* plus doux *soins;*
> Nous souffrirons ensemble, et nous souffrirons moins.
> (*Florian,* Ruth.)

Ce pluriel avait été employé ainsi par J.-B. Rousseau et Corneille.

> Le sang de Polyeucte a satisfait *leurs rages*.
> (*Corneille*, Polyeucte, I, 2.)

Boileau a aussi employé ce pluriel, *rages,* dans son ode sur la prise de Namur.

> Que dis-je ! autour de moi, tandis que tout sommeille,
> *Aux clartés* d'un flambeau je prolonge ma veille.
> (*Delille*, Epître à deux enfants voyageurs.)

> Tandis que votre épouse, *aux lueurs* d'un brasier...
> (*Saint-Lambert*, les Saisons, IV.)

TROISIÈME REMARQUE.

244. — Boileau, dans la première édition de ses œuvres, avait mis :

> Regagne le rivage [1] :
> Cette mer où tu cours est célèbre en *naufrage*.
> (Epître au Roi.)

Il changea depuis ce vers, à la sollicitation de ses amis :

> Sais-tu dans quels périls aujourd'hui tu t'engages ?
> Cette mer où tu cours est célèbre en *naufrages*.

Il est donc convenable d'éviter l'emploi du singulier avec les adjectifs qui éveillent une idée complémentaire de multitude, de nombre, comme *fertile, fécond, célèbre,* etc. Ce qui n'a pas empêché A. Chénier de dire (*Charlotte Corday*) :

---

[1] L'édition de 1701 portait : *Regagne les rivages.*

> Calme sur l'échafaud, tu méprises la rage
> D'un peuple abject, servile et fécond en *outrage*.

Nous avouons que cela ne nous choque pas comme *célèbre en naufrage* : il n'y a pas non plus parité d'idées.

QUATRIÈME REMARQUE.

245. — Il y a dans notre langue des substantifs qui manquent de singulier : tels sont *pleurs, vêpres, ancêtres, prémices, appas, ténèbres, annales, broussailles,* etc. Les poëtes ont encore dérogé à cet usage dans certains cas. Il est des mots, tels que *vêpres, entrailles, funérailles, ténèbres,* etc., qu'on ne tentera certainement jamais d'employer à un autre nombre ; mais il y en a d'autres, comme *ancêtres, broussailles, appas,* etc., qui peuvent se mettre quelquefois au singulier en poésie.

> Mais qu'importe-t-il qui puisse être
> Ni leur père, ni leur *ancêtre*?
>   (*Malherbe*, Stances, 1605.)

> Au bien qu'il nous promet ne trouve *aucun appas*,
> Et souhaite en secret que ce dieu ne soit pas.
>   (*Boileau*, Epître XII.)

> Leur vue à mon foyer prête un *nouvel appas*.
>   (*Delille*, les Trois Règnes, I.)

Boileau aurait pu mettre *aucuns appas*. Ces poëtes ont fait ce mot synonyme poétique d'*attrait, charme,* avec le même nombre.

> Un marais couvre au loin un antique *décombre*[1].
>   (*De Saint-Ange*, Métamorphoses, VIII, 14.)

---

[1] Quant au mot *débris*, il s'emploie fréquemment, même en prose, au singulier. En poésie, il peut signifier *ruine, destruc-*

Et l'hermite du lieu sur un *décombre* assis.
  (*Delille*, l'Homme des champs, III.)

Quand la *Saturnale* établie
Dans ton rustique appartement
Leur prouve notre enchantement,
Quand l'ivresse parle et délie
Les nœuds du froid raisonnement.
  (*Bernard*, Epître à la Volupté.)

De l'immortalité cette heureuse *prémice*.
  (*De Lamartine*, Derniers moments de Socrate.)

Là tu n'entends plus rien que l'herbe et la *broussaille*,
Le pas du fossoyeur dont la terre tressaille.
  (*Victor Hugo*, Voix intérieures, XXIX.)

Marmontel avait dit en prose : « Les sots sont *la broussaille* du genre humain. » Mais l'expression était au figuré, et le pluriel n'aurait pu convenir.

CINQUIÈME REMARQUE.

246. — Quelquefois les poëtes emploient un substantif au singulier dans le sens collectif de la généralité des êtres qu'il désigne, et lui donnent, par une espèce de syllepse, la même valeur que s'il était au pluriel :

Le SOLDAT *rassemblé* vole à ses étendards.
  (*Voltaire*, Henriade, VI.)

Et la lyre d'Orphée assemblant L'HOMME *épars*.
  (*Lebrun*, Epître à Chénier.)

On peut rattacher à cette syllepse cette tournure où le mot *homme* se rapporte à deux individus :

---

tion, bris, restes, décombres. Voyez notre article sur ce mot, *Journal grammatical*.

Laissez-moi comme vous sentir mon infortune :
Notre sort est d'être *homme*, il nous la rend commune.
(*Ducis*, Roméo, IV, 1.)

Notre sort est d'être *homme*, c'est-à-dire d'être soumis à la nature de *l'homme*. Il est certain que ce singulier choquera le plus grand nombre des lecteurs, et qu'en prose il les choquerait tous. Voici d'autres exemples où l'on n'a rien à dire.

Mais partout le chrétien s'enfuit épouvanté.
(*Baour-Lormian*, Jérusalem délivrée, IX.)

Là je vois par *milliers* la *fourmi* diligente
Soigneuse à prévenir la saison indigente.
(*De Saint-Ange*, Métamorphoses, VII, 13.)

LICENCE DANS L'EMPLOI DE L'ADJECTIF.

Licences d'orthographe et d'accord dans l'adjectif qualificatif. — Place de l'adjectif qualificatif. — Régime poétique de certains adjectifs. — Licences dans l'emploi de quelques adjectifs déterminatifs. — Des adjectifs indéfinis, AUCUN, NUL, MÊME, TEL, CHAQUE.

§ I. *Licences d'orthographe et d'accord dans l'adjectif qualificatif.*

247. — Les adjectifs *fou*, *mou*, font *fol*, *mol* devant le substantif qu'ils modifient, quand ce substantif commence par une voyelle. Ceci a lieu en prose comme en vers; mais la poésie admet cette orthographe pour éviter l'hiatus, quelle que soit la nature du mot suivant, pourvu qu'il n'y ait aucune pose après ces adjectifs :

Un *fol* allait criant par tous les carrefours [1].
(*La Fontaine*, Fables, IX, 8.)

Il ravage, il déchire, il traîne avec fureur
Ce peuple *mol* et doux, et muet de terreur.
(*Lebrun*, Veillées du Parnasse, II.)

Accord de l'adjectif qualificatif.

248. — Les règles d'accord de l'adjectif avec son substantif sont les mêmes pour la poésie et pour la prose. Ainsi, l'adjectif en rapport avec deux noms singuliers se met au pluriel, quand ces noms désignent des personnes : aussi Geoffroi n'hésite-t-il point à condamner ces vers de Racine :

Pour renvoyer la *fille* et la *mère offensée*,
Je leur écris qu'Achille a changé de pensée [2].
(Iphigénie, I, 1.)

Avec des noms de choses inanimées, on peut, en prose comme en vers, faire l'accord elliptique avec le dernier des noms en complément (voir les gram-

---

[1] Cette licence avec *fol* est peu usitée, elle choque un peu, mais c'est au goût à décider.
[2] Racine pouvait mettre *de pensées* au pluriel. On ne pense pas à tout.

maires). La licence est plus large en poésie sous ce rapport; en voici un exemple :

> Il a brisé la *lance* et l'*épée homicide*
> Sur qui l'impiété fondait son ferme appui.
> (*J.-B. Rousseau*, Odes, liv. I.)

Homicide qualifie simultanément *lance* et *épée*, et comme aucun motif n'obligerait le prosateur à mettre cet adjectif au singulier, le pluriel serait alors de rigueur.

§ II. *Place de l'adjectif qualificatif.*

249. — La place de l'adjectif, avant ou après le nom, est déterminée par un usage quelquefois arbitraire, souvent, aussi, fondé sur des considérations logiques dont il faut lire l'exposé et les développements dans les bons ouvrages de grammaire. La poésie peut encore, sous ce rapport, déroger à l'usage de la prose; mais il faut un goût sûr pour user de cette licence. Voici des exemples où, en prose, l'adjectif se mettrait indubitablement après les substantifs :

> Ce récit passe un peu l'*ordinaire* mesure.
> (*Boileau*, Satire X.)

> De l'*absolu* pouvoir vous ignorez l'ivresse.
> (*Racine*, Athalie, IV, 3.)

> Des courtisans sur nous les *inquiets* regards
> Avec avidité tombent de toutes parts.
> (*Voltaire*, Œdipe, III, 1.)

> ..... Un fils de César ne doit jamais permettre
> Qu'en d'*étrangères* mains on ose vous remettre.
> (*Le même*, le Triumvirat, III, 6.)

Parlez, de vos désirs le succès est certain,
Si le succès dépend d'une *mortelle* main.
(*Racine*, Esther, II, 7.)

Féraud critique ce vers, parce que, selon lui, quand *mortel* signifie *qui est sujet à la mort*, il ne peut se mettre qu'après son substantif. Lavaux ne pense pas que la critique soit juste. Il a raison, mais il a oublié de dire qu'elle n'est fausse que pour la poésie. Baour-Lormian a dit aussi :

Pour fixer la fortune inconstante et mobile,
Une *mortelle* main est-elle assez habile ?
(Jérusalem délivrée, II.)

250. — *Adjectifs qui, en prose, précèderaient le substantif.*

On a pour ma personne une aversion *grande*.
(*Molière*, Misanthrope, III, 1.)

Cette inversion est très bonne dans le style comique ; on peut dire même que c'est une espèce d'ellipse : *une aversion* qui est *grande*; ce mot fait plus d'effet que s'il précédait le substantif.

La plus pure lumière
Va rendre à la vertu sa dignité *première*.
(*Gresset*, Edouard III, act. IV, 8.)

Cette inversion des adjectifs *première* et *dernière*, au féminin, est commune dans les poëtes; elle est rare avec le masculin, on en trouve cependant des exemples :

Entre divers desseins son âme balancée,
Sur le parti *dernier* arrête sa pensée.
(*De Saint-Ange*, Métamorphoses, IX, 5.)

251. — Il y a des adjectifs qui ont une signification différente, selon qu'ils sont placés avant ou après leur substantif. C'est ce que nous venons de voir pour *mortel*. Les mots *commun, seul, même* et beaucoup d'autres sont dans le même cas [1].

Une *voix commune* est une voix ordinaire, qui n'a rien de remarquable. Une *commune voix* est une expression qui indique l'unanimité des suffrages, des avis, en un mot, *communauté*. Les grammairiens sont d'accord à cet égard ; seulement, ils ont oublié de dire que la différence est à peu près la même pour beaucoup d'autres mots : *douleur commune, commune douleur ; malheur, plaisir commun, commun malheur,* etc. La poésie ne s'est point pliée à cette distinction, pas même pour le mot *voix* :

> Issus de tes nobles aïeux
> Que la *voix commune* des hommes
> A fait asseoir au rang des dieux.
> (*Malherbe*, Stances, 1605.)

> Que me veulent les dieux ? tous, d'une *voix commune* [2],
> Dans les champs d'Hespérie appellent ma fortune.
> (*Delille*, Énéide, III.)

---

[1] Une *certaine* mort signifie une *mort arrivée d'une manière quelconque*. Une *mort certaine* est une mort assurée. Néanmoins La Fontaine a pu dire (Fables, II, 10) :

> L'ânier l'embrassait dans l'attente
> D'une prompte et *certaine* mort ;

parce que *certaine* est précédé d'un autre adjectif. Le mot *certain* admet les mêmes sens avec tout autre substantif.

[2] *Commune voix* signifie l'unanimité et n'a pas d'autre sens ; *voix commune* a quelquefois ce sens en vers, et de plus signifi-

252. — Il existe une différence entre le *seul homme* et l'*homme seul*, la *seule vertu* et la *vertu seule*, etc. La poésie a le privilége de ne point se soumettre à cette règle :

> Mais la *seule vertu* peut souffrir la clarté.
> (*Boileau*, Epître IX.)

> Les mortels sont égaux : ce n'est point la naissance,
> C'est la *seule vertu* qui fait leur différence.
> (*Voltaire*, Mahomet, I, 4.)

> Apprends que la *seule* sagesse
> Peut faire les héros parfaits.
> (*J.-B. Rousseau*, Ode à la Fortune.)

> Non, tu n'as plus de fille. — Elle est digne de moi,
> Et sa *seule vertu* cause tout mon effroi.
> (*Marmontel*, Denis, V, 10.)

> Ce n'est point la vertu, c'est la *seule victoire*
> Qui donne l'honneur et la gloire.
> (*A. Chénier*, Ode à son frère.)

253. — Autrefois, on pouvait, en poésie, dire *la même vertu, le même honneur* pour *la vertu même, l'honneur même*. Voltaire a critiqué cette expression dans le *Cid* de Corneille, et M. Auger dans *Don Garcie* de Molière. La différence des deux expressions étant trop tranchée, cette licence a cessé d'être au-

---

voix ordinaire, vulgaire. (L'auteur, *Journal grammatical*, 3ᵉ série, t. 2, p. 129.)

Il y a aussi une différence entre *honnête homme* et *homme honnête*. Andrieux ne l'ignorait pas, cependant il a dit :

> L'aîné
> Au palais est déjà comme pour bonne tête,
> Pour sage, pour instruit, surtout pour homme *honnête*.
> (Le Trésor, I, 4.)

torisée. Cependant, avec un nom de temps, *jour, moment, instant*, précédé du déterminatif *ce, cette, ces*, on peut encore se permettre cette transposition, qui même ne choque guère en prose :

Bien plus, *ce même jour* je te donne Emilie...
(*Corneille*, Cinna.)

Cependant, Rome entière, en *ce même moment*
Fait des vœux pour Titus.
(*Racine*, Bérénice, I, 5.)

Ce même jour est pour *aujourd'hui*, *ce même moment* est pour *le moment même où je parle*.

§ III. *Régime poétique de certains adjectifs.*

254. — Beaucoup d'adjectifs ont un complément marqué par une préposition *à, de, pour, envers*, etc. En prose, cette préposition ne peut être remplacée par une autre ; il en est autrement en vers, et ce changement de préposition donne au style une couleur poétique d'un effet très agréable.

1° Absent. Plusieurs écrivains en prose ont donné un régime de personne à cet adjectif, (voyez *Grammaire des gramm.*, p. 283, tome Ier). Je crois que la poésie peut conserver ce régime, qui n'est pas si forcé que M. A. Lemaire le pense : *loin de, éloigné de*, ne remplacent pas *absent* ; on peut être *absent* et *près de*. D'ailleurs, le besoin de concision poétique doit faire adopter cette expression :

J'étais *absent de vous*, inquiet, désolé.
(*Campistron*, cité par Girault-Duvivier.)

Absent de vous, je vous vois, vous entends.
>(*Fontenelle,* cité par le même.)

Que dis-je, *absent de vous,* on vous voit. — C'est char-
>[mant.
>(*Andrieux,* le vieux Fat, II, 7.)

Andrieux a dit encore (*le Manteau,* II, 9) :

>*Absent de* ce que j'aime.

2° Célèbre. Cet adjectif prend un complément au moyen des prépositions *par, pour.* En vers il prend la préposition *en* :

>Cette mer où tu cours est *célèbre en* naufrages.
>(*Boileau,* Epître au Roi.)

3° Complaisant veut la préposition *pour,* quand on lui donne un complément. En vers, on peut lui donner la préposition *à* :

>Les dieux *à* nos désirs toujours si *complaisants.*
>(*Racine,* Iphigénie, I, 1.)

>Les uns, parce qu'ils sont méchants,
>Et les autres pour être *aux* méchants *complaisants.*
>(*Molière,* Misanthrope, I, 1.)

4° Effroyable s'emploie sans complément en prose. En vers, il peut en recevoir un marqué par *à* :

>Je le vois comme un monstre *effroyable à* mes yeux.
>(*Racine,* Phèdre, III, 1.)

>Monument *effroyable à* la race future...

5° Flatteur, en vers, prend la préposition *à* au lieu de *pour* :

>Mes amis, dans les fers si le ciel vous fit naître,
>La marque en est *flatteuse à* qui les a rompus.
>(*Marmontel,* Aristomène, I, 2.)

6° INCERTAIN. Cet adjectif ne prend point de régime en prose quand on l'applique aux personnes ; en vers, il peut en prendre un marqué par la préposition *de* :

Infortuné, proscrit, *incertain de* régner.
(*Racine*, Bazajet, II, 2.)

A leur naissance *incertains d*'un berceau,
D'une goutte de lait, d'un abri, d'un tombeau.
(*Delille*, la Pitié, II.)

7° INDULGENT, SÉVÈRE. Ces adjectifs ont un complément marqué par *pour, envers*; en poésie, on leur donne aussi la préposition *à* :

Rome *lui* sera-t-elle *indulgente* ou *sévère* ?
(*Racine*, Bérénice, II, 2.)

Indulgent aux fautes d'autrui.
(*Florian*, Fables, II, 4.)

Que *sévère aux* méchants, et des bons le refuge.
(*Racine*, Athalie, IV, 3.)

8° INCONNU régit la préposition *à*. Châteaubriand lui a donné la préposition *de*; mais en prose ce régime est hasardé ; il est admis en vers :

Aimé dans son domaine, *inconnu de* ses maîtres.
(*Saint-Lambert*, Saisons, automne.)

L'hymen est *inconnu de* la pudique abeille.
(*Delille*, Géorgiques, IV.)

9° INOUÏ. Cet adjectif s'emploie sans régime. Les poëtes peuvent lui en donner un par la préposition *à* :

Trame une perfidie *inouïe à* la cour.
(*Racine*, Britannicus, III, 6.)

Dans ce cas, *inouïe* a son sens primitif : *qui n'a pas été entendu, qui est inconnu.*

10° Soigneux prend la préposition *de*; néanmoins de Saint-Ange lui donne la préposition *à* :

> Là, je vois par milliers la fourmi diligente
> *Soigneuse* à prévenir la saison indigente.
> (Métamorphoses, VII, 13.)

L'analyse justifie ce régime : *mettant son soin à…*

11° Voisin prend la préposition *de* en complément; cependant, La Fontaine lui a donné la préposition *à*, au moyen de l'inversion, et les hommes de goût ont approuvé ce latinisme (*le Chêne et le Roseau*) :

> Celui de qui la tête *au* ciel était *voisine.*

Le même auteur a dit aussi, dans la fable de *la Chauve-Souris et les deux Belettes* :

> … Aveuglément se va fourrer
> Chez une autre belette *aux* oiseaux *ennemie.*

255. — On voit que la préposition *à*, qui marque le but, la tendance, est principalement employée dans le régime poétique. On ne peut spécifier tous les cas où l'on peut user de cette licence ; c'est un tact exquis, un goût sûr qui peut seul régler cet écart apparent du génie, et revêtir la poésie de l'expression convenable. Les vrais poëtes ne peuvent se plier à l'allure méthodique et compassée de la prose ; ils doivent être *oseurs* par verve et par nécessité, mais leurs hardiesses doivent être logiques, doivent être légitimées par la raison. Ainsi, nous avons vu des poëtes changer la préposition complémentaire de tel adjectif, ou donner à tel autre un régime que la langue commune lui refuse. C'est avec ce droit que Lebrun a pu dire :

> Trop souvent le poëte, *inégal au* héros,
> A ses lauriers brillants mêle d'obscurs pavots.
> (Epître au prince de Conti.)

Feuilletez tous les dictionnaires : *égal* a bien un complément, *inégal* n'en a pas. Le poëte sent le besoin de lui en donner un, par ce qu'*inférieur* ne rend point sa pensée, et il enrichit la langue.

256. — Quelquefois aussi de malencontreux grammairiens, dans leur pauvre délicatesse, ont voulu éliminer de la langue des expressions que les poëtes ont conservées du moins dans leur domaine. Par exemple, de ce que nous avons *prêt à* et *près de*, on a voulu proscrire l'adjectif *prêt de*, si favorable à l'élision, et qui ne signifie pas précisément la même chose que *prêt à*, ni que *près de*, mais qui peut les suppléer l'un et l'autre. Aujourd'hui cet adjectif est peu usité en prose, mais la poésie l'a conservé, il est très bon :

> Et ma mort
> Est *prête d*'expier l'erreur de ce transport.
> (*Molière*, Dépit amoureux, I, 2.)

> Et, tout *prêt d'en* semer le présage odieux,
> Il attendait la nuit dans ces sauvages lieux.
> (*Boileau*, Lutrin, II.)

Croyez-moi, plus j'y pense, et moins je puis douter,
Que son courroux sur vous ne soit *prêt d'*éclater.
>(*Racine*, Athalie, II.)

Nota. L'édition de Geoffroi porte *près de.*

Sa femme le voyait *tout prêt de* s'en aller.
>(*La Fontaine*, Joconde.)

Eugène est *prêt* d'avancer.
>(*J.-B. Rousseau*, Odes, liv. III.)

Je cours, et je suis *prêt d'*embrasser mes enfants.
>(*Voltaire*, Mahomet, III, 9.)

Boufflers, dans une cour, Spartiate sévère,
Prêt d'immoler sa gloire à celle de l'Etat.
>(*Thomas*, Pétréide, I, chant de la France.)

Encore un souffle de l'amour,
Et la rose est *prête d'*éclore.
>(*Dorat*, Baisers, III.)

Nuages colorés d'une fausse clarté,
Evanouissez-vous devant la vérité,
D'un hymen ineffable elle est *prête d'*éclore.
>(*De Lamartine*, Mort de Socrate.)

Je remarquerai que Baour-Lormian, dans sa *Jérusalem délivrée*, emploie *prêt à* presque partout pour *près de*, comme dans ce vers :

Réponds ! tous nos malheurs sont-ils *prêts à* finir ?
>(Chant X.)

Nous pensons qu'il ne doit pas être imité en cela. Nous ferons la même remarque pour de Saint-Ange.

§ IV. *Licences dans l'emploi de quelques adjectifs déterminatifs.*

DE L'ARTICLE.

257. — En vers, on peut employer l'article contracté *au, aux,* pour *dans le, dans les*

Où toi-même, des tiens devenu le bourreau,
Au sein de ton tuteur enfonças le couteau.
(*Corneille*, Cinna, IV, 3.)

Jamais l'aimable sœur des cruels Pallantides
Trempa-t-elle *aux* complots de ses frères perfides [1]?
(*Racine*, Phèdre, I, 1.)

Vengez-vous, baignez-vous *au* sang d'un criminel.
(*Voltaire*, Mérope, IV, 2.)

C'est pourquoi vous n'avez qu'un parti qui soit sûr :
C'est de vous renfermer *aux* trous de quelque mur.
(*La Fontaine*, Fables, I, 8.)

Vous êtes une esclave *aux* mains de mon rival.
(*Voltaire*, Adélaïde, IV, 1.)

Quelquefois l'emploi de cette licence peut causer équivoque, c'est ce qu'on doit éviter. On trouve cette faute dans ce vers de Racine (*Athalie*) :

Mais ma force est *au* Dieu dont l'intérêt me guide.

Ce qui peut signifier : *ma force appartient au Dieu,* etc.

Des adjectifs possessifs SON, SA, SES, LEUR, LEURS.

258. — En prose, ces adjectifs, en rapport avec un nom de chose, ne peuvent s'employer que quand le nom possesseur se trouve exprimé dans la même proposition :

La guerre a *ses* plaisirs, l'hymen a *ses* alarmes.
(*La Fontaine*, Fables, III, 1.)

Mais, quand le nom possesseur et le nom possédé sont chacun dans une proposition particulière, on emploie le pronom EN au lieu de *son, sa, ses, leur* :

---

[1] Quelle énergique expression, *tremper aux complots !*

Nourri[1] dans le sérail, *j'en* connais les détours.
(*Racine*, Bazajet, IV, 7.)

La prose ne s'éloigne de cette construction que dans de rares circonstances (voir les grammaires); mais la poésie, plus vive; la poésie, qui vit de personnifications et d'images, peut presque toujours remplacer ce pronom *en* par les adjectifs possessifs :

Ne délibérez plus, tranchez mes destinées,
Et renouez *leur* fil à celui des années.
    Que vous lui destinez
        (*J.-B. Rousseau*, Ode au comte de Luc.)

Mais la mollesse est douce, et *sa* suite est cruelle.
(*Voltaire*, Zaïre, I, 2.)

S'ils ont l'éclat du verre, ils ont *sa* dureté.
(*Thomas*, en parlant des Grands.)

Plusieurs, pressés autour de ce colosse énorme,
Admiraient *sa* hauteur, et *sa taille*, et *sa* forme.
(*Delille*, Enéide, II.)

J'ai chanté l'amitié, je me suis convaincu
    Qu'on trouve à peine *son* image.
        (*François de Neuf-Château*, Fables, II, 5.)

Aussi, le juste ciel, qui veillait sur mes jours,
D'un œil impitoyable a regardé *leur* cours.
(*Cas. Delavigne*, le Paria, I, 2.)

§ V. *Adjectifs indéfinis.*

Des adjectifs AUCUN, NUL.

259. — Les adjectifs *aucun, nul*, dans le sens de *pas un*, sont des expressions du nombre singulier.

---

[1] *Nourri* est mis elliptiquement pour *puisque j'ai été nourri*.

On ne les emploie au pluriel, en prose, que dans deux cas : 1° Quand ils sont joints à un substantif qui manque de singulier ; 2° quand le substantif, quoique susceptible d'être employé au singulier, doit être mis au pluriel dans la circonstance où on en fait usage, *aucunes provisions, nuls vivres*. Les poëtes suivent cette règle lorsque rien ne les force de s'en affranchir ; autrement ils ont le droit d'employer ces adjectifs au pluriel dans des phrases où ce nombre est interdit à la prose correcte [1] :

Aucuns monstres par moi domptés jusqu'aujourd'hui
Ne m'ont acquis le droit de faillir comme lui.
     (*Racine*, Phèdre, I, 1.)

Protée, à qui le Ciel, père de la Fortune,
  Ne cache *aucuns secrets*.
     (*J.-B. Rousseau*, Ode au comte de Luc.)

---

[1] Molière a dit dans l'*Etourdi*, I, 9 :
  Vous le verriez dans peu soumis *sans nul* effort.

M. Augier fait cette observation sur ce vers: «*Sans nul* est une faute contre la langue. Les Latins disaient : *Sine ullo discrimine*, et non pas *nullo*. Nous devons dire de même : *Sans aucun* effort, et non *sans nul* effort.»

Je ne pense pas que les poëtes doivent s'astreindre à suivre cette règle. D'ailleurs, nous employons *nul* sans égard à son étymologie : nous mettons la négative après ce mot dans des cas où les Latins ne la mettaient pas, et puis on trouve dans Pline, cité par le dictionnaire de Noël : *Nullo sine fine* (sans fin).

Baour-Lormian a dit, comme Molière, comme bien d'autres :

 Et l'on peut, croyez-moi, *sans nul* abaissement,
 Abjurer le transport d'un premier mouvement.
     (Jérusalem délivrée, V.)

 Monsieur, *sans nuls* délais,
 Nous voulons avec vous finir, coûte que coûte.
     (*Andrieux*, les Etourdis, III, 7.)

 Tout enfant que j'étais, *sans nul* discernement.
     (*Quinault*, la Mère coquette, III, 1.)

Ton être à l'univers ne tient par *aucuns nœuds*.
   (*Thomas*, Ode sur les devoirs.)

La brèche s'agrandit, les béliers toujours tonnent ;
Mais les fiers Sarrasins, qu'*aucuns dangers* n'étonnent.
   (*Baour-Lormian*, Jérusalem délivrée, XI.)

Mais, aux yeux de chacun et sans *nulles remises*,
Dans les formalités en pareil cas requises.
   (*Molière*, Depit amoureux, V, 7.)

Il est temps de marcher entouré de festons.
Dont *nuls chantres* jamais n'ont couronné leurs fronts.
   (*Delille*, l'Imagination, VIII.)

A tes devoirs par toi *nuls objets* préférés
N'ont distrait tes esprits sous ces bosquets sacrés.
   (*Cas. Delavigne*, le Paria, III, 1.)

De l'adjectif MÊME.

260. — Quand *même* est immédiatement précédé de l'article ou d'un équivalent, il s'accorde exactement avec son substantif : *le même homme, les mêmes hommes*; cet homme est le *même*, elles sont les *mêmes*.

Mais quand *même* est après un nom ou un pronom, les poëtes l'écrivent avec ou sans *s*, qu'il se rapporte ou non à un mot singulier ou pluriel; qu'on le considère comme *adjectif* ou comme *adverbe*.

1° MÊMES *avec s joint à un nom ou à un pronom singulier*.

Les blasphèmes
Qu'ils ont vomis tous deux contre Jupiter *mêmes*.
   (*Corneille*, Polyeucte, III, 2.)

« Corneille emploie indifféremment cet adverbe

« *même* avec un *s* ou sans *s*. Les poëtes, tant gênés
« d'ailleurs, peuvent avoir la liberté d'ôter ou d'a-
« jouter un *s* à ce mot. » (Voltaire, commentaire.)

> Jusqu'ici la fortune et la victoire *mêmes*
> Cachaient mes cheveux blancs sous trente diadèmes.
> (*Racine*, Mithridate, III, 5.)

> Déguise avec tant d'art ses confus stratagèmes,
> Qu'ils trompent la prudence et la sagesse *mêmes*.
> (*Baour-Lormian*, Jérusalem délivrée, II.)

> Moi-*mêmes*, à mon tour, je ne sais où j'en suis.
> (*Corneille*, le Menteur, V.)

Voltaire, qui approuve le Jupiter *mêmes*, blâme ce *moi-mêmes*, et, par une autre contradiction, il écrit *vous-mêmes*, dans *Mahomet*, quoique *vous* soit mis pour *tu* (acte III, 6) :

> Lâche et faible instrument des vengeances suprêmes,
> Les traits que vous portez vont tomber sur *vous-mêmes*.

2° Même *sans s, joint à un nom ou à un pronom pluriel.*

> Que ces prisonniers *même* avec lui conjurés.
> (*Corneille*, Héraclius, V, 7.)

« Dans la règle, il faudrait *ces prisonniers mêmes*;
« mais s'il n'est pas permis de retrancher un *s* en
« cette occasion, il n'y aura jamais une licence de
« pardonnable. » Voltaire.

> Je crois que votre front prête à mon diadème
> Un éclat qui le rend respectable aux dieux *même*.
> (*Racine*, Esther, II, 7.)

> Rien ne le couvre, et ses faiblesses *même*
> De ses vertus sont un gage certain.
> (*J.-B. Rousseau*, Épître au père Brumoy.)

Commandons aux cœurs *même*, et forçons les esprits.
(*Voltaire*, Alzire, I, 1.)

Il te confond de loin avec ces fables *même*,
Nuages du passé, qui couvrent ton poëme.
(*De Lamartine*, Child-Harold.)

En vain l'homme superbe invoque un dieu suprême ;
Tranquille au haut du ciel, il nous laisse à *nous-même* [1].
(*Voltaire*, Henriade, X.)

Soyons vrais, de nos maux n'accusons que *nous-même*.
(*La Harpe*, Warwick, V, 5.)

Mais si son bras puissant se retirait de nous,
S'il nous abandonnait sans retour à *nous-même*.
(*Baour-Lormian*, Jérusalem délivrée, II.)

De *vous-même* en secret ramassez les débris.
(Le poëte s'adresse aux rois.)   (*Lebrun*, la Nature, II.)

Il est de ces esprits favorisés des cieux,
Qui sont tout par *eux-même*, et rien par leurs aïeux.
(*Voltaire*, Mahomet, I, 4.)

Leur orgueil foule aux pieds l'orgueil du diadème :
Ils ont brisé le joug pour l'imposer *eux-même*.
(*Le même*, Brutus, I, 4.)

Dois-je encor te montrer nos duchesses fameuses,
Elles-même aux railleurs dénonçant leurs maris ?
(*Gilbert*. Satire I.)

C'est là, c'est en aimant, que, pour louer ton choix.
Les muses *d'elles-même* adouciront ta voix.
(*A. Chénier*, Elégies, XVIII.)

---

[1] Quelques éditions portent à *moi-même*, c'est une erreur. D'Aumale a dit deux vers plus haut :
   C'est de *nous* que dépend le succès des combats.
Il ne peut se substituer à la pluralité dans une sentence générale.

3° Mêmes avec s, *ne se rapportant à aucun nom
ni pronom, et dès lors adverbe.*

Dont *mêmes* au berceau les enfants te confessent.
(*Malherbe*, Paraphrase du psaume VIII.)

Et si *mêmes* un jour le lecteur gracieux...
(*Boileau*, Épître X.)

S'empare des discours *mêmes* académiques.
(*Le même*, Épître VIII.)

REMARQUE.

La licence qui consiste à ajouter un s à *même* est beaucoup plus rare que celle qui consiste à supprimer cette lettre, surtout aujourd'hui.

Des adjectifs CHAQUE, TOUT, TEL.

261. — *Chaque* âge, *chaque* peuple ont eu leur héroïne.
(*Delille*, la Pitié, III.)

L'usage de la prose est de mettre le verbe au singulier avec *chaque* ainsi répété. La même règle s'observe pour l'adjectif *tout*.

Tout rang, *tout* sexe, *tout* âge,
Doit aspirer au bonheur.
(*Voltaire*.)

Si le poëte eût eu besoin du pluriel pour former son vers, il ne se serait pas fait un scrupule de l'employer, d'autant mieux que, dans ce cas, le pluriel n'est point illogique.

262. — *Telle* qu'une bergère, aux plus beaux jours de fête,
De superbes rubis ne couvre point sa tête,
. . . .
Telle, aimable en son air, et simple dans son style,
Doit éclater sans pompe une élégante idylle.
(*Boileau*, Art poétique, II.)

Tel que le vieux pasteur des troupeaux de Neptune,
. . . .
Tel, aux premiers accents d'une sainte manie,
Mon esprit...
(*J.-B. Rousseau*, Ode au comte de Luc.)

Tel suivi de *que*, au commencement d'une comparaison, et répété (sans *que*) devant le nom de l'objet comparé, est une expression poétique, qui peut se permettre néanmoins dans la prose *soutenue*. Une grande question, non encore examinée, se présente ici : De quel genre doit être le premier *tel* dans cette construction ? S'accorde-t-il avec le premier substantif, ou avec le second devant lequel il est répété ?

Dans les exemples cités, les deux noms étant du même genre et du même nombre, la difficulté n'est point apparente. Cependant, l'analyse amène : *Une élégante idylle*, TELLE QU'*une bergère*.... *Mon esprit* TEL QUE *le vieux pasteur...* la réponse est facile. Cette analyse nous paraît logique, autrement, à quoi servirait ce *que*, s'il ne liait point les deux parties de la comparaison¹ ? Voici d'abord un exemple

---

¹ TEL QUE signifie à la rigueur *talis qualis*, comme TANT QUE, *tantum quantum, tam quam*. Ainsi, le premier *tel* nous paraît appartenir à l'objet comparé et non à l'objet auquel on le compare, quelle que soit la place du nom. Quand *tel* n'est pas suivi de *que*, mis pour *quel*, c'est tout différent.

simple, où Lebrun, en parlant du globe de la terre, dit :

> *Tel* qu'on nous peint Délos, au sein des eaux flottante,
> Tu *le* vois dans sa course invisible et constante.
>
> (Ode à Buffon.)

S'il eût mis au second vers, *tel* tu le vois... aurait-il fallu changer le genre du premier *tel* et le faire accorder avec Délos *flottante*? Nous ne le pensons pas, et voici, entre cent exemples qu'on pourrait citer, un passage de Baour-Lormian conforme à notre opinion :

> *Tel* qu'une ourse en courroux, sur les Alpes lancée,
> Saisit les longs épieux qu'avec rage elle mord,
> *Tel* le Circassien se jette sur Tancrède.
>
> (Jérusalem délivrée, VI.)

Maintenant, les poëtes, par une espèce de syllepse, peuvent-ils faire accorder le premier *tel* avec le premier substantif objet de la comparaison ; en un mot, Baour-Lormian aurait-il pu mettre, si la mesure l'eût exigé, *telle qu'une ourse ?*.... Nous pensons que oui, et le même poëte nous fournit cette construction (*Jérusalem déliv.*, VII) :

> *Telle que*, dans un ciel morne, affreux et livide,
> De malheurs, de fléaux une comète avide
> Luit,
> *Tel* resplendit Argant sous la terrible armure [1].

---

[1] Un exemple analogue se trouve encore au chant XIII du même ouvrage.

Voici d'autres exemples :

> *Telle qu*'en sa course effrayante
> Une comète foudroyante,
> Au sein des airs épouvantés,
> Choquerait de son front terrible
> L'astre bienfaisant et paisible
> Que parent ses feux argentés ;
>
> *Tels*, au sein du liquide abîme,
> Deux mondes, quel instant sublime !
> S'entrevirent avec effroi ;
> L'un paré d'or et d'innocence,
> L'autre armé de fer, de vengeance ;
> Et tous deux ont l'homme pour roi !
> (*Lebrun*, Odes, liv. II.)

> *Tel que* Virgile a peint le vieux Protée
> . . . .
> *Telle*, aux regards de la splendide cour,
> La *déité* plaisamment versatile
> Change de forme à chaque instant du jour.
> (*Palissot*, la Dunciade, I.)

263. — Lorsque *tel* s'emploie sans *que*, et qu'il est répété devant les deux noms, termes de la comparaison, toute difficulté disparaît, cet adjectif prend chaque fois le genre et le nombre du substantif le plus proche et qu'il modifie : on trouve à chaque instant cet accord dans les écrivains. Delille l'offre très fréquemment, ce n'est donc point par ignorance qu'il a écrit les vers suivants :

> *Tel*, dans ce labyrinthe oblique et tortueux,
> Mille feintes *erreurs*, mille fausses *issues*,
> En un piége invisible adroitement tissues,
>
> . . . .
> *Tel*, on voit des dauphins les *troupes* vagabondes
> Se chercher, s'éviter, se jouer sur les ondes ;
> *Tels* jouaient ces guerriers...
> (Enéide, V.)

Voilà donc *tel* invariable, mis en rapport avec des noms féminins et pluriels. C'est que le poëte a considéré *tel* comme adverbe, ayant la même valeur que *ainsi que, comme,* dans leur sens comparatif. Lebrun, Baour-Lormian et Lamartine ont employé aussi *tel que* pour *ainsi que :*

> L'*âme*, fille de Jupiter,
> De l'avenir perce les ombres ;
> *Tel* qu'au fond des nuages sombres
> Pénètre le brillant éclair.
> (Odes, liv. II.)

Tel que luit un rayon parmi les *flots* limpides,
La *flamme* du désir brille en ses yeux humides.
(Jérusalem déliv., XVI.)

C'était une superbe et vile créature,
. . . .
Tel qu'on en voit encor sur la terre aujourd'hui.
(Chute d'un ange, première vision.)

On ne peut rapporter ce dernier exemple à la syllepse du numéro précédent. Dans les vers de Delille, *tel* peut être regardé comme un mot neutre ou adverbial ; je ne crois pas qu'on puisse condamner cette tournure de phrase.

264. — La Fontaine a dit, dans sa fable de *la Chauve-Souris et les deux Belettes :*

> La dame du logis, avec son long museau,
> S'en allait la croquer en qualité d'oiseau,
> Quand elle protesta qu'on lui faisait outrage :
> Moi pour *telle* passer ! Vous n'y regardez pas.

M. Charles Nodier trouve un solécisme dans ce dernier vers ; il pense que *tel* doit s'accorder avec *oiseau*.

Nous croyons que le genre féminin est plus naturel que le masculin, qui pourrait se mettre néanmoins. La belette ne dit point : *moi passer pour tel oiseau;* il y a une autre ellipse : *moi passer pour telle créature,* ou *passer pour être telle! Telle* est plutôt en rapport avec *moi* qu'avec tout autre mot. Qu'on fasse des applications, on s'en convaincra.

DES LICENCES DANS L'EMPLOI DES PRONOMS. — PRONOMS PERSONNELS. — PRONOMS CONJONCTIFS.

§ I. *Des pronoms personnels.*

265. — Les pronoms personnels, employés en compléments des verbes, subissent des transpositions soit à l'impératif, soit aux autres modes.

Après deux verbes à l'impératif, et à la même personne, on peut mettre le pronom complément avant le second verbe, tandis que sa place habituelle est marquée après, pour la règle de la prose, qui a laissé cette tournure à la poésie, car elle l'admettait aussi autrefois.

Polissez-*le* sans cesse, et *le* repolissez.
(*Boileau*, Art poétique, I.)

Sauvez-*vous*, et *me* laissez paître.
(*La Fontaine*, Fables, VI, 8.)

Passez votre chemin, la fille, et m'en croyez.
(*Le même,* Fables, III, 1.)

Vous attendez le roi, parlez, et *lui* montrez.
Contre le fils d'Hector tous les Grecs conjurés.
(*Racine,* Andromaque, I, 2.)

Allez, La Fleur, trouvez-*le* et *lui* portez
Trois cents louis que je crois bien comptés.
(*Voltaire,* la Prude, II, 1.)

Rappelez ces devoirs et *les* accomplissez [1].
(*Lamotte,* Inès de Castro.)

Quand les verbes sont à des personnes différentes cette construction n'est point autorisée, et l'on a repris Molière d'avoir dit:

Approchons cette table et *vous* mettez dessous.
(Tartuffe.)

DES PRONOMS PERSONNELS RÉGIMES HORS DE L'IMPÉRATIF.

266. — Lorsque deux verbes sont de suite, et qu'il se trouve un pronom personnel régime du second, l'usage de la prose est de mettre ce pronom entre les deux verbes, immédiatement avant le verbe dont il est complément. En poésie, on peut placer ce pronom avant les deux verbes : ce vers de La Fontaine offre les deux constructions :

L'un voulait *le* garder, l'autre *le* voulait vendre.
(Les Voleurs et l'Âne.)

---

[1] Observez que cette construction ne pourrait avoir lieu sans la conjonction *et* entre les deux impératifs.

Cette construction poétique a l'inconvénient de réunir quelquefois deux accents toniques ; mais elle a l'avantage de rapprocher, d'allier deux idées verbales en dépendance l'une de l'autre, et dont l'expression simultanée est souvent d'un bel effet.

Viens, suis-moi, la sultane en ces lieux *se doit rendre*.
(*Racine*, Bajazet, I, 1.)

Vous prétendez que j'aime, et vous *m'osez le dire*[1].
(*Corneille*, Rodogune, IV, 1.)

Nommez-moi les perfides
Qui *vous* osent donner ces conseils parricides.
(*Racine*, Britannicus, IV, 3.)

Se venir à mes yeux déclarer mon amant !
(*Le même*, Bérénice, I, 4.)

Oui, je *le* vais trouver, je *lui* veux obéir.
(*Voltaire*, Zaïre, V, 3.)

Je *te les* vais montrer l'un et l'autre à la fois.
(*Racine*, Athalie, V, 5.)

Dans cet exemple, il y a transposition de deux pronoms. La même construction a lieu avec les pronoms *en, y* :

Je t'en veux dire un trait assez bien inventé.
(*La Fontaine*, Fables, III, 4.)

Son disciple jaloux, prompt à l'abandonner,
Se retire au lycée, et *m'y* veut entraîner.
(*L. Racine*, la Religion, III.)

Quelques-unes de ces transpositions peuvent être

---

[1] Corneille pouvait mettre encore *vous me l'osez dire*. En prose, vous osez *me le dire*.

tolérées en prose dans certaines circonstances; mais Laveaux (*Diction. des difficultés,* au mot *se*) dit que c'est aujourd'hui une licence que la difficulté de la rime ou de la mesure peut seule faire excuser.

267. — Cette licence en a produit une autre assez remarquable, le changement de l'auxiliaire dans la conjugaison du premier verbe, où *être* remplace *avoir* :

> La mort ne surprend point le sage,
> Il est toujours prêt à partir
> S'étant su lui-même avertir.
> (*La Fontaine,* Fables, VIII, 1.)

> Et Mignot aujourd'hui *s'est voulu* surpasser.
> (*Boileau,* Satire III.)

> Il *s'est osé* promettre un traitement plus doux.
> (*Corneille.....*)

268. — Les pronoms personnels en régimes doivent se répéter devant chaque verbe à un temps simple : *Je vous aime et vous honore;* cependant, en poésie, on peut se dispenser de la répétition dans certains cas :

> Pour moi, du fond du cœur je *vous* aime et respecte.
> (*Andrieux,* le vieux Fat, I, 2.)

> La raison, la vertu, je *vous* aime et révère.
> (*Le même,* la Comédienne, III, 7.)

269. — Il est permis de supprimer le pronom personnel réfléchi devant le verbe à l'infinitif régime d'un autre verbe :

> Je la laisse *expliquer* sur tout ce qui me touche.
> (*Racine,* Britannicus, III, 8.)

Je vous laisse à regret *éloigner* de ma vue.
(*Le même*, même pièce, V, 1.)

Et tant mieux! j'aime à *voir quereller* les méchants :
C'est un repos du moins pour les honnêtes gens.
(*Collin-d'Harleville*, le vieux Célibataire, V, 1.)

SUPPRESSION ET RÉPÉTITION DES PRONOMS PERSONNELS SUJETS.

270. — En prose, on répète, et l'on doit répéter presque toujours les pronoms personnels sujets dans deux cas : 1° lorsque les verbes sont à des temps différents ; 2° lorsque l'on passe du sens négatif au sens affirmatif. Les vers peuvent déroger à cette construction:

J'ignore tout le reste,
Et *venais* vous conter ce désordre funeste.
(*Racine*, Athalie, II, 3.)

J'*aurai vécu* sans crime, et *mourrai* sans remords.
(*La Fontaine*, Fables.)

Tu *commis* une faute, et *sais* la réparer.
(*Thomas*, Pétréide, ch. II, de la France.)

Je *l'ai vu* sans envie et le *vois* sans alarmes.
(*Marmontel*, Aristomène, I, 1.)

C'est qu'il est des moments où je me trouve seul,
Et *porterais*, je crois, envie à mon filleul.
(*Collin-d'Harleville*, le vieux Célibataire, II, 1.)

Je *ne* me contrains *pas*, et dis ce que je pense.
(*Regnard*, Ménechmes, III, 9.)

REMARQUES.

271. — 1° En prose, nous venons de le dire, on ne peut passer du sens négatif au sens affirmatif sans répéter le pronom sujet du second verbe, du moins c'est la règle ; il n'en est pas de même quand on passe de l'affirmation à la négation : *je veux et ne puis pas*.

2° En prose, quand il y a une énumération d'actes exprimés par des verbes dans une période d'une certaine étendue, il est indispensable d'exprimer le pronom sujet de chaque proposition ; en vers, l'ellipse du pronom est fréquente et poétique :

Elle ordonne, et *tu* peins l'allégresse et l'effroi,
Animes les festins, *échauffes* les batailles,
Mêles des pleurs sanglants au deuil des funérailles.
(Delille, l'Imagination, V.)

Enfin, dans les phrases semblables ou analogues à celle-ci, de Collin-d'Harleville (*les Artistes*, II, 10) :

En un mot, tous les trois *saurons* nous réunir,

il faudrait employer le pronom personnel sujet.

272. — *Emploi des pronoms* DE LUI, D'ELLE, D'EUX, D'ELLES, *au lieu du pronom* EN, *avec des noms de choses*.

En prose, les pronoms *de lui, d'elle, d'eux, d'elles*, ne peuvent s'employer qu'en relation avec un nom de personne ; pour les choses, on se sert du pronom EN. La versification permet l'usage de ces pronoms personnels même pour les choses, dans les cas qui ne blessent ni le goût, ni l'oreille. Voltaire n'a pas toujours été heureux à s'en servir ; les exemples suivants n'ont rien de choquant :

Voit d'un œil assuré sa fortune cruelle,
Et tombant sous ses coups songe à triompher *d'elle*.
(*Voltaire*, Henriade, VIII.)

Et vous verrez des étoffes nouvelles
D'un goût charmant; oh! rien n'approche *d'elles*.
(*Le même*, Nanine, III, 5.)

Détache-la, je souffre à me séparer *d'elle*.
(*Delille*, l'Imagination, VI.)

Dans ce dernier vers, il s'agit d'une montre. En général, on peut dire que *d'elle, pour elle*, etc., font rarement un bon effet à la fin d'un vers, surtout s'il termine la phrase. *De lui, d'eux*, sont plus rares.

La joie est loin encor; le désespoir a fui;
Mais, fille du malheur, elle a des traits *de lui*.
(*Delille*, l'Imagination, III.)

Ce dernier hémistiche n'est pas élégant.

§ II. *Pronoms conjonctifs*.

Du pronom QUI.

273. — Ce pronom ne peut s'employer en complément d'une préposition, que dans le cas où son antécédent est un nom de personne; en rapport avec un nom de chose, on se sert de *lequel, laquelle*, etc., *quoi*. En poésie, cette distinction est nulle.

C'est l'acheter trop cher que l'acheter d'un bien
    Sans *qui* les autres ne sont rien.
(*La Fontaine*, Fables, IV, 13.)

Votre vie est pour moi d'un prix à *qui* tout cède.
(*Racine*, Phèdre, III, 4.)

Il a brisé la lance et l'épée homicide
Sur qui l'impiété fondait son ferme appui.
(*J.-B. Rousseau*, Odes, liv. I.)

Des jours *à qui* les miens ont été destinés.
(*Voltaire*, Œdipe, III, 2.)

Ce sont là les vertus, les trésors assurés
Qui ne vieillissent point, et *par qui* vous vivrez.
(*Lefranc de Pomp.*, Discours en vers.)

Montons-y, cherchons-y la palme *à qui* tout cède.
(*De Lamartine*, Ch. d'un ange, XII.)

Nous n'avons pas été médiocrement surpris de lire dans M. Quicherat que cette licence est surannée : elle est très commune, même dans les poëtes contemporains.

Du pronom QUE.

274. — Le pronom *que* s'employait autrefois en prose comme en vers pour le pronom *où*, en relation avec un nom de temps. Laveaux dit avec raison que cette tournure a vieilli ; mais il devait ajouter que la poésie l'a conservée.

Qu'as-tu fait de tes pieds ? Au moment *qu*'elle rit,
  Son tour vient.....
(*La Fontaine*, Fables, V, 17.)

Non, non, le temps n'est plus *que* Néron, jeune encore,
Me renvoyait les vœux d'un peuple qui l'adore.
(*Racine*, Britannicus, I, 2.)

J'entends ; depuis le jour *que* je fus outragé.
(*Voltaire*, l'Orphelin, II, 2.)

Approchez, mes enfants ; enfin, l'heure est venue
Qu'il faut que mon secret éclate à votre vue.
(*Racine*, Mithridate, III, 1.)

Témoin ce certain jour *qu*'il prit la Silésie.
(*Andrieux*, le Meunier Sans-Souci.)

Elle garde un tison qu'au jour *qu*'elle eut un fils,
Sur un autel ardent les Parques avaient mis.
(*De Saint-Ange*, Métamorphoses, VIII, 10.)

Du pronom où.

275. — Ce pronom, en prose, s'emploie en relation avec un nom de temps ou de lieu, et signifie *dans lequel*, etc. Le siècle *où* vivait le Tasse, le livre *où* j'ai lu sa vie. La poésie va bien plus loin : elle autorise l'emploi de *où* pour *auquel, dans lequel*, etc., en relation avec tout substantif de personne ou de chose animée ou inanimée :

Il ne reste que moi
Où l'on découvre encor les vestiges d'un roi.
(*Racine*, Alexandre, II, 2.)

Dois-je croire qu'au rang *où* Titus la destine.
(*Le même*, Bérénice, I, 2.)

Je romps le joug funeste *où* les Juifs sont soumis.
(*Le même*, Esther, III, 7.)

Et ce grand sacrifice *où* son cœur se résout.
(*Marmontel*, Aristomène, I, 3.)

Ah! combien doit frémir son ombre infortunée
Des maux *où* ta famille est encor destinée !
(*Crébillon*, Electre, I, 1.)

Reine, l'excès des maux *où* la France est livrée...
(*Voltaire*, Henriade, II.)

A l'aspect des grandeurs *où* vous n'osiez penser.
(*Le même*, Mahomet, V, 1.)

Ne blâme point l'amour *où* ton frère est en proie.
(*Le même*, Adélaïde, II, 2.)

Des récits où ton cœur n'osait ajouter foi.
(*Baour-Lormian*, Jérusal. déliv., XIII.)

Molière, La Bruyère et d'autres écrivains du siècle de Louis XIV se sont quelquefois servis de cette tournure dans la prose ; elle en est complètement bannie aujourd'hui.

Du pronom DONT.

276. — On établit une distinction fondée entre *dont* et *d'où*. Ce dernier marque toujours une idée d'éloignement d'un lieu, et dans ce cas la prose correcte n'emploie jamais *dont*; mais cette distinction est nulle pour la poésie ; Voltaire même n'y tenait pas toujours dans sa prose.

Le corps né de la poudre à la poudre est rendu,
L'esprit retourne au ciel *dont* il est descendu.
(*L. Racine*, Religion, II.)

L'un meurt, et dans la poudre il reste confondu,
L'autre retourne au ciel *dont* il est descendu.
(*Lebrun*, la Nature, I.)

Dans le néant *dont* on les sut tirer.
(*J.-B. Rousseau*, Ep. au P. Brumoi.)

Cette bouche, ces yeux *dont* jaillissent des flammes.
(*Voltaire*, le Marseillais.)

Les entraves de la versification ne forçaient point Voltaire à employer ce pronom dans ce dernier vers.

Des lieux qu'ils habitaient, et *dont* ils descendirent.
(*Le même*, Les Trois Emp. en Sorbonne.)

277. — *Dont* s'emploie en poésie, et seulement en poésie, au lieu de *avec lequel*, *par le moyen duquel*, etc.

Je ne m'étonne plus de cette violence
Dont il contraint Auguste à garder sa puissance.
(Corneille, Cinna, III, 1.)

Une sorte de bras dont il s'élève en l'air.
(La Fontaine, Fables, VI, 5.)

Et leurs livres, un dé, du fil et des aiguilles,
Dont elles travaillaient au trousseau de leurs filles.
(Molière, Femmes savantes, II, 7.)

Quel pouvoir a brisé l'éternelle barrière
Dont le ciel sépara l'enfer de la lumière ?
(Voltaire, Sémiramis, III, 2.)

« Proprement *dont* signifie *de qui, duquel*, et non
« *par qui, par lequel*; mais en poésie l'usage des
« meilleurs écrivains et l'avantage de la précision
« autorisent cette acception. » La Harpe.

Laveaux, en citant ce vers d'une épitre de Voltaire :

L'heureux talent *dont* vous charmez la France,

approuve cette expression en poésie. Cependant, ce pronom est mal employé dans ces vers de Quinault (*Persée*) :

Mais l'excès étonnant de la difformité
Dont me punit sa cruauté,
Fera connaître, en dépit d'elle,
Quel fut l'excès de ma beauté.

Cela fait entendre que Méduse a été punie à cause de sa difformité, et ce n'est pas ce qu'elle veut dire.

Du pronom DONT *après* QUELQUE.

278. — On dit toujours en prose : *de quelque ménagement* que j'use. En vers, on peut suivre cette construction ; mais, par une licence permise aux grands poètes, dit Geoffroi, et dont aucun ne se prive à l'occasion, on peut renverser cet ordre, et réunir *de* et *que*, pour en faire *dont :*

Quelque orgueil en secret *dont* s'aveugle un auteur,
Il est fâcheux, grand roi, de se voir sans lecteur.
(*Boileau*, Ep. I, au Roi.)

Quelque indignation *dont* leur cœur soit rempli,
Ils goberont l'appât, vous serez leur ami.
(*La Fontaine*, Fables, VIII, 6.)

Mais *quelque* noble ardeur *dont* ils puissent brûler...
(*Racine*, Athalie, I, 2.)

Quelque juste fureur *dont* je sois animée,
Je ne puis point à Rome envoyer une armée.
(*Corneille*, cité par Lemare.)

Il est bon, *quelque* orgueil *dont* s'enivrent les belles,
De leur montrer pourtant qu'on peut se passer d'elles.
(*And. Chénier.*)

Racine a même dit avec le pronom *où :*

Quelque rang *où* jadis soient montés mes aïeux,
Leur gloire de si loin n'éblouit point mes yeux.

La Société grammaticale a blâmé cette construction, sur cette observation de Lemare, que, dans la phrase citée, *quelque rang* n'est ni sujet ni complément. Nous ferons remarquer, à notre tour, que, s'il fallait condamner et rejeter toutes les expressions qui sont dans ce cas, et qui ont de l'analogie avec l'ablatif absolu des Latins, on mutilerait singulièrement la langue. D'un autre côté, ne peut-on pas regarder ces noms précédés de *quelque*, comme des compléments d'une préposition, *malgré, avec?*

DONT *remplacé par* DE QUI.

279. — La prose n'admettrait pas la construction suivante, qui est très commune, et très bonne en poésie :

Je chante les héros dont Esope est le père,
Troupe *de qui* l'histoire, encor que mensongère...
 (*La Fontaine,* Epît. au Dauph.)

Ils sont comme ces corbeaux
De qui la troupe affamée,
Toujours de rage animée,
Croasse autour des tombeaux.
 (*J.-B. Rousseau,* Odes, liv. III.)

Pour hâter un bonheur *de qui* dépend le sien.
 (*Delille,* L'Homme des champs, II.)

Des pronoms conjonctifs construits avec C'EST.

280. — On dit, en prose, c'est à vous *que* je veux parler, c'est *de* vous *que* je parle ; en vers, on peut prendre un autre tour, et changer la préposition de place : c'est vous A qui je veux parler, *c'est* vous DONT je parle :

Ce n'est pas vous, c'est l'*idole*
A QUI cet honneur se rend.
 (*La Fontaine,* Fables, V, 14.)

Est-ce *vous* désormais DONT je dois me garder ?
 (*Corneille,* Rodogune, V, 4.)

C'est votre illustre *mère* A QUI je veux parler.
 (*Racine,* Athalie, III, 2.)

C'est votre auguste *fille* A QUI nous le devons.
 (*Voltaire,* Zulime, V, 3.)

Ce sont nos *parlements* DONT il s'agit ici.
(*Voltaire*, les Cabales.)

C'est *vous*, digne Français, A QUI je viens parler.
(*Le même*, Zaïre, II, 2.)

Ce sont *les tyrans* sans courage,
A QUI je ne dois pour hommage
Que de l'horreur et du mépris.
(*Le même*, Ode à la Vérité.)

Serait-ce *une immortelle* à QUI tu dois le jour?
(*De Saint-Ange*, Métam., IV, 6.)

Quoi! c'est *vous* DONT j'ai reçu la vie!
(*Chénier*, Henri VIII.)

Est-ce lui DONT j'attends mon bonheur et ma joie?
(*Andrieux*, le Trésor, I, 4.)

On trouve quelques exemples de cette licence chez les prosateurs; mais ils sont contre l'usage actuel. Observons encore qu'elle a le plus souvent lieu avec les prépositions *à* et *de*, quelquefois avec les prépositions *pour, par, avec, en*. On dirait donc bien, en vers : *C'est vous pour qui je souffre; c'est vous* EN QUI j'espère.

C'est Duchemin *chez qui* je prétends te placer.
(*Collin-d'Harleville*, les Riches, II, 3.)

Personne verbale après QUI.

281. — En prose, le conjonctif *qui* se rapporte toujours aux pronoms *moi*, *toi*, quand il en est précédé : *moi qui suis, c'est toi qui veux*, etc. En vers, il est une circonstance où, par ellipse, cet accord peut ne pas avoir lieu, c'est quand la première proposition est négative :

Et je ne vois que vous qui le *puisse* arrêter.
(*Corneille*, Nicom., I, 1.)

Britannicus est seul, quelque ennui qui le presse,
Il ne voit dans son sort que *moi qui s'intéresse.*
(*Racine*, Britannicus, II, 3.)

Geoffroi dit avec raison qu'il faudrait *à son sort.* Il approuve le reste, ainsi que Marmontel[1].

Je ne vois plus que vous *qui la puisse* défendre.
(*Le même*, Iphigénie, III, 5.)

Il n'avait plus que *moi qui pût* le secourir.
(*Voltaire*, Henriade, III.)

Je ne sais que *vous* seul *qui pût* s'être mépris.
(*Boursault*, le Mercure galant, IV, 5.)

O Richard, ô mon roi,
L'univers t'abandonne,
Sur la terre il n'est donc que *moi*
Qui s'intéresse à ta personne.
(*Sedaine*, Richard Cœur-de-Lion.)

Dans tous ces exemples, on sous-entend *personne, aucun mortel,* après le premier verbe, comme antécédent du conjonctif *qui.* Molière a même dit (*Femmes savantes*, III, 2) :

Nous chercherons partout à trouver à redire,
Et ne verrons que *nous qui sachent* bien écrire.

Dans l'*Examen de la Grammaire des grammaires*, nous avons passé condamnation sur cette phrase, parce que l'ellipse du mot *personne* ne suffit plus

---

[1] S'*intéresser dans* se disait cependant alors au moral, témoin ce vers de Boursault (*Esope à la ville*, I, 1) :
Et combien *dans* ton sort ton père s'intéresse.

pour l'expliquer. M. Bécherelles l'approuve, mais M. A. Lemaire, éditeur de la *Grammaire des grammaires*, 1842, se range à notre opinion, que nous serions prêt à modifier en faveur des poëtes, si plusieurs se fussent exprimés comme Molière.

PLACE DES PRONOMS CONJONCTIFS.

282. — La règle de la prose est de rapprocher le plus possible le pronom conjonctif de son antécédent. Il n'y a d'exception que pour le cas où la proposition incidente est de beaucoup plus longue que la principale ; exemple : « Et cette convention est « absurde et barbare, *qui* tend à corrompre et à « mutiler dans la peinture les beautés de l'origi- « nal. » (Marmontel, *Élém. de littér.*, *Déclamation*.) Cette tournure est même peu usitée, elle est plutôt du style de l'éloquence qui se rapproche du style poétique, et, avec *que* et *dont*, ce genre de transposition est étranger à la prose. La poésie, au contraire, l'offre souvent, et, en cela, notre langue se rapproche des langues anciennes.

1°   *Transposition avec* QUI.

Et d'un *Grec* là-dessus je suis le sentiment,
Qui par un dogme exprès défend à tous les sages.
(*Molière*, Femmes savantes, III, 5.)

Phénix même en répond, *qui* l'a conduite exprès [1].
(*Racine*, Andromaque, V, 11.)

---

[1] L'abbé d'Olivet, homme de goût, mais puriste timoré, blâme ce vers, que Desfontaines a défendu contre lui. Geoffroi approuve celui que nous citons des Plaideurs.

Mon *père* va venir, *qui* pourra vous entendre.
(*Racine*, les Plaideurs, II, 2.)

Ce *héros* dans mes bras est tombé tout sanglant,
Faible et *qui* s'irritait contre un trépas trop lent.
(*Le même*, Mithridate, V, 4.)

Et le *chemin* est court *qui* mène jusqu'à lui.
(*Racine*, Athalie, III, 6.)

La *déesse*, en entrant, *qui* voit la nappe mise.
(*Boileau*, Lutrin, I.)

Un *monstre* dans Paris croît et se fortifie,
Qui, paré du manteau de la philosophie.
(*Gilbert*, Satire I.)

Ces *traits* éloquents ont pâli,
Qui de l'âme élancés pénétraient jusqu'à l'âme.
(*Cas. Delavigne.* Funér. du gén. Foy.)

Semblable à l'*alcyon*, que la mer dorme ou gronde,
Qui dans son nid flottant s'endort en paix sur l'onde.
(*De Lamartine*, Médit. sur la philos.)

2° *Transposition avec* QUE.

Une *fille* en naquit, *que* sa mère a célée.
(*Racine*, Iphigénie, V, 6.)

Que George vive ici, puisque George y sait vivre,
*Qu'*un million comptant par ses fourbes acquis,
De clerc jadis laquais a fait duc ou marquis.
(*Boileau*, Satire I.)

Déjà même un *logis* se présente à ses yeux,
*Qu'*environne l'enclos d'un terrain spacieux.
(*Delille*.)

3° *Transposition avec* DONT.

Que Jaquin vive ici, *dont* l'adresse funeste
A plus causé de maux que la guerre et la peste.
(*Boileau*, Satire I.)

Un *prince* nous poursuit, *dont* le fatal génie,
Dans cette ignominie
De notre antique gloire éteint tous les rayons.
(*J.-B. Rousseau*, Odes, liv. III.)

Un *juge* nous attend, *dont* la main équitable
Tient de nos actions un compte redoutable[1].
(*L. Racine*, la Religion.)

QUEL *en interrogation, pour* QUI, *ou* QUE.

283. — Comme l'interrogation *qui es-tu, qui est-il*, ne peut figurer dans un vers, à cause de l'hiatus, les poètes disent *quel est-il ?*

Mais cet enfant fatal, Abner, vous l'avez vu :
Quel est-il ? de quel sang, et de quelle tribu ?
(*Racine*, Athalie, II, 5.)

Quel es-tu ? de quel sang les dieux t'ont-ils fait naître ?
(*Voltaire*, Mahomet, III, 9.)

Que je plains cet époux, ce père citoyen.....
Quel est-il ?   (*Marmontel*, Aristomène, I, 2.)

Quel es-tu ? Je suis roi du peuple souterrain.
(*Thomas*, Pétréide, ch. des Mines.)

Berger, *quel* es-tu donc, qui t'agite, et quels dieux
De noirs cheveux épars ombragèrent tes yeux ?
(*A. Chénier*, Idylles, III.)

Quel es-tu, lui dit-il, ô fantôme insolent ?
(*Baour-Lormian*, Jérusal. déliv., X.)

C'est une ellipse : *quel* homme, *quel* être es-tu ?

---

[1] On peut faire aussi cette transposition avec *où* :

On a porté partout des *verres* à la ronde,
Où les doigts des laquais, dans la crasse tracés,
Témoignaient par écrit qu'on les avait rincés.
(*Boileau*, Satire III.)

DES LICENCES DANS L'EMPLOI DES VERBES.

Orthographe des verbes. — Concordance des temps, énallage. — Accord du verbe avec le sujet. — Emploi de l'indicatif pour le subjonctif. — Complément des verbes. — Observations sur quelques verbes.

§ I. *Orthographe des verbes.*

284. — L'orthographe des verbes est uniforme dans la prose; mais dans les vers, la première et la seconde personne du singulier peuvent perdre le *s* figuratif, si la rime l'exige. Cette licence n'est cependant pas d'une généralité absolue.

PRÉSENT DE L'INDICATIF, PREMIÈRE PERSONNE.

1° *Verbes de la 2ᵉ conjugaison, en* IR.

Ah! bon Dieu! je *frémi!*
Pandolphe qui revient, fut-il bien endormi?
(*Molière*, l'Etourdi, II, 5.)

Visir, songez à vous, je vous en *averti*[1].
Et, sans compter sur moi, prenez votre parti.
(*Racine*, Bajazet, II, 3.)

---

[1] « Les poëtes, dit Geoffroi (*Commentaire sur Bajazet*), avaient autrefois la liberté de supprimer la lettre *s* à la fin des mots, en faveur de la rime. On lit dans Corneille :

« Prends un cœur plus hardi,
« Et, sans me répliquer, fais ce que je te *di*.

« Malherbe fait rimer je *couvri* avec *Ivry*, et Ménage prétend

Son père de tout temps est mon plus grand ami,
Et l'affaire est conclue. — Ah! monsieur, j'en *frémi*.
(*Corneille*, le Menteur, II, 5.)

Quoi! monsieur, vous étiez fermier-général, — Oui, —
Mais je ne le suis plus, — Et je m'en *réjoui*.
(*Andrieux*, Helvétius, sc. 9.)

On le ménage ; au fait, c'est un très bon parti.
Prenez-y garde, enfin, je vous en *averti*.
(*Collin-d'Harleville*, les Riches, I, 4.)

Vous n'êtes pas, monsieur, un maître italien,
— Lui, c'est le chevalier. — Il est vrai, j'en *convien*.
(*Regnard*, le Distrait, III, 5.)

Non, il ne put l'y trouver, j'en *convien*,
Mais ce grand juge y retrouva fort bien.
(*J.-B. Rousseau*, Epître à Thalie.)

Ce bruit est faux, je le *soutien* (en rime avec *bien*).
(*Dorat*, Epître à Mlle Clairon.)

« qu'il faut écrire je *couvri*, et non je *couvris* ; que le s n'a été
« ajouté que pour favoriser les poëtes. Aujourd'hui, de toutes ces
« licences, il ne reste aux versificateurs que *je voi*, *je croi*, au
« lieu de *je vois*, *je crois*. »

Geoffroi se trompe, comme nos citations le prouvent. Voici l'opinion de Voltaire sur cette question (*Commentaire sur Héraclius*, II, 5) :

« Je *connoi* pour je *connois* est une liberté qu'ont toujours
« eue les poëtes, et qu'ils ont conservée : il leur est permis d'ôter
« ou de conserver cette s à la fin du verbe, à la première per-
« sonne du présent. »

Nous verrons que Voltaire a été plus loin ; il a supprimé, comme bien d'autres, le s à la seconde personne de l'impératif.

Louis Racine pense qu'il faudrait interdire cette licence aux poëtes, et lui-même en a usé plusieurs fois dans le poëme de la *Religion*.

Autrefois, les premières personnes des verbes ne prenaient point de s au singulier. Les poëtes introduisirent cette lettre comme euphonique, pour éviter les hiatus ; c'était une licence, et ensuite, quand cette orthographe fut généralisée par la prose, les poëtes se permirent la suppression du s par une licence contraire. (Voyez d'Olivet, *Remarques sur Racine*, IX.)

L'Académie, en 1798, donnait encore *je sais* ou *je sai*.

Je vais par le collége entamer l'entretien,
Il ne s'ennuiera pas, je cours et je *revien*.
            (*Cas. Delavigne*, Ecole des Vieillards, III.)

Dans cette conjugaison, la suppression du *s* est très rare pour les verbes dont le présent est en *is*, comme je *frémis*, je *finis*; elle est, au contraire, très commune dans ceux dont le présent est en *iens*. Racine a mis aussi *je tien* dans *les Plaideurs*. On trouve *je vien, je tien*, etc., assez fréquemment dans Andrieux.

2°   *Verbes de la troisième conjugaison, en* OIR.

Ce discours te surprend, docteur, je l'*aperçoi* :
L'homme, de la nature est le chef et le roi.
                (*Boileau*, Satire VIII.)

Mes yeux sont éblouis du jour que je *revoi*,
Et mes genoux tremblants se dérobent sous moi.
                    (*Racine*, Phèdre, I, 3.)

J'ai toujours refusé l'encens que je te *doi*.
C'est donc en vain, Seigneur, que, m'attachant à toi.
                (*J.-B. Rousseau*, Odes, liv. I.)

Sans doute, il est sacré, ce livre dont je *voi*
Tant de prédictions s'accomplir devant moi.
            (*L. Racine*, la Religion, III.)

Ces traits chers et charmants, que toujours je *revoi*,
Se montrent dans mon âme entre le Ciel et moi.
                (*Voltaire*, Zaïre, IV, 1.)

Joas peut me toucher; cependant je n'y *voi*
Qu'un enfant malheureux menacé d'être roi.
                (*Delille*, l'Imagination, V.)

Ne me dérobez point l'espoir que j'en *conçoi*.
— Je ne te blâme point, j'ai pensé comme toi.
            (*Ducis*, OEdipe ch. Admète, III, 2.)

       Je le *revoi*
Cet excellent ami ; va, je pensais à toi.
     (*Cas. Delavigne*, les Comédiens, II, 4.)

Monsieur, ce galant homme a le cerveau blessé ;
Ne le savez-vous pas ? — Je sais ce que je *sai*.
       (*Molière*.)

Il avait l'air content... C'est tout ce que je *sai*.
— Je ne demande pas s'il était triste ou gai.
     (*Dorat*, la Feinte par amour, II, 4.)

On trouve souvent *je sai* dans Collin-d'Harleville. Toutes ces licences sont très usitées.

3° *Verbes de la quatrième conjugaison, en* RE.

Hai, hai ! mon petit nez, pauvre petit bouchon,
Tu ne languiras pas longtemps, je t'en *répond*.
   (*Molière*, Ecole des Maris, II, 14.)

    Ah ! je vous en *répond* !
Ce que c'est que de nous !... Moi, cela me confond.
     (*Regnard*, le Légataire, V, 7.)

  Je voudrais savoir si dans le fond
On m'aime. — L'on vous aime, et je vous en *répond*.
   (*Collin-d'Harleville*, l'Optimiste, V, 7.)

Puis, il est autre chose encore que je *crain*.
     (*Andrieux*, le Trésor, II, 2.)

Je répète à part moi chaque mot que j'*entend* ;
Mais dès qu'on parle d'elle, inquiet, palpitant...
    (*Cas. Delavigne*, Louis XI, acte II.)

Mais vous la défendez. — C'est moi que je *défend*.
— C'est vous ! — Eh ! oui, je suis cette femme d'Armand.
   (*Collin-d'Harleville*, le vieux Célibat., IV, 9.)

On trouve aussi je *comprend* dans le même auteur.

Mais quel fut son espoir? Car pour moi, je m'y *perd.*
Ce secret se serait tôt ou tard découvert.
(*Collin-d'Harleville,* le vieux Célibat., V, 5.)

Qu'il plaindra nos malheurs! — Madame, je le *croi.*
— L'insensible Hippolyte est-il connu de toi?
(*Racine,* Phèdre, II, 1.)

Oui, Seigneur, je le *croi*
Digne de mes aïeux, de ma fille et de moi.
(*Cas. Delavigne,* le Paria, II, 3.)

Souvent, cherchant la fin d'un vers que je *construi*[1],
Je trouve au coin d'un bois le mot qui m'avait fui.
(*Boileau,* Epître VI.)

J'ai lu ce dialogue, et je vous le *tradui;*
Puisse-t-il corriger les Glaucons d'aujourd'hui!
(*Andrieux,* Socrate et Glaucon.)

Riche ou non, votre fils est un jeune étourdi...
Ils ne se verront plus, c'est moi qui vous le *di.*
(*Marmontel,* l'Ami de la maison, III, 7.)

Nota. Je *di* a été employé par Corneille et Boursault, et d'autres encore.

Et me crois de tous maux guéri
Au moment que je vous *écri.*
(*J.-B. Rousseau,* Epîtres.)

On trouve encore je *fai,* je *vi,* je *connoi* dans Corneille et dans Molière. — Voici ce que nous pensons : la suppression du *s* dans les verbes en *re, endre,* est suffisamment autorisée. Il en est de même des verbes en *oire* : je *croi,* je *boi,* et de

---

[1] M. Daunou, dans sa note sur ce vers, fait cette question : Pourquoi les poëtes renonceraient-ils à cette liberté, autorisée par de grands exemples ?

ceux en *ire*, je *di*, j'*écri*; mais je *li* choquerait sans doute. Quant à ceux en *uire*, tels que *construire instruire*, on a l'exemple de Boileau, d'Andrieux à l'indicatif et de Molière dans l'impératif[1]. Dans les verbes en *aitre* et en *aire*, la licence n'est plus autorisée, parce que la syllabe finale du présent est longue : je *fais*, je *plais*, je *connais*, et que la suppression du *s* la rendrait brève. Je *sais* est bref, au contraire. Enfin, on ne trouve point je *pui*. — Je *fui*, je *vi* se trouvent. — On ne trouve pas *je su* du verbe *être*, du moins ne l'avons-nous pas trouvé ; on trouve je *sui*, du verbe *suivre* :

> Passez dans l'autre chambre, où bientôt je vous *sui*.
> — Monsieur, je suis perdu, si je n'ai votre appui.
> (*Boursault*, Mercure galant, III, 6.)

285. — *Suppression du s à la 2ᵉ personne du singulier du présent indicatif.*

> Cette île que tu *voi*,
> C'est ta dot...
> (*Delille*, l'Homme des champs, II.)

> J'ai dit que Laure était à moi,
> J'ai tracé les vers que tu *voi*.
> (*Bernard*, Epître à Laure.)

> Père barbare,
> Ta haine fit nos maux ; c'est toi qui nous *sépare*.
> (*Ducis*, Roméo, V, 2.)

> Jure-moi mon bonheur devant Dieu qui l'ordonne.
> Je jure de mourir, moi, si tu m'abandonne.
> (*De Lamartine*, Jocelyn, IV.)

---

[1] Voir le n° 286.

Toi qui, m'accompagnant comme un ami fidèle,
Caresse encor mon front du doux vent de ton aile [1].
(*Le même*, Derniers moments de Socrate.)

Dans ce dernier vers, s est supprimé pour l'élision et la mesure. L'auteur de *l'Avorton* nous offre aussi cette licence :

Et du fond du néant où tu *rentre* aujourd'hui.

Nous ferons remarquer que cette suppression du s après l'e muet ne se trouve ni dans Racine, ni dans Boileau; cette licence nous paraît cependant une des plus naturelles.

286. — *Suppression du* s *à la 2ᵉ personne singulière de l'impératif.*

Quitte les bois et *redevien*
Au lieu de loup homme de bien.
(*La Fontaine.*)

Fais donner le signal, cours, ordonne, *revien*
Me délivrer bientôt d'un fâcheux entretien.
(*Racine*, Phèdre, II, 5.)

Vis, superbe ennemi, sois libre et te *souvien*
Quel fut et le devoir et la mort d'un chrétien.
(*Voltaire*, Alzire, V, 7.)

---

[1] De Lamartine a encore supprimé le s des verbes terminés par une syllabe muette, 1° dans la méditation intitulée *la Foi*; 2° dans l'Époque IV de *Jocelyn*, citée plus haut; 3° dans la troisième et la quinzième Vision de la *Chute d'un ange*. M. Alexandre Dumas, que nous ne prétendons point citer comme autorité, a usé de cette licence dans son *Caligula*, ce qui prouve que les modernes l'admettent :

Maintenant, Clodius, toi qui de tout *dispose*,
Comme roi du festin, invente quelque chose.

Avec la royauté, raffermis et *maintien*
L'amour sacré des lois, son plus ferme soutien.
(*Castel,* les Plantes, II.)

Du calme, mon ami, du sang-froid ; mais *convien*
Seulement avec moi que tu n'as rien, mais rien.
(*Andrieux,* Scènes impromptu, II.)

Marmontel a dit aussi *vien* et *revien,* dans son opéra de *Zémire et Azor.*

Gardes-en la teinture, arbre fatal, *devien*
Un symbole de deuil . . .
(*De Saint-Ange,* Métamorphoses, IV, 2.)

Le drôle ! . . . avec lequel . . . avec lequel ? *poursui.*
. . . . Ah ! j'en crève d'ennui.
(*Molière,* Sganarelle, 6.)

Je revois mon ami, vengeons-nous ; vole . . . *attend ;*
Non, va, te dis-je, frappe, et je mourrai content.
(*Voltaire,* Adélaïde, IV, 5.)

Si je chante Camille, alors écoute, *voi,*
Les vers pour la chanter naissent autour de moi.
(*A. Chénier,* Élégie VIII.)

Rends justice à mon cœur, ô ma Sophie, et *croi*
Que tu n'as point d'ami plus fidèle que moi.
(*Collin-d'Harleville,* les Mœurs du jour, II, 12.)

C'est donc bien à tort que M. Quicherat dit, p. 93, qu'il n'est plus permis de supprimer le *s* de l'impératif, comme on le faisait au dix-septième siècle. Les auteurs du dix-huitième siècle ont conservé cette licence, qui est commune dans les verbes en *iens.* M. Carpentier, auteur du *Gradus français,* reconnaît que les poëtes sont en possession de faire cette apocope avec cette sorte de verbes. Les auteurs contemporains usent aussi de cette licence, comme le prouve cet exemple tiré du *Caligula* de M. Alex. Dumas.

  Oui, prends ton verre et *boi*.

REMARQUE.

287. — Une licence bien plus rare, c'est d'ajouter à l'impératif un *s* aux verbes que l'usage en a privés. En voici quelques exemples :

 Retranches, ô grand Dieu, des jours de ce grand roi.
    (*Voltaire,* Henriade, VII.)

  N'y compte plus, muse étourdie,
  Et *vas* extravaguer ailleurs.
    (*Dorat,* Epître à sa muse.)

  Fais-toi dévote aussi, Fanchette ;
  Vas, il n'est pas de sot métier.
    (*Béranger,* les Capucins.)

Nous avons condamné ailleurs ce vers de Voltaire ; mais, après de nouvelles réflexions, et l'acquisition de nouvelles lumières, nous avouons que cette licence nous paraît une des plus naturelles. En effet, la seconde personne singulière prenait autrefois ce *s* final dans tous les verbes : c'est ainsi que l'écrit notamment Joachim du Bellay, dans son *Illustration de la* LANGUE FRANÇAISE. Aujourd'hui même, nous écrivons, par cause d'euphonie : *retranches-en, vas-y*, et ainsi des autres verbes ; de cette exception à la licence poétique il n'y a qu'une légère distance. Nous avouons néanmoins que cette licence est fort rare.

288. — *Suppression du* s *au passé défini*.

> Un aussi grand désir de gloire
> Que j'avais lorsque je *couvri*
> D'exploits d'éternelle mémoire
> Les plaines d'Arques et d'Ivry.
> (*Malherbe,* à Henri IV, en 1609.)

> Hélas ! si vous saviez comme il était ravi,
> Comme il perdit son mal sitôt que je le *vi*.
> (*Molière,* Ecole des Femmes, II, 6.)

On trouve encore, dans la première élégie de Régnier, le passé *je vi,* mais les poëtes du siècle dernier ayant négligé cette licence, elle est aujourd'hui inusitée [1].

Orthographe des verbes de la 1re *conjugaison, en* IER, OUER, UER, *et de ceux en* AYER, OYER.

289. — Les imprimeurs, depuis un demi-siècle, ont jugé à propos d'écrire dans les vers, je *prîrai,* j'*avoûrai,* je *remûrai,* au lieu de *prierai, avouerai, remuerai.* Supprimer une lettre pour ajouter un accent circonflexe est une innovation sans but, que rien ne justifie. Elle prouve seulement que l'*e* muet

---

[1] Scarron a aussi fait rimer *je vi* avec *ravi,* dans son *Jodelet,* III, 18. Nous avons aussi trouvé dans cette pièce la suppression du *s* à la première personne de l'imparfait indicatif (III, 18) :

> La fortune, ma foi, s'irait rire de moi,
> Si, m'offrant tel bonheur, je ne vous l'*empaumoi*.

Ni cette prononciation, ni cette orthographe ne sont tolérées depuis un siècle.

après une voyelle et non élidé déplaît à l'œil. Cette vaine délicatesse ne doit point nous porter à dénaturer la physionomie des mots.

290. — Quoique l'Académie autorise je *paye,* tu *payes,* il *paye,* et renvoie à cette conjugaison pour tous les verbes en *ayer,* comme *égayer, effrayer,* l'usage presque universel et tous les bons grammairiens enseignent que dans ces verbes l'*y* se change en *i* devant l'*e* muet, de sorte que l'on peut donner comme positif qu'en prose je *paye,* j'*effraye,* blesseraient autant la vue, que cette prononciation choquerait les oreilles déshabituées à l'entendre. Du reste, la prononciation moderne était admise même du temps de Racine [1].

Il veut les rappeler, et sa voix les *effraie;*
Ils courent; tout son corps n'est bientôt qu'une plaie.
(*Racine,* Phèdre, V.)

L'âne *effraiera* les gens, nous servant de trompette.
(*La Fontaine,* Fables, V, 19.)

L'orthographe permise par l'Académie n'est plus qu'une licence poétique dans les verbes terminés par *ayer* seulement, ce qui donne une syllabe de plus au mot:

Tantôt vous *payerez* de quelque maladie.
(*Molière,* Tartufe, II, 4.)

---

[1] Cette prononciation est beaucoup plus ancienne qu'on ne le croit:

Tout se *pay'ra* ensemble, c'est droiture. (*Villon.*)
Et le *pay'ment* entier leur satisfaire. (*Crétin.*)

Si tant d'honnêtes gens ne les *payent* jamais.
(*Regnard*, le Joueur, III.)

Mais vous me *payerez* ses funestes appas.
(*Crébillon*, Catilina, II, 1.)

L'or qui *paye* le sang, le fer qui ravit l'or.
(*De Lamartine*, dern. ch. de Child-Har.)

Un fleuve en cent détours s'*égaye* dans la plaine.
(*Delille*, Paradis perdu, IV.)

Des cygnes dont Vénus *égaye* ce rivage.
(*A. Chénier*, Elégies, XXXIII.)

Remarquez que tous ces auteurs écrivent ordinairement, même en vers, je *paie*, je *paierai*, etc., comme La Fontaine dans sa première fable :

Je vous *paierai*, lui dit-elle.

§ II. *Concordance des temps.*

291. — L'emploi des auxiliaires dans notre conjugaison a dû de tout temps contrarier la versification, soit à cause des hiatus que souvent les temps composés produisent, soit à cause de la prolixité. La poésie a donc dû, sous le rapport de ces difficultés, se permettre certains écarts dans l'emploi des différents passés.

292. — *Passé simultané, ou imparfait de l'indicatif pour un autre temps.*

Lui seul, à la pitié toujours inaccessible,
Aurait cru faire un crime et trahir Médicis,
Si du moindre remords il se *sentait* surpris.
(*Voltaire*, Henriade, II.)

S'il se *sentait*, pour s'il se *fût senti !*

Jaloux de ces présents que convoitait ton cœur,
Si tu n'eusses pas nui, tu *mourais* de douleur.
(*Tissot*, Traduction des Eglogues.)

Tu *mourais*, pour tu *serais mort*.

Non. Je voulais compter à combien de ménages
L'argent de cette fête *assurait* le bonheur.
(*Collin-d'Harleville*, les Mœurs du jour, II, 11.)

Assurait, pour *aurait assuré*.

293. — *Passé défini pour le passé indéfini.*

« On trouve, dit Lemare, un grand nombre
« d'exemples dans lesquels le passé périodique
« (passé défini) est employé où la prose ne pourrait
« l'admettre. C'est qu'en effet, la poésie étant une
« peinture, ce temps doit y être d'un grand usage. »
Nous allons citer quelques-uns de ces exemples.

Nous *partîmes* cinq cents, mais, par un prompt renfort,
Nous nous *vîmes* trois mille en arrivant au port.
(*Corneille*, le Cid, IV, 3.)

L'insecte du combat se retire avec gloire,
Comme il *sonna* la charge, il sonne la victoire.
(*La Fontaine*, Fables, II, 9.)

La terre s'en émeut, l'air en est infecté,
Le flot qui l'*apporta* recule épouvanté.
(*Racine*, Phèdre, V.)

Seigneur, depuis huit jours l'impatient Pharnace,
Aborda le premier au pied de cette place [1].
(*Le même*, Mithridate, II, 3.)

---

[1] Geoffroi dit, sur ce vers, que l'exactitude exigerait *est abordé*; cette remarque n'est bonne que pour la prose. Cette licence poé-

Quoi! c'est toi, c'est ta main qui *massacra* mon père?
(*Voltaire*, Rome sauvée, IV, 5.)

Ah! pardonnez, peut-être ai-je été trop sévère;
Un moment j'*oubliai* qu'il était votre frère.
(*Collin-d'Harleville*, le Vieillard, etc., II, 5.)

Nota. L'action vient de se passer.

294. — *Passé défini pour un autre temps.*

Qui, dès leur tendre enfance, élevés dans Paris,
Sentaient encor le chou dont ils *furent* nourris.
(*Boileau*, Satire III.)

Furent, pour *avaient été*... Quelle longueur!

C'était celle (la tombe) d'Humbert, d'un mortel respecté,
Qui depuis neuf soleils en ces lieux *fut* porté.
(*De Fontanes*, le Jour des morts.)

Fut, pour *avait été*.

Il serait aujourd'hui l'ornement du hameau
Si l'art l'eût redressé, quand il *fut* arbrisseau.
(*Dorat*, la Déclamation, IV.)

Fut, pour *était*.

295. — *Grande hardiesse de Voltaire.*

S'il était vertueux, c'*est* un héros peut-être.
(Mahomet, I, 4.)

C'est est mis pour *ce serait*, et produit un bel effet. L'auteur passe du doute hypothétique au

---

tique est très commune et très excusable. En voici un autre exemple :

Trois fois on *vit* des mois la courrière inconstante
Arrondir, rétrécir sa lumière changeante,
Depuis que, sans cesser, l'haleine des autans
De semences de mort *empoisonna* nos champs.
(*De Saint-Ange*, les Métamorphoses, VII, 12.)

doute simple, tout intermédiaire a disparu. Dans l'exemple suivant, le présent est employé pour le passé défini.

> Quand de mes vœux son père eut agréé l'offrande,
> Quand je l'eus demandée, Hercule la *demande*.
> (*De Saint-Ange*, Métamorphoses, IX, 1.)

Ces hardiesses seraient peut-être des solécismes en prose ; mais on peut dire pour la poésie ce que Molière dit pour les personnes dans son *Amphitryon* :

> Selon ce que l'on peut être,
> Les choses changent de nom.

§ III. *Accord du verbe avec le sujet.*

296. — Quelquefois en prose le verbe se met au singulier, quoique se rapportant à plusieurs sujets unis par la conjonction *et* ; c'est qu'alors les deux noms ne désignent que le même être, comme dans cette phrase de Bossuet : « C'est un *imposteur* et un *traître* qui annonce la prise de Jérusalem ; » ou c'est que, dans la pensée de l'écrivain, les deux mots n'expriment qu'une idée unique, comme dans cette phrase de Massillon : « La *gloire* et la *prospérité* des méchants est courte ; » car la *gloire* est aussi de la *prospérité*, et ces deux idées se réduisent, à peu près, à celle-ci, la *prospérité glorieuse*. A ces exceptions près, il est de rigueur stricte, en prose, de mettre au pluriel le verbe qui se rapporte à plusieurs sujets désignant des êtres parfaitement distincts. En vers, on s'affranchit de cette règle, si le besoin l'exige, car autrement on doit la respecter. Cette ellipse est dans le goût des langues anciennes, elle est permise avec des noms d'êtres animés comme avec des noms d'êtres inanimés, et souvent elle plaît au goût et convient à la vivacité du sentiment.

297. — *Verbe au singulier avec plusieurs sujets unis par* ET.

Ah! Titus (car enfin l'amour fuit la contrainte
De tous ces noms que suit le *respect* et la *crainte*[1].)
(*Racine*, Bérénice, II, 4.)

Quel nouveau trouble EXCITE en mes esprits
Le *sang* du père, ô ciel! et les *larmes* du fils?
(*Le même*, Mithridate, V, 5.)

D'ailleurs, l'*ordre*, l'*esclave* et le *visir* me PRESSE.
(*Racine*, Bazajet, IV.)

On dit que ton *front* jaune et ton *teint* sans couleur
PERDIT en ce moment son antique pâleur.
(*Boileau*, Lutrin, I.)

Et traînant en tous lieux de pompeux équipages,
Le *duc* et le *marquis* se RECONNUT aux pages.
(*Le même*, Satire V.)

La *tendresse* et la *crainte*,
Pour lui dans tous les cœurs ÉTAIT alors éteinte.
(*Voltaire*, Henriade, III.)

Celle de qui la *gloire* et l'*infortune* affreuse
RETENTIT jusqu'à moi[2]. . . . . .
(*Le même*, Mérope, II, 2.)

---

[1] L'inversion est encore un motif qui autorise ici cette ellipse.
[2] La Harpe pense que le pluriel serait nécessaire ici, à cause de la conjonctive *et*. La Harpe avait perdu tout souvenir en traçant cette critique.

Son *orgueil*, je l'avoue, et sa *sincérité*
ÉTONNE mon courage, et PLAIT à ma fierté.
     (*Le même,* Alzire, I, 6.)

Lorsque le genre humain de gland se contentait,
Ane, cheval et *mule* aux forêts HABITAIT.
     (*La Fontaine*, Fables, IV, 13.)

 Gardez-vous bien du mot à mot,
 Horace et le goût le RENIE.
     (*Lebrun,* Epigrammes.)

Un *prêtre,* un *laboureur,* un *fermier* vertueux
Sous ces pierres sans art tranquillement *sommeille ;*
Elles cachent peut-être un Turenne, un Corneille.
     (*De Fontanes,* le Jour des morts.)

298. — *Verbes au singulier avec plusieurs sujets unis par* NI.

Il est aisé de déduire par analogie que, si les sujets sont unis par *ni*, le verbe peut, en vers, se mettre au singulier, d'autant mieux que, dans certains cas, ce nombre est de rigueur, même en prose, comme dans cette phrase : *ni le comte, ni le duc n'est son père.* (Voyez les grammaires.)

 Allons du moins chercher quelque antre, quelque roche,
 D'où jamais ni l'*huissier,* ni le *sergent* N'APPROCHE.
     (*Boileau,* Satire I.)

Ni *crainte,* ni *respect* ne m'en PEUT détacher.
     (*Racine,* Iphigénie, IV, 4.)

Ni son *cœur,* ni le *mien* ne PEUT être parjure.
     (*Voltaire...*)

 Ni mon *grenier,* ni mon *armoire*
 Ne se REMPLIT à babiller.
     (*La Fontaine,* Fables, IV, 3.)

On trouve dans les prosateurs des deux derniers

siècles beaucoup d'exemples semblables à ceux que nous venons de citer ; ce serait maintenant une négligence répréhensible.

299. — *Accord du verbe avec* L'UN ET L'AUTRE, NI L'UN NI L'AUTRE.

Bien que l'on trouve dans les écrivains des siècles derniers quelques phrases où le verbe, en rapport avec *l'un et l'autre*, soit au singulier, ce nombre est cependant moins rationnel que le pluriel, et devient de plus en plus rare dans la prose. La poésie conservera toujours la liberté de faire l'accord elliptique.

A demeurer chez soi *l'une et l'autre* s'OBSTINE.
(*La Fontaine,* Fables, III, 6.)

L'un et l'autre dès lors VÉCUT à l'aventure.
(*Boileau,* Satire X.)

L'un et l'autre rival, s'arrêtant au passage,
Se MESURE des yeux, s'OBSERVE, s'ENVISAGE [1].
(*Le même,* Lutrin, V.)

---

[1] Cette phrase serait très défectueuse en prose, parce que les verbes se *mesure*, s'*observe*, s'*envisage* sont réciproques, et que l'expression du singulier leur donne le sens réfléchi : chaque rival *mesure, observe, envisage* son rival, et ne se *mesure* pas, ne s'*observe* pas soi-même. C'est ce que Laveaux et d'autres grammairiens n'ont pas remarqué. La même défaut est encore plus saillant dans ce vers de Racine :

L'un ni l'autre ne *veut* s'embrasser le premier,
(Frères ennemis.)

C'est-à-dire, aucun des deux ne veut embrasser l'autre le premier.
Dans cet exemple de Saint-Ange, ce défaut est peu sensible :

L'un et l'autre longtemps *se regarde* en silence.
(Métamorphoses, I, 17.)

Il faut en dire autant de celui-ci de Lafontaine :

L'un et l'autre *se dit* adieu de la pensée.
(Philémon et Baucis.)

L'une et l'autre *est* si bonne ; — oui, surtout Emilie.
(*Collin-d'Harleville*, les Artistes, I, 4.)

On n'oserait certainement faire cet accord en prose.

Avec *ni l'un ni l'autre* l'Académie autorise même le singulier en prose, en donnant cet exemple (1835) : *Ni l'un ni l'autre* n'a fait son devoir.

300. — *Remarque sur* L'UN L'AUTRE, *etc.*

Lorsque ces mots *l'un l'autre* sont employés par pléonasme, les poëtes ont le droit de les mettre au singulier, dans des phrases où la prose régulière exigerait le pluriel.

Attirés par la faim, les farouches soldats.
. . . .
A l'envi *l'un de l'autre* ils courent en fureur.
(*Voltaire*, Henriade, X.)

Je crois voir des forçats, *l'un sur l'autre* acharnés,
Se battre avec les fers dont ils sont enchaînés.
(*Le même*, Loi naturelle, III.)

Et de maîtres entre eux sans cesse divisés,
Naissaient des sectateurs *l'un à l'autre* opposés.
(*L. Racine*, Religion, III.)

Ces nuages légers, *l'un sur l'autre* entassés
Et sur l'aile des vents mollement balancés.
(*Michaud*, Printemps d'un Proscrit.)

Il est certain que la poésie ne pourrait s'accommoder de ces monosyllabes multipliés *les uns aux autres, les uns sur les autres*.

301. — *Accord du verbe avec des sujets unis par* OU.

Quand deux sujets sont unis par *ou*, et que cette

conjonction donne l'exclusion au premier, c'est une règle de la prose que le verbe s'accorde avec le dernier sujet. En vers, on ne s'astreint point à cette règle d'une manière absolue.

> Innocents animaux . . . . .
> Hélas! l'homme *ou* la faim *vont* leur ôter la vie.
> (*Saint-Lambert*, les Saisons.)

> Est-ce la gloire *ou* l'*or* qui *conduisent* tes pas?
> (*Delille*, la Pitié, II.)

> Mais que *peuvent*, hélas! *ou* la force *ou* l'adresse?
> (*Baour-Lormian*, Jérusalem délivrée, VIII.)

Rien n'obligeait Saint-Lambert à mettre le pluriel *vont*, mais la poésie aime ce qui multiplie les idées, et le pluriel a généralement plus de valeur que le singulier sous ce rapport. Voltaire a aussi préféré ce nombre dans ce passage de la *Henriade* (*Famine de Paris*) :

> C'est en vain que tu reçus la vie !
> Les tyrans *ou* la faim l'AURAIENT bientôt ravie.

Accord du verbe avec les noms collectifs.

302. — Les collectifs sont généraux ou partitifs (voir les grammaires). Quand les collectifs partitifs sont suivis d'un nom pluriel, les prosateurs font accorder le verbe ou avec ce nom, ou avec le collectif qui précède, suivant l'idée qu'ils veulent faire dominer. Ainsi l'on dit, selon le point de vue, une foule d'ennemis *se précipita*, ou *se précipitèrent*. Mais il se trouve beaucoup de cas où l'accord est

déterminé nécessairement par la nature des idées du verbe et du sujet réel ; alors la prose, pour être correcte, doit énoncer ce rapport. Nous ne dirions pas en prose : la *moitié* de mes arbres *est morte,* une *vingtaine* de personnes *parle* à la fois, une *nuée* de barbares *se réfugia* dans la ville, parce que une *moitié* MORTE, une *vingtaine* PARLE, une *nuée* SE RÉFUGIA, sont des mots qui n'ont pas entre eux de relation immédiate, car ce sont les *arbres* qui *meurent,* les *personnes* qui *parlent,* les *barbares* qui *se réfugient.* La poésie a encore le droit de s'affranchir en cela de la rigoureuse logique de la prose, et suit un accord dont elle sait que l'esprit pourra comprendre la véritable valeur.

Un *million* de mains *applaudit* au prodige.
(*Voltaire*, Mélanges.)

Une *foule* d'enfants autour de lui *s'empresse,*
Et *l'annonce* de loin par des cris d'allégresse.
(*Saint-Lambert*, les Saisons.)

De rossignols une *centaine*
S'écrie, épargnez-le, nous n'avons plus que lui.
(*Florian,* Fables, II, 2.)

Ce *long rang* de tombeaux que la mousse a *couvert,*
Ces vases mutilés, et ce comble entr'ouvert.
(*Soumet,* Monuments religieux.)

Le *reste* pour son Dieu *montre* un oubli fatal...
Et *blasphème* le Dieu qu'ont invoqué *leurs pères*.
(*Racine,* Athalie, I, 1.)

Le poëte a mis *montre* au singulier à cause de l'élision ; mais il revient au pluriel, par syllepse, en mettant *leurs* pères. On conçoit qu'il y a ellipse après le *reste* (des Israélites).

§ IV. *Emploi de l'indicatif et du subjonctif.*

Souvent, au lieu du subjonctif que réclame en prose le sens de la phrase, on met l'indicatif en vers.

503. — *Indicatif pour le subjonctif avec l'interrogation.*

Il y a deux espèces d'interrogation, l'interrogation fictive et l'interrogation réelle. L'interrogation fictive n'est qu'un moyen oratoire de rappeler à l'auditeur ce qu'il semble oublier, un fait existant, et comme celui qui parle n'a aucun doute sur l'objet de la question, il emploie l'indicatif, qui indique sa pensée. Telles sont ces paroles d'Hippolyte à Phèdre :

> Madame, *oubliez-vous*
> Que Thésée *est* mon père et qu'il *est* votre époux ?
> (*Racine*, Phèdre, II, 5.)

L'interrogation est réelle quand celui qui la fait est dans un doute réel, et qu'il cherche à s'éclaircir ; tel est ce vers :

> *Penses-tu* qu'en effet Zaïre me *trahisse* ?
> (*Voltaire*, Zaïre, IV, 5.)

Orosmane est assurément dans le doute ; il ne peut croire à la trahison de Zaïre, qui est loin de justifier ses soupçons ; il doit donc employer le subjonctif.

Il n'est pas rare de trouver en poésie l'indicatif

dans cette circonstance même, et cela se conçoit, ce mode est plus vif et a presque toujours une quantité syllabique différente de celle du subjonctif. Voilà pourquoi Racine fait dire à Phèdre, dans sa réponse à l'interrogation d'Hippolyte, ci-dessus rapportée:

Et sur quoi *jugez-vous* que j'en *perds* la mémoire?

Assurément le subjonctif serait plus logique, car cette femme est loin d'avouer qu'elle *perd* la mémoire de Thésée[1].

Quel conseil, cher Abner, *croyez-vous* qu'on *doit* suivre?
(*Racine*, Athalie, V, 2.)

Crois-tu, si je l'épouse,
Qu'Andromaque en son cœur n'en *sera* point jalouse?
(*Le même*, Andromaque, II, 5.)

Crois-tu que, toujours ferme au bord du précipice,
Elle *pourra* marcher sans que le pied lui glisse?
(*Boileau*, Satire X.)

Dans ces deux derniers exemples, les verbes sont au futur, ce qui est assez commun, et peut se permettre même en prose, parce que la forme subjonctive ne marque pas toujours assez visiblement s'il

---

[1] Un grammairien habile trouve que l'indicatif est moins correct et moins élégant que le subjonctif dans ces constructions; il cite encore ces exemples de Racine (*Journal grammatical*, série II*, t. 3, p. 385):

Enfin, qui vous a dit que, malgré mon devoir,
Je n'*ai* pas quelquefois souhaité de vous voir?
Qui vous dit qu'avec vous je *prétends* m'allier?
Ma fille? qui vous dit qu'on la *doit* amener?

Ce sont là de véritables licences.

s'agit d'un présent ou d'un futur. Boileau a employé le subjonctif dans un autre endroit :

> Et *crois-tu* qu'aisément elle *puisse* quitter
> Le savoureux plaisir de t'y persécuter ?

304. — *Indicatif pour le subjonctif, après le* SEUL, *le* PREMIER, *le* PLUS, *le* MOINS, *etc.*

Le subjonctif est beaucoup plus usité aujourd'hui qu'il ne l'était du temps de Pascal, c'est une observation que fait Lemare dans son *Cours de langue française*. La prose du siècle de Louis XIV présente un assez grand nombre d'exemples de l'indicatif après les expressions qui nous occupent, et ces exemples seraient considérés comme défectueux de nos jours, où une logique plus rigoureuse règne dans l'emploi des formes grammaticales. En effet, le vague du subjonctif convient seul après ces expressions, quand elles sont relatives à la personne qui parle, et qu'elles font partie d'une assertion qui peut être contestée ; quand il peut rester du doute dans l'esprit de l'auditeur. Donnons un exemple : C'est le *meilleur* médecin que j'*aie* consulté[1]. Ce jugement m'appartient, je puis me tromper, de là le subjonctif ; mais, si parmi un certain nombre de médecins je consulte celui qui

---

[1] La première tournure, *que j'aie*, fait encore entendre que j'ai consulté d'autres médecins antérieurement, ce qu'n'exprime pas l'indicatif *que j'ai*.

est réputé le meilleur par l'opinion générale, je dirai : C'est le *meilleur* médecin que *j'ai* consulté. Il ne s'agit plus exclusivement de mon sentiment personnel, mais d'une chose reconnue comme vraie par tout le monde, de là l'indicatif. Ce mode est donc purement poétique dans les vers que nous allons citer, puisque le sens n'est point affirmatif :

Songe. . . . .
Que c'est le *seul* moment où je *peux* pardonner.
(*Voltaire*, Zaïre, IV, 6.)

Cet enfant malheureux, le *seul* que *j'ai* sauvé.
(*Le même*, Mérope, I, 1.)

La mort est le *seul* dieu que *j'osais* implorer [1].
(*Racine*, Phèdre, IV, 6.)

Pharasmane, entraîné par un amour funeste,
Veut me ravir, Seigneur, le *seul* bien qui me reste,
Le *seul* où je *faisais* consister mon bonheur,
Et le *seul* qui *pouvait* lui disputer mon cœur.
(*Crébillon*, Rhadamiste, III, 2.)

En vain l'amour parlait à ce cœur agité :
C'est le *premier* tyran que vous *avez* dompté [2].
(*Voltaire*, Œdipe, I, 1.)

Ce gage est le *premier* qu'elle *attend* de ma foi.
(*Racine*, Iphigénie, II, 1.)

---

[1] Que *j'osasse* serait bien dur; c'est cette dureté de l'imparfait du subjonctif qui fait préférer l'imparfait de l'indicatif; mais dans le dernier vers de Crébillon, le *seul* qui *pût* serait bien préférable.

[2] Voltaire pouvait mettre *ayez*, la quantité est la même : il faut avouer que l'indicatif ici donne plus de vivacité à la phrase. O mystères de notre langue, qui peut vous pénétrer tous !

Ah! c'est le *moindre* prix qu'il se *doit* proposer.
(*Le même*.....)

C'est le *moindre* secret qu'il *pouvait* nous apprendre.
(*Le même*, Mithridate, III, 2.)

Laborieux valet *du plus* commode maître
Qui pour te rendre heureux ici-bas *pouvait* naître.
(*Boileau*, Epître XI.)

La paix lui rend sa gloire ; il y doit consentir,
Quels que soient les regrets que j'en *puis* ressentir.
(*Marmontel*, Cléopâtre, I, V.)

C'est dommage, Garo, que tu n'*es* pas entré[1]
Aux conseils de celui que prêche ton curé.
(*La Fontaine*, Fables, IX, 4.)

505. — *Du subjonctif exclamatif.*

Tombe sur moi le ciel, pourvu que je me venge !
(*Corneille*, Rodogune, V, 1.)

Meurent plutôt les Grecs, moi, toi-même et Cassandre !
Tombe Argos et ses murs !..
(*Lemercier*, Agamemnon, IV, 1.)

Ah ! *puissent* voir longtemps votre beauté sacrée
Tant d'amis sourds à mes adieux.
(*Gilbert*, Derniers moments, etc.)

On dit bien en prose, *puissent tant d'amis*; ce qui rend ici ce subjonctif poétique, c'est la séparation du verbe de son sujet par des compléments. Les autres exemples sont, pour ainsi dire, étrangers à la prose. Quelques verbes, à force d'être em-

---

[1] Quinault a dit rationnellement :
C'est dommage, il est vrai, qu'elle *soit* infidèle.
(La Mère coquette, III, 3.)

ployés, sont devenus du domaine commun, ce sont *puisse, dût, périsse, plût à Dieu !* me *préserve le ciel !*

306. — Quelquefois on fait précéder ces subjonctifs de la conjonction *que*, et alors ceux mêmes qui sont admis dans la prose ne peuvent figurer sous cette forme que dans les vers.

Chantons, on nous l'ordonne, et *que puissent* nos chants
Du cœur d'Assuérus adoucir la colère.
(*Racine,* Esther, III, 3.)

Que puissent tour à tour toutes les nations
Y porter leur tribut de malédictions.
(*Delille,* la Pitié, II.)

Et *que n'ose* jamais l'épouse de Nérée
Mêler son amertume à ton onde sacrée.
(*Millevoye,* Bucoliques, Nérée.)

Que puisse, du sommet de son trône éclatant,
L'Eternel, qui voit tout, l'éteindre au même instant.
(*Baour-Lormian,* Jérusal. déliv., II.)

§ V. *Régime ou complément de certains verbes.*

307. — *Régime du verbe passif.*

Lorsque le verbe passif exprime un sentiment, un acte moral ou intellectuel, son complément se marque par la préposition *de.* Quand il exprime une action physique, matérielle, on emploie généralement la préposition *par.* Nous disons *généralement,* parce qu'il y a plusieurs choses à observer à cet égard, et que ce n'est pas ici le lieu de traiter cette question. Quoi qu'il en soit, on met en vers la préposition *de* avec les verbes passifs qui, en prose, ne peuvent recevoir que la préposition *par*. Cette licence est fort remarquable et très autorisée.

> *Conduit d*'un vain espoir il parut à la cour.
> (*Boileau,* Satire I.)

> Qu'Énée et ses vaisseaux *par* le vent *écartés*
> Soient aux bords africains *d*'un orage *emportés*.
> (*Le même,* Art poétique, III.)

Cet exemple offre les deux régimes.

> Quoi! déjà votre amour *des* obstacles *vaincu*...
> (*Racine,* Bajazet, IV, 6.)

> Quand *du* moindre intérêt le cœur est *combattu*,
> Sa générosité n'est plus une vertu.
> (*Crébillon,* Pyrrhus, I, 5.)

> Déjà *vaincus* de leur faiblesse
> Et *du* seul souvenir de nos derniers combats.
> (*Gilbert,* Ode VIII.)

> *Poursuivi* du destin un berger demi-dieu
> Avait fait à ces bords un éternel adieu.
> (*Lebrun,* Veillées du Parnasse, Aristée.)

Régime poétique de certains verbes, marqué par A ou DE.

508. — *Consentir* DE *pour consentir* A.

Beaucoup de verbes ont leur *régime-verbe* marqué par la préposition *à*, ou *de;* il n'est plus permis aujourd'hui de leur en donner un autre. Nous disons que cela n'est plus permis aujourd'hui, parce que les prosateurs ont souvent flotté incertains entre ces deux prépositions; mais l'usage des bons écrivains, attesté et sanctionné par le *Dictionnaire de l'Académie*, 1835, a enfin déterminé irrévocablement la préposition dont on doit se servir entre deux verbes. La poésie a voulu encore conserver certains priviléges sous ce rapport, elle remplace *à* par *de* avec quelques verbes, et nous pensons que les poëtes sauront maintenir leurs franchises. L'Académie ne donne que *consentir à,* ce verbe peut, en vers, prendre la préposition *de :*

Je puis me plaindre à vous du sang que j'ai versé ;
Mais enfin je *consens* d'oublier le passé.
(*Racine,* Andromaque, IV, 5.)

Consens donc *d'*être heureux sur ces heureux rivages.
(*Delille,* la Pitié, IV.)

Racine, Molière et Voltaire offrent même des exemples où *consentir à* ne formerait point hiatus.

509. — *Se plaire* DE *pour se plaire* A.

Du temple où notre Dieu se *plaît* d'être adoré.
(*Racine,* Esther, III, 9.)

C'est un beau nom, sans doute, et qu'on se *plaît* d'en-
(*Voltaire,* Disc. sur l'hom., VII.) [tendre.

Des trésors dont la main des dieux
Se *plaît* d'enrichir la nature.
(*Chaulieu,* Fontenay.)

Là, Philémon, Baucis, époux toujours heureux,
Se *plaisent* d'enlacer leur feuillage amoureux.
(*Lebrun,* Elégies.)

A la fête où son nom se *plaît* d'être adoré.
(*Cas. Delavigne,* le Paria, I, 4.)

Ce dernier vers est une imitation de celui de Racine, cité le premier, et sur lequel Geoffroi dit: « Cette licence est permise quand on sait l'employer comme Racine. » Se *plaire* A, c'est *prendre plaisir* A, et si *se plaire* DE peut se permettre en vers, nous croyons qu'on peut aussi tolérer *prendre plaisir* DE:

> Cette jeune plante
> Que j'avais *pris plaisir* D'élever de mes mains.
> (*Regnard*, Démocrite, IV, 3.)

310. — *Se résoudre* DE *pour se résoudre* A.

Voltaire, sur un vers de *Rodogune*, I, 6, où Corneille dit: La reine *se résout de se perdre*, taxe *se résout de* de solécisme; mais voici comment il s'exprime sur ce vers d'*Héraclius* du même poëte (I, 2):

> *Résous-la* DE t'aimer, si tu veux qu'elle vive:

« On pourrait dire en vers, avec un régime di-
« rect, *résoudre de*, aussi bien que *résoudre à*, quoi-
« que ce soit un solécisme en prose. » En effet,
Voltaire lui-même a dit avec *de*, et sans nécessité:

> C'est un breuvage affreux... que...
> Je *me résous* DE prendre malgré moi.
> (Enfant prodigue, IV, 2.)

> Je ne puis, en un mot, *me résoudre* d'aimer.
> (*Regnard*, le Joueur, IV, 7.)

311. — Il y a certainement une différence entre *forcer, obliger, contraindre à*, et *forcer, obliger, con-*

traindre de, mais ce sont des nuances fugitives qui disparaissent en poésie ; rien n'est plus fréquent. Il en est de même de *tâcher à* pour *tâcher de.* J'en ai trouvé cinquante exemples.

312. — On dit *s'attendre à, prétendre à* ; cependant, pour éviter l'hiatus, je ne craindrais pas d'imiter les exemples suivants:

> Ses transports dès longtemps *s'attendaient d'*éclater.
> (*Racine,* Britannicus, III, 1.)

> Je ne m'attendais pas *d'*être si matinale.
> (*Collin-d'Harleville,* les Riches, I, 2 [1].)

> C'est par une humble foi, c'est par un amour tendre
> Que l'homme doit *prétendre*
> *D'*honorer ses autels.
> (*J.-B. Rousseau,* Odes, liv. I.)

Enfin, on dit en poésie *s'efforcer à, trembler à,* pour *s'efforcer de, trembler de.* Voir la *Gram. des gram.* Lavaux, etc.

13. — *Instruire d'exemple.*

Les poëtes se servent de cette expression au lieu de celle-ci, *instruire par son exemple,* seule autorisée en prose.

> *Instruisez-le d'exemple,* et vous ressouvenez
> Qu'il faut faire, à ses yeux, ce que vous enseignez.
> (*Corneille,* le Cid, I, 4.)

---

[1] Vertot, *Révolutions romaines,* III, a dit en prose : « Cassius s'était bien *attendu* DE trouver une opposition générale à sa proposition. »

Il *m'instruisit d'exemple* au grand art des héros.
(*Voltaire*, Henriade, II.)

Et dans quels lieux le Ciel, mieux qu'au séjour des champs,
Nous *instruit-il d'exemple* aux généreux penchants?
(*Delille*, l'Homme des champs, II.)

Delille veut dire que le Ciel nous offre des exemples de toutes les vertus à la campagne, mais, comme ce n'est pas le ciel qui instruit *par son exemple*, la phrase est incorrecte.

314. — *Se laisser conduire* A, *au lieu de* PAR.

Au lieu de la préposition *par*, il est plus élégant, en poésie, de mettre *à*, avec les verbes *se laisser conduire*, *se laisser tromper*, etc.

Non, non, vous vous *laissez tromper à* l'apparence.
(*Molière*, Tartufe, III, 5.)

Et, se *laissant régler à* son esprit tortu,
De ses propres défauts nous fait une vertu.
(*Boileau*, Art poétique, I.)

Je me *laissai conduire à* cet aimable guide.
(*Racine*, Iphigénie, II, 1.)

Geoffroi juge à propos d'expliquer ce vers, ce qui prouve qu'il y a équivoque; il faut éviter ce défaut.

§ VI. *Observations sur quelques verbes.*

315. — Au lieu de *gardez-vous*, *prenez garde*, on emploie en vers l'impératif *gardez*, purement et simplement :

Gardez qu'une voyelle à courir trop hâtée
Ne soit d'une voyelle en son chemin heurtée.
(*Boileau*, Art poétique, 1.)

Gardez qu'avant le coup votre dessein n'éclate.
(*Racine,* Andromaque, III, 2.)

Gardez de négliger
Une amante en fureur qui cherche à se venger.
(*Le même,* Androm., V, 6.)

Gardez à ses fureurs de vous abandonner.
(*Voltaire,* Adélaïde, III, 2.)

316. — On dit toujours en prose, ORDONNER *à quelqu'un* DE, PRIER *quelqu'un* DE ; mais, comme ces verbes, employés sans un nom en régime, prennent la conjonction *que*, on peut, je crois, quelquefois en poésie, user de ce latinisme, même avec un nom de personne, en complément :

Il règne, c'est assez, et le ciel *nous* ordonne
Que, sans peser ses droits, nous respections son trône.
(*Voltaire,* Oreste, III, 4.)

Il s'est dit grand chasseur, et *nous* a priés tous
*Qu'*il pût avoir le bien de courir avec nous.
(*Molière,* les Fâcheux, II, 7.)

Pour *la* prier *que* l'oiseau plein d'attraits
Fût pour un temps amené par la Loire.
(*Gresset,* Vert-Vert, II.)

317. — Le verbe *prétendre*, dans le sens de *aspirer à*, est neutre en prose, et veut la préposition *à* pour complément ; en vers, on peut faire ce verbe objectif ou actif, et lui donner un régime direct [1].

---

[1] *Prétendre,* verbe actif, signifie demander, réclamer comme un droit : « Ce corps prétend le pas sur tel autre. » L'ACADÉMIE. On peut donc dire, dans ce sens, *prétendre l'honneur, prétendre la gloire.* (A Lemaire, *Grammaire des grammaires,* 1842) Sans doute, on pourrait dire : Ce corps, ce magistrat *prétend l'honneur* de marcher en tête ; mais ce n'est plus le même sens du mot *honneur*... Et qui donc peut *prétendre la gloire*? c'est-à-dire la réclamer comme un *droit*? — Et *prétendre le droit* serait-il compris?

Comme le plus vaillant, je *prétends* la troisième.
(*La Fontaine*, Fables, I, 6.)

Il crut que, sans *prétendre* une plus haute gloire.
(*Racine,* Mithridate, I, 1.)

Frappez, mettez en cendre
Tout ce qui *prétendra* l'honneur de se défendre.
(*Voltaire,* Rome sauvée, II, 6.)

En vain nous *prétendons* le droit d'élire un maître.
(*Le même,* Henriade, VI.)

318. — *Imposer, en imposer.*

Selon Laveaux, la *Grammaire des grammaires* et beaucoup d'autres grammairiens, *imposer à quelqu'un* signifie, inspirer du respect, de la crainte, dominer son esprit ; et *en imposer* signifie, mentir, tromper, faire illusion. Lemare repousse cette distinction. L'Académie (1835) remarque que *en imposer* a été pris souvent dans le sens de *inspirer* du respect, de la crainte, de l'admiration ; mais qu'il signifie plus exactement *tromper, abuser, en faire accroire.*

On voit que l'Académie ne se prononce pas d'une manière absolue sur cette question. Il faut convenir que l'usage actuel s'est déclaré en faveur de la distinction établie par les grammairiens modernes ; mais nous sommes d'avis que les poëtes peuvent quelquefois ne pas s'y soumettre. Voyons des exemples :

1°   IMPOSER *seul pour* EN IMPOSER.

Que les grands airs et le ton emphasé
Au sens commun n'ont jamais *imposé*.
          (*J.-B. Rousseau*, Ep. au P. Brumoi.)

Imposons quelque temps à sa crédulité.
          (*Voltaire*, l'Orphelin, II, 2.)

Tu *m'imposais ici* pour me déshonorer.
          (*Le même*, Zaïre, V, sc. dernière.)

Car, dans l'instant fatal où j'attestais les cieux,
Je me jurais la mort, et j'*imposais* aux dieux.
          (*Crébillon*, Atrée et Thyeste, IV, 4.)

Il faut avouer que tout l'impératif, *imposes-en*, *imposons-en*, etc., serait bien dur, et que l'on doit se faire une loi d'imiter Voltaire, en supprimant le pronom *en* dans ce cas surtout, si l'on veut se faire écouter.

2°   EN IMPOSER *pour* IMPOSER.

Son nez romain dès l'abord *en impose*.
          (*Voltaire*, Guerre de Genève, II.)

Mazarin, dont le nom alluma tant de haines...
N'eut point cette grandeur qui sait *en imposer*.
          (*Thomas*, Pétréide, ch. II, de la Fr.)

Il faut que Thémis *en impose*,
Et sourie avec majesté.
          (*Demoustier*, Lettres à Emilie, XLVI.)

319. — Croître. L'Académie, Voltaire, D'Olivet sont d'accord avec les poëtes pour enseigner qu'il est permis en vers de donner à ce verbe un sens actif et synonyme d'*accroître*, *augmenter*.

Je ne prends point plaisir à *croître* ma misère.
(*Racine*, Bajazet, III, 3.)

Tu verras que les dieux n'ont dicté cet oracle
Que pour *croître* à la fois sa gloire et son tourment.
(*Le même*, Iphigénie, IV, 1.)

M'ordonner du repos, c'est *croître* mes malheurs.
(*Corneille*, le Cid, II, 7.)

320. — Tomber est un verbe neutre qui prend généralement l'auxiliaire *être;* cependant l'Académie (1835) lui donne aussi l'auxiliaire *avoir* dans cet exemple : « Les poëtes disent que Vulcain *a tombé* du ciel pendant trois jours. » Des prosateurs offrent quelques rares exemples de cet emploi. On ne peut du moins contester à la poésie le droit de s'en servir [1].

Si la belle avec lui *n'eût* tombé dans cette eau.
(*La Fontaine*, Contes.)

Où serais-je, grand Dieu, si ma crédulité
Eût tombé dans le piége à mes pas présenté !
(*Voltaire*, l'Orphelin, II, 3.)

Le coup que je lui porte *aurait tombé* sur moi.
(*Le même*...)

---

[1] L'emploi des auxiliaires avec certains verbes n'est pas encore assez déterminé pour que l'on puisse trouver mauvais qu'Andrieux ait dit, dans le *Vieux Fat*, I, 2 :

J'ai sorti, j'ai couru sur mon petit domaine.

Racine a été critiqué pour avoir dit *j'y suis courue*, qui contient un hiatus (*Frères ennemis*, V, 2). C'est que *courir* ne prend que l'auxiliaire *avoir*, et que *sortir* prend tantôt l'un, tantôt l'autre auxiliaire.

Cependant, Scarron, avant Racine, avait donné cet auxiliaire à ce verbe *courir :*

Je *suis* ici *couru* que l'on criait bien fort.
(Jodelet, III, 20.)

Lorsque cette poussière *eut tombé* dans leurs yeux,
Nymphed d'un œil muet congédia les dieux.
(*De Lamartine*, Chute d'un ange, II.)

Sur les femmes, d'ailleurs, l'exemple est tout-puissant,
Dès que l'une *a tombé*, l'autre marche en glissant.
(*Andrieux*, le vieux Fat, II, 3.)

321. — SOUPIRER. Par une hardiesse qui n'est d'usage qu'en poésie, dit l'Académie, ce verbe s'emploie dans le sens actif. (*Gram. des gram.*, p. 1268, édition 1842.)

Tantôt vous *soupiriez* mes peines,
Tantôt vous chantiez mes plaisirs.
(*Malherbe.*)

Ce n'était pas jadis sur ce ton ridicule
Qu'Amour dictait les vers que *soupirait* Tibulle[1].
(*Boileau*, Art poétique, II.)

Toi qui, d'un même joug souffrant l'oppression,
M'aidais à *soupirer* les malheurs de Sion.
(*Racine*, Esther, I, 1.)

Pétrarque *soupira* ses vers et ses amours.
(*Voltaire*, Henriade, IX.)

REMARQUE.

LAMENTER mérite la même observation.

Lamentant tristement une chanson bachique.
(*Boileau*, Satire III.)

C'est Philomèle au loin *lamentant* ses regrets.
(*Legouvé*, la Mélancolie.)

---

[1] Cette expression se trouve dans Tibulle lui-même :
Quod si forte alios jam nunc suspirat *amores.*

322. — Le verbe S'EN ALLER, employé pour exprimer une idée de futurition, est une expression poétique, nécessairement interdite à la prose :

> Et ce triomphe heureux qui *s'en va* devenir
> L'éternel entretien des peuples à venir.
> (*Racine,* Iphigénie, I, 5.)

> La dame du logis, avec son long museau,
> *S'en allait* la croquer en qualité d'oiseau.
> (*La Fontaine,* Fables, II, 4.)

> Avec la liberté Rome *s'en va* renaître. (*Corneille.*)

> *Je m'en vais* vous le dire.
> (*Cas. Delavigne,* Enf. d'Edouard, I.)

323. — Le verbe *paître*, employé activement, est poétique. (Acad. 1835.)

> Précieuse faveur du dieu puissant des ondes,
> Dont il *paît les troupeaux* dans les plaines profondes.
> (*Delille,* Traduct. des Géorgiques, IV.)

> Enfants, *paissez vos bœufs* et sillonnez vos plaines.
> (*Domergue,* traduct. de la prem. Eglog. de Virg.)

LICENCES DANS L'EMPLOI DES PARTICIPES.

Du Participe présent. — De l'Adjectif verbal et du Gérondif. — Du Participe passif.

§ I. *Du participe présent.*

324. — Le participe *présent*, terminé par *ant*, est

invariable en prose, parce qu'il exprime un acte beaucoup plus qu'une qualité, et qu'il supplée un autre mode du verbe, de la nature duquel il tient beaucoup plus que de celle de l'adjectif.

Le participe présent a été variable jusqu'au temps de Pascal et de Port-Royal, qui adopta la réforme sanctionnée par l'Académie. La poésie néanmoins a retenu quelques traces de l'ancien usage dans certains cas et comme licences.

525. — Sous le rapport de la signification, les verbes sont actifs ou neutres ; sous le rapport de la conjugaison, ils sont actifs, ou neutres, ou réfléchis. Quelle que soit la nature du verbe, le participe présent ne peut varier, en vers, que du singulier au pluriel masculin ; jamais il ne prend la désinence féminine. Cette variation n'a d'ailleurs lieu qu'à la rime et par inversion des compléments.

Participe présent du verbe actif.

526. — Comme l'inversion du régime direct est très rare dans notre langue, le participe présent n'a pu subir la variabilité dans le verbe actif. La Fontaine offre toutefois cet exemple, qu'il faut se garder d'imiter :

N'étant point de ces rats qui *les livres* RONGEANTS,
  Se font savants jusques aux dents.
                    (Fables, VIII, 9.)

Quand même le régime serait pronom, le participe n'en serait pas moins invariable : l'usage a prononcé.

Participe présent des verbes réfléchis.

327. — La licence de l'accord est très commune avec les verbes réfléchis, comme le prouve la série d'exemples que nous allons citer.

> Et plus loin des laquais, l'un l'autre *s'agaçants*,
> Font aboyer les chiens, et jurer les passants.
> (*Boileau*, Satire VI.)

> Un appui de roseau soulageait leurs vieux ans ;
> Moitié secours des dieux, moitié peur *se hâtans*.
> (*La Fontaine*, Philémon et Baucis.)

> Et du nom de mari fièrement *se parants*,
> Leur rompent en visière aux yeux des regardants.
> (*Molière*, Ecole des Maris, I, 6.)

> Ses ennemis, offensés de sa gloire,
> En leur fureur de nouveau *s'oubliants*.
> (*Racine*, Idylle sur la paix.)

> Les spectateurs, en foule *se pressants*,
> Formaient un cercle autour des combattants.
> (*Voltaire* . . . . .)

> Les deux coursiers, sous eux se *dérobants*,
> Débarrassés de leurs fardeaux brillants.
> (*Le même.*)

> Chacun veut boire seul ; d'un œil plein de colère,
> L'un l'autre ils vont *se mesurants* ;
> De leur terrible queue ils se battent les flancs.
> (*Florian*, Fables, V, 2.)

> Les tendres coqs, dans leurs désirs pressants,
> Le cou gonflé, sur leurs pieds *se haussants*.
> (*Le même*, la Poule de Caux.)

A la voix du tonnerre, au fracas des autans,
Au bruit lointain des flots se *croisants*, se *heurtants*.
(*Roucher*, les Mois.)

La porte était fermée ; heureusement nos gens
Entrent sans être vus, sous le seuil *se glissants*.
(*Andrieux*, les deux Rats, fable.)

M. Bescher, qui nous a fourni une bonne partie de ces exemples, en cite encore beaucoup d'autres de La Fontaine, de Molière, de Boileau[1], de Voltaire, etc. « Ces mots *s'agaçants*, se *hâtants*, etc., « qui, d'après l'inversion du complément, tiennent « la place d'adjectifs, sont de vrais participes obéis- « sant à l'euphonie. » (*Théorie du participe*, p. 302.)

Ces participes, se trouvant toujours au repos final du vers, sans enjambement, acquièrent sur leur dernière syllabe une prolongation de son qui se marque, chez nous, dans bien d'autres cas encore, par l'addition du *s*. C'est cette prononciation que M. Bescher appelle euphonique. Lemare admet cette licence, qui est assez rare aujourd'hui, mais nous la croyons suffisamment autorisée[2].

---

[1] La Harpe traite cet accord de solécisme, aussi bien dans Boileau que dans Roucher. M. Quicherat ne compte cette *faute* que deux fois dans Boileau ; nous avons trouvé cinq fois cet accord dans ce poète, et ce n'est pas toujours une faute.

[2] J'ai condamné s'*agaçants* dans mon Examen critique de la *Grammaire des grammaires*, 1832. J'ai réuni ces participes en bloc avec *qui les livres* rongeants, etc. Mais je développe ici en détail mes opinions mûries par dix ans de nouvelles études sur la langue française, et particulièrement sur notre langue poétique. Le pronom *se* est un petit mot qui s'élide et s'éclipse souvent dans la prononciation, ce qui a contribué à introduire, à maintenir cette licence.

Participe présent des verbes neutres.

528. — Nous distinguons deux espèces de verbes neutres, 1° ceux qui ont un complément terminatif essentiel; 2° ceux qui n'ont qu'un complément circonstanciel de lieu, de temps, d'ordre, de manière, etc., qui peut en être détaché. PLAIRE *à Dieu;* MÉDIRE *de quelqu'un,* sont des verbes à compléments essentiels ; MARCHER *près de quelqu'un,* DORMIR *sur le duvet,* GÉMIR *sous le joug,* sont des verbes à compléments circonstanciels.

La première espèce de ces verbes n'admet plus la licence, parce que leur signification est presque aussi fortement restreinte que celle des verbes actifs ; cependant, on en trouve quelques exemples dans les poëtes du grand siècle :

Plusieurs se sont trouvés qui d'*écharpes* CHANGEANTS.
(*La Fontaine,* Fables, II, 2.)

Qu'infâmes scélérats *à la gloire* ASPIRANTS.
(*Boileau,* Satire XII.)

529. — Les verbes de la seconde espèce admettent au contraire très volontiers la licence euphonique, parce qu'on peut considérer leurs participes comme de simples adjectifs verbaux, quand ils sont précédés de leurs compléments, qui ne les limitent plus alors d'une manière assez apparente dans leur signification. Ce n'en sont pas moins réellement des participes présents.

Je les peins dans le meurtre *à l'envi* TRIOMPHANTS,
Rome entière noyée au sang de ses enfants.
              (*Corneille*, Cinna, I, 3.)

L'autre avec des yeux secs et presque indifférents,
Voit mourir ses deux fils *par son ordre* EXPIRANTS.
              (*Racine*, Bérénice, IV, 5.)

Chez les hommes ailleurs *sous ton joug* GÉMISSANTS.
Vainement on chercha la raison, le droit sens.
              (*Boileau*, Satire XII.)

Entendra des discours *sur l'amour seul* ROULANTS.
              (*Le même*, Satire X.)

De deux alexandrins *côte à côte* MARCHANTS,
L'un serve pour la rime, et l'autre pour le sens.
              (*Voltaire*, Épîtres.)

Sans qu'Athènes ni Rome ait vu ses habitants,
Seul à seul, sous ses murs, chaque nuit COMBATTANTS.
              (*Des Mahis*, l'Honnête homme, II, 2.)

Ses yeux, toujours ouverts, assidus surveillants,
Se ferment deux à deux, *tour à tour* SOMMEILLANTS.
              (*De Saint-Ange*, Métamorphoses, I, 21.)

L'horrible Tisiphone écarte les serpents
Qui, sifflant sur sa tête et sur *son front* RAMPANTS,
Retombent sur sa bouche, et souillent son visage.
              (*Le même*, Métamorphoses, IV, 9.)

Nous allons voir, dans le paragraphe suivant, que la ligne qui sépare le participe présent de l'adjectif verbal est souvent si peu marquée que les écrivains l'ont franchie dans une foule de circonstances ; ce qui a été une source de néologie assez féconde, et très favorable à la poésie.

§ II. *De l'adjectif verbal et du gérondif.*

De l'adjectif verbal.

330. — Un grand nombre d'adjectifs verbaux

n'étaient dans l'origine que des participes présents qui peu à peu sont devenus purement qualificatifs; ils se trouvent dans tous les dictionnaires avec les deux genres; tels sont *aimant, charmant, éclatant, gémissant, errant, prévenant*, etc. Il est permis aux écrivains, même en prose, de former de semblables adjectifs. Cherchez dans le *Dictionnaire de l'Académie*, vous ne trouverez ni la *puissance réglante* de Montesquieu [1], ni les *insectes voltigeants* de Buffon, ni les *songes voltigeants* de Fénélon, ni la *canaille cabalante* dont parle Voltaire, ni le *spectacle inspirant* de la nature, de Châteaubriand, ni cent adjectifs pareils que j'ai lus et recueillis, et qui, pour être omis du Dictionnaire académique, n'en font pas moins partie de la langue nationale. A plus forte raison, le poëte a le droit de produire ces adjectifs, en conservant, bien entendu, les convenances des différents styles; voici quelques exemples:

Je vous ai vu cent fois, sous sa main *bénissante*,
Courber servilement une épaule tremblante.
(*Boileau*, Lutrin, IV.)

Le peuple s'inclinait sous leurs bras *bénissants*.
(*Cas. Delavigne*, Louis onze, I, 5.)

En ce temps les amants
Près du sexe d'abord sont si *gesticulants*.
(*Regnard*, le Joueur, I, 4.)

---

[1] Voir mon *Examen critique* de la *Grammaire des grammaires*, p. 124.

> Il vit de loin vingt beautés ravissantes
> Dansant en rond ; leurs robes *voltigeantes*
> Etaient à peine un voile à leurs attraits.
> (*Voltaire*, Ce qui plaît aux dames.)

> Et sur les monts voisins les grappes *mûrissantes*.
> (*Bertin*, Elégies.)

> Et le cloître attentif en redit les accents
> A ces restes sacrés, à ces murs *vieillissants*.
> (*Soumet*, Monuments rel.)

> Je suis loin de plaider pour les maris *battants* [1].
> (*Fr. de Neufchâteau*, Fables, V, 16.)

351. — Comme les verbes neutres expriment généralement des actes qui ont une certaine durée, leur participe peut devenir propre à peindre *l'état*, ou une action tellement prolongée qu'elle devient une situation. La place du complément adverbial ou du circonstanciel influe sur la valeur du mot et sur la cause de ses variations. C'est ce qu'a développé judicieusement M. Bescher dans la *Théorie des participes*, ouvrage auquel nous renvoyons le lecteur. Ainsi l'on écrit, même en prose :

La plaine *au loin* RETENTISSANTE. La plaine RETENTISSANT *au loin*.
Les plaisirs *en foule* RENAISSANTS. Les plaisirs RENAISSANT *en foule*.

Voilà bien le même mot, variable ou invariable, selon qu'il est précédé ou suivi de son complément [2].

---

[1] Molière a employé cet adjectif en attribution :
Je ne suis point *battant*, de peur d'être battu.

[2] L'exemple suivant est néanmoins purement poétique :

284 TRAITÉ DE VERSIFICATION.

Le poëte ira, sous ce rapport, plus loin que le prosateur ; il donnera quelque chose de plus pittoresque à la phrase en rendant *adjectif* et faisant varier un participe qui, suivi de son complément adverbial, resterait invariable en prose :

Cent tonnerres d'airain *grondants* sur les remparts.
(*Voltaire*, cité par Bescher.)

Arrive une troupe d'enfants.
Aussitôt les voilà *courants*
Après ce papillon dont ils ont tant envie.
(*Florian*, Fables, le Grillon.)

A l'instant même une grande panthère [1],
Aux griffes d'or, *tombantes* jusqu'à terre.
(*Florian*, le Cheval d'Espagne.)

Les ondes à leur choix *errantes* mollement.
(*Delille*, les Jardins, I.)

Du gérondif.

332. — Le gérondif n'est que le participe présent précédé de la préposition *en*. Voici un exemple qui renferme les deux mots avec leurs différences de signification :

Ce n'est point des forêts une simple habitante :
La majesté des rois dans ses traits *éclatante*,
L'accompagne au milieu des plus simples travaux.
(*Baour-Lormian*, Jérusalem délivrée, VII.)

C'est que l'adjectif *éclatant* ne prend pas ordinairement de complément de ce genre, de complément *local*, si nous pouvons lui donner ce nom.

[1] Il s'agit d'une peau de panthère.

> L'autre esquive le coup, et l'*assiette* VOLANT,
> S'en va frapper le mur, et revient EN ROULANT.
> <div align="right">(<i>Boileau.</i>)</div>

Volant peut se traduire par *qui volait,* il qualifie *assiette* en marquant l'action qu'elle opère au moment indiqué. Le gérondif n'est point qualificatif; il marque une action pendant la durée de laquelle s'en opère une autre avec laquelle elle a un rapport de simultanéité ou de causalité. Les poëtes ont, dans certains cas, pu supprimer la préposition *en* du gérondif :

> Reprenez le pouvoir que vous m'avez commis,
> Si, *donnant* des sujets il ôte les amis.
> <div align="right">(<i>Corneille,</i> Cinna, IV, 3.)</div>

> Jamais un coup d'Etat ne fut mieux entrepris :
> Le *voulant* secourir, César nous eût surpris.
> <div align="right">(<i>Le même,</i> Pompée, II, 3.)</div>

> L'âne effraiera les gens, nous *servant* de trompette.
> <div align="right">(<i>La Fontaine,</i> Fables, V, 19.)</div>

> *Parlant* ainsi, je vis que les convives
> Aimaient assez mes peintures naïves.
> <div align="right">(<i>Voltaire,</i> le Mondain.)</div>

> L'auteur veut se cacher, *attendant* qu'il prospère.
> <div align="right">(<i>Delille,</i> traduction de Pope.)</div>

Cette licence est d'autant plus naturelle qu'il n'est pas toujours facile de déterminer positivement tous les cas où l'une de ces deux expressions doit être préférée à l'autre.

Voltaire fait une judicieuse remarque sur ce vers de Corneille (*Cinna*, III, 1) :

> Gagnez une maîtresse, *accusant* un rival.

« Il faut *en accusant*, parce qu'il semble, par la
« construction, que ce soit Emilie qui accuse. »

Rapport du gérondif au sujet.

333. — Le gérondif doit se rapporter et se rapporte généralement au sujet qui fait les deux actions mises en rapport, comme dans le vers de Boileau, où l'assiette *roule* et *revient*. Le poëte, quelquefois forcé de renfermer sa phrase dans les bornes prescrites, se jette à côté de la règle, et on le lui permet, pourvu qu'il n'y ait point d'équivoque. Nous n'approuvons pas assurément l'exemple suivant de La Fontaine (Fables, VI, 5) :

>Tout *en parlant* de la sorte,
>Un limier le fait partir;

parce que, d'après le contexte, il semble que ce soit le limier qui parle. Mais nous ne croyons pas qu'on ait le droit de condamner ceux-ci en poésie, où la concision est si nécessaire. La prose même pourrait les admettre quelquefois.

>S'il n'a reçu du ciel l'influence secrète,
>Si son astre, *en naissant*, ne l'a formé poëte[1],
>   (*Boileau*, Art poétique, I.)

>Songez-vous qu'*en naissant* mes bras vous ont reçue?
>   (*Racine*, Phèdre, 1, 3.)

---

[1] Il faut, dans ce cas, mettre le gérondif entre deux virgules quand il n'y a point d'élision.

J'attaquai les Romains, et ma mère éperdue,
Me vit, *en reprenant* cette place rendue,
A mille coups mortels contre eux me dévouer.
(*Le même*, Mithridate, I, 1.)

La grâce, *en s'exprimant*, vaut mieux que ce qu'on dit.
(*Voltaire*, Contes en vers.)

Son armure, *en marchant*, rend un son plus terrible.
(*Delille*, Enéide, IX.)

Infinitif employé pour le gérondif.

534. — On emploie quelquefois, au lieu du gérondif, l'infinitif précédé de la préposition *à*. C'est une tournure toute poétique, et qui demande un tact sûr de la part de l'écrivain.

A vaincre sans péril, on triomphe sans gloire.
(*Corneille*, le Cid.)

A raconter ses maux, souvent on les soulage[2].
(*Le même*, Polyeucte, I, 3.)

A vouloir trop voler de victoire en victoire,
Plus d'un ambitieux diminua sa gloire.
(*Piron*, Fern. Cortez, I, 4.)

§ III. *Du participe passif.*

535. — Les règles d'accord du participe passif ou passé n'ont pas toujours été fixes, comme elles le sont aujourd'hui ; il y a même encore certains cas douteux pour beaucoup de grammairiens. Il

---

[2] Voltaire dit qu'il faudrait *en racontant*; il n'a pas réfléchi.

n'est donc pas étonnant que les poëtes, au milieu de cette divergence d'opinions, et en l'absence de décisions de l'Académie, aient pris une certaine latitude et conservé certaines licences dans l'emploi de cette espèce de mots :

356. — *Participe précédé de son régime, sans accord.*

J'estime qu'en effet c'est n'y consentir point
Que laisser désunis ceux que le ciel *a joint.*
(*Corneille,* cité par Bescher.)

Et je suis stupéfait
Des accords surprenants *que* le hasard *a fait.*
(*Regnard,* Ménechmes, I, 3.)

Quelques efforts *qu'*ait toutefois *tenté*
De leur courroux l'âpre malignité.
(*J.-B. Rousseau,* Epître à Thalie.)

Des feux d'une fièvre effroyable
Que je n'aurais point *eu* sans lui.
(*Gresset,* Epître à M. Orry.)

Rome, l'Etat, mon nom nous rendent ennemis ;
La haine *qu'*entre nous nos pères ont *transmis.*
(*Voltaire,* Triumvirat, V, sc. dern.)

Tancrède dit, en parlant d'Amenaïde :

Et *l'*eussé-je *aimé* moins, comment l'abandonner ?
(*Voltaire,* Tancrède, IV, 2.)

Ne *m'*a-t-il pas *jeté* sous tes pas, comme on trouve
L'enfant abandonné qu'on réchauffe et qu'on couve[1] ?
(C'est une femme qui parle.) (*De Lamart.,* Jocelyn, IV.)

---

[1] Voici encore un exemple extrait du *Caligula* de M. Alexandre Dumas, qui s'accommode de toutes les licences :

Nous n'avons pas voulu rentrer chez nos dieux lares,
Sans rosser quelque peu nos cohortes de nuit :
Cette occupation ici *nous* a *conduit.*

Dans d'autres endroits, ces poëtes ont suivi la règle d'accord formulée dans toutes les grammaires, quand ils n'ont point été détournés par les entraves de la versification. Cette licence est très commune, et c'est peut-être la moins excusable de toutes celles qui vont nous occuper dans ce paragraphe. Le participe, joint à l'auxiliaire *avoir*, est alors considéré comme une espèce de *supin*.

337. — *Participe précédé de son régime direct, mais suivi d'un qualificatif, sans accord.*

D'après Vaugelas, Bouhours, Arnaud, et même l'Académie, on devrait écrire : *Les habitants nous ont* RENDU *maîtres de la ville,* et ainsi, sans accord, tous les participes suivis d'un modificatif se rapportant au régime direct. Les grammairiens modernes ont fait bonne justice de cette exception. On peut la considérer comme une licence poétique.

Quelle est donc cette tombe en ces lieux élevée,
Que j'ai *vu* de vos pleurs en ce moment lavée ?
(*Voltaire,* Mérope, III, 2.)

Qui m'a *fait* son esclave, et de qui suis-je née[1] ?
(C'est Electre qui parle.) (*Crébillon,* Electre, I, 5.)

338. — *Participe précédé de son régime direct, mais suivi de son sujet, sans accord.*

Là, par un long récit de toutes les misères
Que pendant notre enfance ont ENDURÉ *nos pères.*
(*Corneille,* Cinna, I, 3.)

---

[1] M. Alexandre Dumas a dit de même dans son *Caligula* :
Outre sa liberté *qu*'il avait *cru* perdue.

« *Ont enduré*, dit Voltaire, paraît une faute aux
« grammairiens, ils voudraient *les misères qu'ont*
« ENDURÉES *nos pères*. Je ne suis point du tout de
« leur avis. Il serait ridicule de dire *les misères*
« *qu'ont* SOUFFERTES *nos pères*, quoiqu'il faille dire
« *les misères que nos pères ont* SOUFFERTES. »

Restaut et quelques anciens grammairiens étaient du même avis ; ils voulaient que le participe restât invariable, quand il est suivi de son sujet. Boiste pense que les poëtes ont la liberté *de faire accorder, ou de ne pas faire accorder avec son régime simple, le participe qui est suivi de son nominatif, ou d'un adjectif* (Difficultés), et il déclare qu'il ne regarde point comme une faute le vers de Corneille que nous avons cité en commençant ce numéro, ni ceux du numéro précédent. J.-B. Rousseau a dit aussi, dans une des odes du livre Ier :

Jouissez des félicités
Qu'ont MÉRITÉ pour vous *mes bontés* passagères.

339. — *Participe précédé de son régime direct, mais suivi d'un infinitif, sans accord.*

Tantôt à son aspect je *l*'ai vu s'émouvoir.
(*l*' se rapporte à Athalie.) (*Racine*, Athalie, V, 2.)

C'est moi qui l'offensais, moi qu'en cette journée
Il a vu souhaiter ce fatal hyménée.
(C'est Zaïre qui parle.) (*Voltaire*, Zaïre, V, 4.)

Ce que mes yeux trompés *t*'ont vu toujours paraître.
(*t*' se rapporte à Aménaïde.) (*Le même*, Tancr., IV, 2.)

Dans ces vaisseaux ingrats qu'ils m'ont *vu* secourir,
Les cruels voudraient-ils m'accorder une place ?
(C'est Didon qui parle.)   (*Delille*, Enéide, IV.)

Immobile, saisi d'un long étonnement,
Je *l*'ai *laissé* passer dans son appartement.
(*l*' se rapporte à Junie.)   (*Racine*, Britannicus, II, 2.)

Madame, si pourtant j'ose ainsi vous nommer.
. . . .
Quel est votre dessein ? Quels bords vous ont *vu* naître.
    (*Baour-Lormian*, Jérusal. déliv., IV.)

Mais quoi ! c'est un village, enfin, qui t'a *vu* naître ?
Ma sœur. . . . .
    (*Collin-d'Harleville*, les Mœurs du jour, II, 2.)

Et sa main défaillante abandonne les rênes
Sitôt que les coursiers, libres dans leurs élans,
Les ont *senti* flotter et battre sur leurs flancs.
    (*De Saint-Ange*, Métamorphoses, II, 4.)

Notre tendre amitié remplit le cours des heures :
Ces arbres *l*'ont *vu* naître, et témoins de nos jeux,
En croissant, chaque jour, l'ont *vu* croître avec eux.
    (*Cas. Delavigne.*)

Un critique a reproché à M. Cas. Delavigne cette violation de la règle ; celui-ci a allégué l'opinion de Condillac, qui est pour l'invariabilité dans ce cas [1], et l'exemple de Racine que nous avons cité avant le sien. Il est certain qu'en prose ce serait une faute, et qu'en vers ce n'est qu'une licence. Toutes ces licences, du reste, ne doivent paraître dans un

---

[1] Condillac pense que le participe *laissé* doit être invariable devant un infinitif ; il admet la variabilité pour les autres participes.

poëte que de loin en loin ; un écrivain correct doit en être extrêmement sobre.

340. — *Observation.*

Beaucoup de grammairiens regardent les verbes *valoir* et *coûter* comme neutres dans tous les sens, et dès lors pensent que leurs participes ne doivent point varier. D'autres soutiennent que ces verbes sont neutres dans leur signification propre, et actifs dans leur acception figurée. L'Académie (1835) partage cette opinion pour *valoir*, mais non pour *coûter*, dont elle déclare le participe invariable. (Voir *Gram. des gram.*, 1842.) On comprend que cette divergence de sentiments a dû régner de même chez les poëtes, et qu'elle restera comme licence, car l'usage est contraire à la décision de l'Académie.

Après tous les ennuis que ce jour m'a *coûtés*,
Ai-je pu rassurer mes esprits agités?
(*Racine*, Britannicus, V, 3.)

Il paraît, en effet, digne de vos bontés,
Il mérite surtout les pleurs qu'il m'a *coûtés*.
(*Voltaire*, Comtesse de Givry, II, 2.)

Juste ciel! eh! que faire en cette extrémité?
O mon fils, que de pleurs ton destin m'a *coûté*.
(*Le même*, Eriphyle, I, 3.)

Les exemples de variabilité, dans le sens figuré, sont plus nombreux que les exemples d'invariabilité.

Rapport elliptique des participes.

541. — « Le participe passé, mis au commencement d'une phrase, doit toujours se rapporter d'une manière précise et sans équivoque à un nom ou à un pronom, soit en sujet, soit en régime. » (*Gram. des gram.*, p. 728, 729, édition 1842.) « Cette remarque s'applique au participe présent. »

En conséquence, Girault-Duvivier critique les vers suivants :

Vaincu, mais plein d'espoir et maître de Paris[1],
Sa politique habile, au fond de sa retraite,
Aux ligueurs incertains déguisait sa défaite.
      (*Voltaire*, Henriade, VII.)

Nous avons reconnu la justesse de ce principe dans notre *Examen critique de la Gram. des gram.*; mais nous n'admettons pas toutes les conséquences que l'on peut en tirer. Notre avis a été partagé par M. A. Lemaire, éditeur et correcteur de l'ouvrage de Girault-Duvivier : il convient que les orateurs,

---

[1] On voit que les adjectifs *plein* et *maître* sont dans le même cas. Aussi des grammairiens, dont les ouvrages sont trop protégés, trouvent tout bonnement une grosse faute dans ces beaux vers de Racine (*Phèdre*, V) :

 Indomptable *taureau*, *dragon* impétueux,
  Sa *croupe* se recourbe en replis tortueux.

Voilà comme on analyse Racine à la jeunesse studieuse, avec brevet d'invention.

et *les poëtes surtout,* n'ont pas craint de s'écarter de la règle toutes les fois que le sens ne souffre pas de cette hardiesse. Nous allons compléter ces observations en citant des exemples :

1° *Avec le participe passif.*

Ou *lassés* ou *soumis,*
Ma funeste amitié pèse à tous mes amis.
(*Racine,* Mithridate, III, 1.)

Dans un cachot affreux, *abandonné* vingt ans,
Mes larmes t'imploraient pour mes tristes enfants.
(*Voltaire,* Zaïre, II, 3.)

Endormi sur le trône, au sein de la mollesse,
Le poids de sa couronne accablait sa faiblesse.
(*Le même,* Henriade, I.)

Couvert du bouclier de la philosophie,
Le temps n'emporte rien de ta félicité.
(*De Lamartine,* la Retraite.)

Révère ton aïeule. . . . .
Redoutée au dehors, de mon peuple *bénie,*
L'Europe avec respect contemple son génie.
(*Ancelot,* Louis IX, acte IV, 6.)

2° *Avec le participe présent.*

Dès lors, *courant*[1] toujours de victoire en victoire,
Des califes déchus de leur antique gloire,
Le redoutable empire entre eux fut partagé.
(*J.-B. Rousseau,* Ode aux princes chrét.)

Nourrissant le projet que sa fureur enfante,
Ces présages affreux la glacent d'épouvante.
(*Delille,* Enéide, IV.)

---

[1] *Courant* se rapporte aux Turcs, dont il est question plus haut.

Tirant[1] tout de soi seul, *rapportant* tout à soi,
Sa volonté suprême est sa suprême loi.
(*De Lamartine*, Médit., Dieu.)

542. — Voici maintenant des phrases où le participe est joint à un nom qu'il modifie, mais le rapport n'en est pas moins irrégulier. C'est la construction pleine dont la précédente est une variété elliptique.

Les *pleurs* de Zénobie *irritant* ce transport,
Pour prix de tant d'amour je lui donnai la mort.
(*Crébillon*, Rhadamiste, II, 1.)

Et *leurs cœurs s'allumant* d'un reste de chaleur,
La honte fit sur eux l'effet de la valeur.
(*Boileau*, Epître IV.)

Un si galant *exploit réveillant* tout le monde,
On a porté partout des vases à la ronde [2].
(*Le même*, Satire III.)

Et l'*instinct dénouant* la chaîne mutuelle,
Un nouveau nœud commence une race nouvelle.
(*Delille*, les Trois Règnes, VIII.)

---

[1] *Tirant* se rapporte à *Dieu*, énoncé plus haut.
[2] Il y a quatre autres exemples semblables dans la même satire. Tous les poëtes en offrent. C'est une espèce de proposition implicite.

LICENCES DANS L'EMPLOI DES ADVERBES.

Orthographe absolue de quelques adverbes. — Place des adverbes. — Emploi des adverbes PLUS, MOINS. — Des adverbes négatifs en poésie. — Remarques sur plusieurs adverbes.

§ I. *Orthographe de quelques adverbes.*

343. — En prose on écrit *encore, guère, naguère, certes*. On peut écrire en vers *encor, guères, naguères, certe*; c'est-à-dire qu'on peut retrancher l'e final d'*encore*, ajouter un s à *guère* et à *naguère*, et l'ôter à *certes*.

1° Non, vous n'espérez plus de nous revoir *encor*,
Sacrés murs que n'a pu conserver mon Hector.
(*Racine*, Andromaque, I, 4.)

L'affreuse mort, au fond de la coupe fatale,
Laisse *encore* pour lui quelques gouttes de miel,
Il touche *encor* la terre en montant vers le ciel.
(*Delille*, les Trois Règnes, III.)

REMARQUE.

Dans le corps du vers, on ne supprime jamais cet *e* devant une voyelle.

2° Seigneur, tant de grandeurs ne me touchent plus *guère*;
Je les lui promettais tant qu'a vécu son père.
(*Racine*, Andromaque, I, 4.)

Mais ces lieux et cela ne s'accommodant *guères*,
Allons dans la maison débrouiller ces mystères.
(*Molière*, École des Femmes, V, 10.)

3° N'avez-vous pas *naguère* entendu sans terreur,
Des rochers de Scylla la bruyante fureur ?
(*Delille*, Enéide, I.)

Fait¹, pour les vils besoins de ces luttes vulgaires,
D'une bouche d'ami qui souriait *naguères*,
Une bouche qui mord.
(*V. Hugo*, Voix intérieures, XXIX.)

4° Alors, *certes*, alors je me connais poëte.
(*Boileau*, Satire VII.)

Certe, un beau jour n'est pas plus beau que ton visage.
(*And. Chénier*, Elégies, XVII.)

Une jeune guenon cueillit
Une noix dans sa coque verte ;
Elle y porte la dent, fait la grimace... ah ! *certe*,
Dit-elle, ma mère mentit....
(*Florian*, Fables, IV, 12.)

§ II. *Place des adverbes, inversions.*

544. — Les adverbes de manière terminés en *ment* se mettent presque toujours après le verbe dans la phrase expositive, quand le verbe est à un temps simple ; voici l'exemple :

Ce qui se conçoit bien s'énonce *clairement*,
Et les mots pour le dire arrivent *aisément*.
(*Boileau*, Art poétique, I.)

La poésie a le droit de faire avec ces adverbes une inversion interdite à la prose, en les plaçant avant les verbes.

J'aime mieux un ruisseau qui, sur la molle arène,
Dans un pré plein de fleurs *lentement* se promène.
(*Boileau*, Art poétique, I.)

---

¹ C'est de l'ENVIE que parle le poète.

L'amour *avidement* croit tout ce qui le flatte.
(*Racine*, Mithridate, III, 4.)

Oh ! combien de héros *indignement* périrent !
(*Voltaire*, Henriade, II.)

J'ai connu deux hiboux qui *tendrement* s'aimèrent.
(*Florian*, Fables, IV, 5.)

Il meurt ; alors l'un et l'autre reptile
Tranquillement rentrent dans leur asile.
(*Malfilâtre*, imitation de Virgile.)

Un bien qu'on n'attend plus *facilement* s'oublie.
(*Chénier*.)

Avec un temps composé, l'adverbe se met entre le participe et l'auxiliaire, ou après le verbe composé : affaire de goût. Placer l'adverbe avant l'auxiliaire, c'est faire une inversion poétique.

Ces maîtres, toutefois, par l'erreur encensés,
Jamais *impunément* ne furent offensés.
(*L. Racine*, la Religion.)

Voici un exemple où l'adverbe est après le temps composé, et qui, par la nature des idées, ne pourrait avoir cette place en prose :

Qui veut mourir ou vaincre est vaincu *rarement*[1].
(*Corneille*, les Horaces, II, 1.)

---

[1] Il y a une nuance entre ces deux vers, entre ces deux idées :
Qui veut vaincre ou mourir *rarement* est vaincu.
Qui veut vaincre ou mourir est vaincu *rarement*.
En poésie elle disparaît.

345. — *Inversion avec les adverbes de temps.*

Toujours la mer n'est pas en butte
Aux ravages des aquilons ;
Toujours les torrents, par leur chute,
Ne désolent pas les vallons.
(J.-B. *Rousseau*, Odes.)

O mon cher fils, *toujours* sa puissance suprême,
Pour remplir ses décrets n'agit point elle-même.
(*Baour-Lormian*, Jérusal. déliv., VIII.)

Ces inversions sont réellement interdites à la prose, qui placerait l'adverbe *toujours* après les mots *pas* et *point*.

346. — *Inversion des adverbes* PAS, POINT, PLUS.

Je suis bien aise
De n'avoir point parlé pour ne m'avancer *pas*...
J'ai cru qu'il était mieux de ne m'avancer *point*.
(*Molière*, Femmes savantes, II, 9.)

Il conjurait ce Dieu de ne vous perdre *pas*.
(*Th. Corneille*, le Comte d'Essex, III, 3.)

Néron nous écoutait, madame, mais, hélas !
Vos yeux auraient pu feindre, et ne m'abuser *pas*.
(*Racine*, Britannicus, III, 7.)

Qui peut avoir un cœur assez traître, assez bas,
Pour montrer tant d'amour, et ne le sentir *pas* ?
(*Voltaire*, Zaïre, IV, 3.)

Adieu, mais là-dessus
Apprends à ne te plaindre *plus*.
(*Lamotte*, Fables, le Sac des destinées.)

Guelfe répond : «... Est-il une âme assez vulgaire
« Pour ne s'offenser *pas* d'un discours téméraire ? »
(*Baour-Lormian*, Jérus. déliv., V.)

Ces adverbes se placent après les temps simples, dans les modes personnels : *je ne crois* PAS; entre l'auxiliaire et le participe dans les temps composés: *je n'ai* PAS *cru;* avant l'infinitif : *ne* PAS *croire.* On excepte *vouloir* et *pouvoir*, qui souvent, en prose, peuvent être suivis de *pas.* Tous les exemples cités sont des licences, et la poésie doit préférer souvent cette transposition, qui fait éviter le prosaïsme. Au surplus, elle n'a lieu qu'avec l'infinitif.

Dans le vers suivant de Racine (*Britannicus,* IV, 1), l'inversion du pronom *me* avant l'adverbe *plus* ne serait pas permise à la prose ordinaire :

Vous avez affecté de ne *me plus* connaître.

§ III. *Emploi des adverbes* PLUS, MOINS.

347. — PLUS *employé pour* LE PLUS, LES PLUS.

En poésie, on peut employer *plus* pour *le plus,* c'est-à-dire le comparatif pour le superlatif.

Que le parti *plus* faible obéisse *au plus* fort[1].
(*Corneille*, Horace, I, 4.)

Nous verrons qui sur elle aura *plus* de pouvoir.
(*Molière,* Femmes savantes, IV, 5.)

Mais je veux employer mes efforts *plus* puissants.
(*Le même,* l'Etourdi, V, 13.)

---

[1] Voltaire, dans ses remarques, approuve cette expression en poésie; on voit qu'il l'a employée.

Entre Sénèque et vous disputez-vous la gloire,
A qui m'effacera *plus* tôt de sa mémoire?
(*Racine*, Britannicus, I, 3.)

Chargeant de mon débris les reliques *plus* chères [1].
(*Le même*, Bajazet, III, 2.)

Qui de nous trois, ô ciel! a reçu *plus* d'outrages!
(*Voltaire*, Alzire, V, 5.)

Mais de tous les guerriers celui dont la valeur
Inspira *plus* d'effroi, répandit *plus* d'horreur,
Dont le cœur fut *plus* fier et la main *plus* fatale [2].
(*Voltaire*, Henriade, IV.)

Dieux! les *plus* criminels seraient-ils *plus* punis!
(*Crébillon*, Electre, V, 9.)

On dirait que le ciel aux cœurs *plus* magnanimes
Ménage *plus* de maux.
(*De Lamartine*, Médit., la Gloire.)

348. — PLUS *employé pour* DAVANTAGE.

Nous renvoyons aux grammaires pour l'explication des différences qui existent entre ces adverbes. Les anciens pouvaient employer *davantage* suivi de *que* ou *de* au lieu de *plus*; mais les grammairiens en ayant signalé l'abus, la réforme s'est étendue irrévocablement même à la poésie. Les poëtes peuvent encore, dans certains cas, se servir de *plus* au lieu de *davantage*.

---

[1] Geoffroi, dans son observation sur ce vers de Racine, est du même sentiment que Voltaire.

[2] Les bons critiques qui ont annoté *la Henriade* pensent que cette licence doit être permise. En voilà, je crois, assez pour forcer les grammairiens au silence.

Et je m'en vais pleurer leurs faveurs meurtrières,
Sans *plus* les fatiguer d'inutiles prières,
(*Racine*, Phèdre, V, 7.)

.... Je tremble à vous en dire *plus*.
(*Voltaire*, Brutus, V, 3.)

Sachez que le premier (devoir) est d'étouffer l'idée
Dont votre âme à mes yeux est encor possédée,
De vous respecter *plus*, et de n'oser jamais
Me prononcer le nom d'un rival que je hais.
(*Le même*, Alzire, IV, 3.)

Notre paralytique
Souffrait sans être plaint; il en souffrait bien *plus* [1].
(*Florian*, Fables, l'Aveugle et le Paral.)

Et j'aurais mérité de lui plaire encor *plus*.
(*Andrieux*, le vieux Fat, III, 4.)

Il appelle Mercure, et sans différer *plus*,
Ordonne le trépas de l'odieux Argus.
(*De Saint-Ange*, Métamorphoses, I, 21.)

349. — *Répétition de* PLUS *et de* MOINS.

Plus je vous envisage,
Et *moins* je reconnais, monsieur, votre visage.
(*Racine*, les Plaideurs, II, 4.)

D'Olivet trouve une faute dans ce vers. Selon lui, la conjonction *et* est de trop dans ces sortes de phrases, parce que les deux propositions étant l'une à l'autre ce que la cause est à l'effet, il ne s'agit plus de les unir, mais de les mettre en opposition. Cette opinion est partagée par la majorité des grammai-

---

[1] *Plus*, précédé de l'adverbe *bien*, comme dans ce vers, peut se tolérer en prose.

riens, mais Lemare et Bescherelle soutiennent que l'emploi de cette conjonction n'est point une faute dans ce cas. Il est certain qu'en prose cette construction est rare, ce qui prouve que l'usage est favorable à l'opinion de d'Olivet, qui, il faut l'avouer, est fondée en raison, et se trouve soutenue de l'autorité de l'Académie. Nous pensons donc que l'emploi de la conjonction *et* avec ces adverbes en opposition ne doit plus être considéré que comme une licence poétique.

Plus l'offenseur est cher, ET *plus* grande est l'offense [1].
(*Corneille*, le Cid.)

Plus sa race est illustre, ET *plus* grand est le crime.
(*Voltaire*, Tancrède, II, 4.)

Plus on en tue, ET *plus* il s'en présente.
(*Le même*, le pauvre Diable.)

Plus un bonheur est extrême,
ET *plus* il est dangereux.
(*J.-B. Rousseau*, Cantates, XI.)

Plus la fortune rit, ET *plus* on doit trembler.
Elle orne sa victime avant de l'immoler.
(*Franç. de Neufchâteau*, Fables, V, 2.)

Moins on goûte ce bien, ET *plus* il a d'appas.
(*Cas. Delavigne*, Edouard, III, 2.)

§ IV. *Des adverbes négatifs en poésie.*

350. — *Suppression de la négative* NE.

Il est de règle stricte en prose d'employer la né-

---

[1] Dans ce vers et dans le suivant, qui en est une imitation, il a une autre licence d'inversion interdite à la prose, qui mettrait : Plus l'offenseur est cher, plus l'offense est grande.

gative *ne* après les verbes *craindre, avoir peur, trembler*, dans le sens de *craindre*. On peut la supprimer en poésie ; mais il faut user très rarement et scrupuleusement de cette licence.

Seigneur, je *crains* pour vous qu'un Romain vous *écoute*.
(*Corneille,* Nicodème, I, 1.)

« C'est encore ici une expression de doute, et la « négation *ne* est nécessaire; mais en poésie on peut « se dispenser de cette règle. » (Voltaire, *Commentaire sur Corneille*.) Marmontel pense comme Voltaire, et Laveaux dit que cette licence n'est permise que quand la force de l'expression la fait pardonner. Cette décision est un peu subtile. Nous ferons seulement remarquer que cette licence est plus rare aujourd'hui qu'autrefois.

**Qui rit d'autrui
Doit *craindre* qu'en revanche on *rie* aussi de lui.**
(*Molière*, Ecole des femmes, I, 1.)

Je *tremble* que mon cœur aujourd'hui s'en *souvienne*.
(*Voltaire,* l'Orphelin, III, 6.)

351. — Après *douter*, employé négativement ou interrogativement, je *ne doute pas, doutez-vous*, on emploie la négative. Voici un exemple de la suppression :

**Doutez-vous, quels que soient vos services passés,
Qu'un retour criminel les *ait* tous effacés ?**
(*Crébillon,* Rhadamiste, I, 3.)

Crébillon pouvait mettre NE *les ait effacés*.

352. — En prose, la négative est de rigueur après

les expressions conjonctives *à moins que, de peur que,* du moins dans les cas analogues à ceux dont nous allons citer des exemples :

A moins que pour régner le destin les separe.
(Corneille, OEdipe)

A moins que vous cessiez, madame, d'être aimable.
(Molière, Femmes savantes, V, 4.).

De peur que ma présence encor *soit* criminelle.[1]
(*Le même*, l'Etourdi, I, 5.)

De *peur que* d'un coup d'œil cet auguste visage
Ne fit trembler son bras, et *glaçât* son courage.
(Voltaire, Henriade, II.)

Sois donc prêt à frapper *de peur qu'*on nous *prévienne.*
(*Le même.*)

L'exemple tiré de la *Henriade* offre les deux constructions.

555. — *Observations particulières.*

1° Avec les comparatifs d'inégalité, on doit mettre la négative dans la proposition complétive : Son crime est *plus* grand, *moins* grand que vous *ne* pensez. Nous croyons qu'en vers, dans certains cas, lorsque le verbe est éloigné des comparatifs, la suppression peut se tolérer :

En ces lieux *plus* cruels et *plus* remplis de crimes,
Que vos gouffres profonds *regorgent* de victimes.
(Voltaire, Oreste.)

---

[1] Corneille et Molière offrent assez souvent cette licence.

2° Boileau a dit, satire II :

La nuit à bien dormir, et le jour à *rien* faire.

Il était facile de mettre, en supprimant *et* :

La nuit à bien dormir, le jour à *ne rien* faire.

C'est ainsi que La Fontaine s'est exprimé, dans son épitaphe :

L'une à dormir, et l'autre à *ne* rien faire.

L'Académie, consultée par Boileau, approuva la suppression de la négative dans ce vers. Cette décision est une autorisation tacite pour d'autres licences du même genre.

Rêvant à *rien*, comme c'est mon usage.
(*Andrieux*, le Portrait.)

Le donner, le reprendre, et *jamais* l'engager.
(*Collin d'Harleville*, l'Inconstant, III, 12.)

354. — *Suppression de la négative avec* PAS *et* POINT.

T'ai-je *pas* là-dessus ouvert cent fois mon cœur ?
(*Molière*, Tartuffe, II, 2.)

Sont-ils *pas* las de dormir si longtemps ?
(*Voltaire*, Nanine, II, 4.)

Voulez-vous *pas* que ce maître étourdi......
(*Le même*, l'Enfant prodigue, I, 4.)

Voilà-t-il *pas* de vos jérémiades ?
(*Le même*, Contes en vers.)

Voyez-vous *pas* s'enfuir les hôtes du bocage ?
(*Delille*, cité par Lemare.)

Serait-ce *point* sottise la plus haute ?
(*Andrieux*, l'Alchimiste, conte.)

Cette licence, dont Molière et Voltaire ont usé souvent, n'a lieu qu'avec un verbe en interrogation. Elle est plutôt du style badin et comique que du haut style ; cependant, on la trouve aussi dans Racine (*Esther*, II, 7) :

Esther, que craignez-vous ? *suis-je pas* votre frère ?

Thomas Corneille, Ménage, etc., désapprouvent cette licence, Marmontel et beaucoup d'autres la permettent ; nous croyons qu'elle est suffisamment autorisée.

§ V. *Remarques sur plusieurs adverbes.*

555. — *Dehors* s'emploie dans le sens absolu, *hors* veut un complément : Je suis *hors* d'embarras, j'*en* suis *hors*. Cependant, avec une idée de lieu, si La Fontaine a dit, dans la fable du *Bouc et le Renard* :

Tâche de t'en tirer ; or, adieu, *j'en suis hors*,

Boileau a jugé plus convenable de dire (satire X) :

L'honneur est comme une île escarpée et sans bords :
On n'y peut plus rentrer quand on *en* est *dehors*.

Lemare soupçonne à bon droit un solécisme dans cette expression. Il était facile à Despréaux de mettre :

On n'y peut plus rentrer lorsque l'on *en* est *hors*;

mais il a senti que cette suite de monosyllabes accentués rendait le vers d'une dureté choquante.

Ch. Nodier, dans son *Commentaire sur La Fontaine*, dit que le poëte devait mettre, *or, adieu, j'en suis dehors*, parce que le mot *hors* n'est point adverbe, mais préposition. Il a jugé avec réminiscence du vers de Boileau, où il a mal interprété le sentiment d'harmonie qui chez lui était blessé; il n'a point analysé la phrase : l'analyse veut *hors* et l'harmonie *dehors*, même en prose, comme on le trouve dans Voltaire (*Dict. philos.*, *Voyage de saint Pierre à Rome*). Observons toutefois qu'avec un substantif exprimant une idée abstraite, *dehors* ne serait point admissible, comme dans cet exemple que nous forgeons exprès :

J'étais dans la *tristesse* ; enfin j'en suis *dehors*.

556. — Quand on fait une énumération, ou une division, au moyen des adverbes *ici*, *là*, on doit mettre *ici* en première ligne ; le poëte peut intervertir cet ordre :

Là vous n'apercevez que verdure et que fleurs,
Ici l'herbe languit, ou meurt à peine éclose.
(*Lefranc de Pompignan*, Discours en vers.)

Là s'épanche en fontaine, *ici* bouillonne en source.
(*Thomas*, Pétréide, ch. I, de la France.)

Sur ces lambeaux fameux, sur ces ruines sombres,
Qui, *là*, sans majesté, rampent dans les déserts,
Ici, d'un front altier, se dressent dans les airs.
(*Legouvé*, la Mélancolie.)

557. — Le mot *cependant* est un adverbe qui

s'emploie quelquefois poétiquement pour *pendant ce temps-là*.

> Viens, suis-moi, la sultane en ces lieux se doit rendre,
> Je pourrai, *cependant*, te parler et t'entendre.
> (*Racine,* Bazajet, I, 1.)

> *Cependant,* Ilion au carnage est livré.
> (*Delille,* Enéide, II.)

Dans ce dernier vers, *cependant* traduit littéralement *interea;* mais on peut ici lui croire son sens habituel.

358. — *Remarques particulières.*

1° On dit bien *le plus grand,* le *moins grand,* on ne dit pas *l'aussi grand.* M. de Lamartine s'est permis ce néologisme, l'*aussi,* dans une de ses œuvres.

> Avant d'aller offrir sur un autel propice
> De sa vie au Dieu pur *l'aussi* pur sacrifice.

2° Au lieu de cet adverbe *aussi,* qui aurait fait hiatus, Racine a employé *autant* en comparatif avec un adjectif.

> D'un jour *autant* heureux que je l'ai cru funeste.
> (Britannicus, V, 3.)

3° Dans le style marotique et même dans le genre badin, dans l'apologue, l'épître familière, etc., on peut se servir de *lors* et de *jà* pour *alors* et *déjà*.

LICENCES DANS L'EMPLOI DES PRÉPOSITIONS.

Emploi de certaines prépositions pour d'autres. — Ellipse des prépositions A et DE. — Remarques diverses.

§ I. *Emploi de certaines prépositions pour d'autres.*

359. — Vers *se met pour* ENVERS.

Vers ces mânes sacrés c'est me rendre perfide.
    (*Corneille*, le Cid, V, 7.)

Ce monarque, en un mot, a *vers vous* détesté
Sa lâche ingratitude et sa déloyauté.
    (*Molière*, Tartuffe, V, 7.)

Et m'acquitter *vers* vous de mes respects profonds.
    (*Racine*, Bajazet, III.)

Pour me donner le temps de m'acquitter *vers* toi.
    (*Voltaire*, Alzire, II, 3.)

J'admire son courage autant que sa douceur,
Vous l'allez voir. *Vers* elle acquittez votre sœur.
    (*Marmontel*, Cléopâtre, III, 4.)

Un ami vrai. Pour m'acquitter *vers* lui.....
    (*Andrieux*, Anaximandre, sc. II.)

D'Olivet regarde cet emploi comme une faute ; Geoffroi le trouve permis. Voltaire fait un fréquent usage de cette expression. Elle est souvent jointe au verbe *acquitter*.

360. — Près de *se met pour* **auprès de,** *en comparaison.*

Pour vous régler sur eux que sont-ils *près* de vous ?
(*Racine*, Esther, II, 5.)

Non, les divers fléaux.....
Dont l'homme ne peut fuir ni détourner les traits,
Ne sont rien *près* des maux que lui-même s'est faits.
(*Lemierre.*)

D'Olivet se contente de dire que l'usage actuel n'autorise peut-être pas cette manière de s'exprimer. Geoffroi l'approuve en poésie, et nous pensons de même.

§ II. *Ellipse des prépositions* A *et* DE.

561. — Les prépositions *a, de* doivent se répéter en prose devant chacun des mots qu'elles régissent, noms, pronoms, ou verbes. En vers, on peut souvent ellipser ces prépositions devant un infinitif.

Réduit *à* te déplaire ou *souffrir* un affront.
(*Corneille*, le Cid, III, 4.)

Je songe *à* me pourvoir d'esquif et d'avirons,
A régler mes désirs, *à* prévenir l'orage,
Et *sauver*, s'il se peut, ma vertu du naufrage.
(*Boileau*, Epître V.)

Quel fruit revient aux plus rares esprits,
de tant de soins *à* polir leurs écrits,
A rejeter les beautés hors de place,
Mettre d'accord la force avec la grâce,
Trouver aux mots leur véritable tour, etc.
(*J.-B. Rousseau*, Adieu aux muses.)

De borner nos talents à des futilités,
Et nous *fermer* la porte aux sublimes beautés.
(*Molière*, Femmes savantes, III, 2.)

Et n'ayant d'autre inquiétude
Que *de* battre et *casser* les os.
(*Le même*, Amphitryon, II, 1.)

Heureuse, en te sauvant, dans les bras de la paix,
De confondre et *punir* les ingrats que tu fais.
(*Marmontel*, Aristomène, II, 7.)

Voltaire, Commentaire sur *le Menteur* de Corneille, La Harpe, dans son observation sur le passage ci-dessus de Rousseau, approuvent cette licence en poésie, et beaucoup de grammairiens pensent de même.

Dans l'exemple suivant, la préposition *de* est ellipsée devant un substantif; cette ellipse peut se tolérer dans certains cas avec la conjonction *ou*, et même avec la conjonction *et*.

Quand deux enfants *de* Luther ou Calvin.
Vont par hasard au prêche ultramontain.
(*Voltaire*, Contes en vers.)

Oui, quelque part j'ai lu qu'il ne faut pas
Aux fronts voilés des miroirs moins fidèles
Qu'aux fronts ornés *de* pompons et dentelles.
(*Gresset*, Vert-Vert, I.)

Pour nous former dans l'art *de* Cujas et Berthole.
(*Andrieux*, les Etourdis, I, 2.)

562. — *Ellipse de la préposition* DE *après* C'EST, *devant un infinitif.*

C'est créer les talents *que de* les *mettre* en place.

Voilà la construction pleine dans cette sorte de phrase.

On peut ellipser la préposition *de* en vers, quoique, au jugement de Girault-Duvivier, ce soit une faute :

> Mais *c'est* mourir deux fois *que souffrir* tes atteintes.
> (*La Fontaine,* Fables, III, 13.)

> Non, je ne vous crois point, et *c'est* vous faire injure
> *Que daigner* un moment combattre l'imposture.
> (*Voltaire,* OEdipe, II, 3.)

> *Ce serait* mériter qu'il me la vînt ravir
> *Que de l'avoir* en main, et ne m'en pas *servir.*
> (*Molière,* Tartufe, III, 4.)

> *C'est* cesser de souffrir *que sortir* de la vie.
> (*Ducis,* Othello.)

> *Est-ce* donc vivre, ô ciel ! *que trembler* de mourir,
> *Que d'obéir* toujours, *que de* toujours souffrir !
> (*Cas. Delavigne,* Vêpres Siciliennes, V.)

Ce dernier exemple, comme celui de Molière, présente les deux constructions.

363. — *Ellipse de la préposition* DE *après* IL VAUT MIEUX, J'AIME MIEUX, PLUTÔT QUE, *etc.*

Voici d'abord la construction pleine :

> *J'aime mieux* n'être plus, que *de* vivre avili.
> (*Thomas,* Ode au Temps.)

> *Plutôt que de* tomber dans ses mains redoutables,
> On tourmente au hasard les voiles et les câbles.
> (*Delille,* Enéide, III.)

C'est ainsi que l'on doit s'exprimer en prose, mais les poètes ont l'incontestable droit de supprimer *de* dans ces sortes de cas ; cette suppression est abusive en prose [1].

---

[1] Les prépositions *à* et *de* sont celles qui s'ellipsent le moins. Quant aux prépositions *par, pour, dans, sans,* il est moins né-

Il *vaut mieux* expirer,
Et mourir avec toi *que* se déshonorer.
(*Voltaire.....*)

Il nous *vaut mieux* vivre au sein de nos lares
Que parcourir bords lointains et barbares.
(*Gresset,* Vert-Vert, I.

Elle est prête à périr auprès de son époux
Plutôt que découvrir l'asile impénétrable
Où leurs soins ont caché cet enfant misérable.
(*Voltaire,* l'Orphelin, III, 5.)

Plutôt mourir cent fois *que* ne pas vous défendre.
(*Ducis,* Roméo, I, 2.)

Plutôt que l'agrandir, féconder son terrain.
(*Saint-Lambert,* les Saisons.)

Je fais *plus* pour l'Etat *que* lui donner ma vie.
(*Marmontel,* Aristomène, II, 1.)

§ III. *Remarques diverses.*

564. — *Du rapport indirect des prépositions*
POUR, AFIN DE, SANS.

La *Grammaire des grammaires,* Lemare et beaucoup d'autres grammairiens, disent que l'infinitif, précédé d'une préposition, doit se rapporter d'une manière claire et précise au sujet ou au régime du verbe de la proposition. On blâme avec raison ce vers équivoque :

Ce n'est que *pour* donner que le Seigneur nous donne,

---

cessaire de les répéter devant chaque régime, mais la prose doit rarement les sous-entendre.

Il faut certainement *pour que nous donnions*. Cependant, cette construction analytique et prosaïque est dédaignée des poëtes, parce qu'en effet c'est la marche de la tortue, et non le vol de l'aigle. Le rapport indirect des prépositions *pour, afin de, sans,* est admissible et admis en poésie, toutes les fois qu'il n'y a point d'équivoque réelle pour l'esprit, et les auteurs de la *Grammaire nationale,* ainsi que le nouvel éditeur de la *Gram. des gram.,* qui cite une de nos observations faite sur cette règle, sont de cet avis. En effet, disons-nous, prenons ces vers de Racine (*Iphigénie,* IV, 4) :

> Peut-être assez d'honneurs environnaient ma vie,
> *Pour* ne pas souhaiter qu'elle me fût ravie ;

qui pourrait préférer la construction *pour que je ne souhaitasse pas?* Voyons maintenant quelques exemples :

> Que t'ai-je fait, cruel, pour être ainsi traitée,
> Et *pour* me reprocher, au mépris de ta foi,
> Un amour si puissant que j'ai vaincu pour toi?
> (*Corneille,* Polyeucte, V, 3.)

> Le théâtre, fertile en censeurs pointilleux,
> Chez nous *pour* se produire est un champ périlleux.
> (*Boileau,* Art poétique, III.)

> Un bon pourpoint bien long, et fermé comme il faut,
> Qui *pour* bien digérer tienne l'estomac chaud.
> (*Molière,* Ecole des maris, I, 1.)

> Il ne vous a pas faite une belle personne,
> *Afin* de mal user les choses qu'il vous donne.
> (*Le même.*)

> Les moments sont trop chers *pour* les perdre en paroles.
> (*Racine,* Bajazet, V, 4.)

Vous l'ai-je confié *pour* en faire un ingrat,
Pour être, sous son nom, les maîtres de l'Etat ?
(*Le même,* Britannicus, I, 2.)

Quand je puis obliger, ma joie est assez grande
Pour n'attendre jamais que l'on me le demande.
(*Boursault.....*)

Pour mieux cacher ton jeu,
N'est-il pas à propos que je te rosse un peu ?
(*Andrieux,* les Etourdis, III, 11.)

Lemare, qui condamne ces phrases, dit qu'il n'en a pas trouvé un seul exemple dans Voltaire. Nous n'avons pas cherché longtemps sans en découvrir [1].

Possédant, en un mot, *pour* ne pas dire plus,
Les défauts de son siècle et peu de ses vertus.
(La Henriade, II.)

Pour penser de travers, hélas ! faut-il les cuire ?
(Les Systèmes.)

Vous le savez, chaque homme a son génie
Pour l'éclairer et *pour* pour guider ses pas.
(*Sésostris.*)

En prose, il faudrait, *chargé de* l'éclairer et de guider ses pas. Poursuivons nos citations, avec la préposition *sans :*

Tout, *sans* faire d'apprêts, s'y prépare aisément.
(*Boileau,* Art poétique, III.)

Qui veut qu'en un sommeil, où tout s'ensevelit,
Tant d'heures *sans jouer* se consument au lit.
(*Boileau,* Satire X.)

---

[1] Voltaire a même dit en prose : « Les pierres ont été formées « *pour* être taillées, et *pour* en faire des châteaux. » (*Candide,* I.) Il y a bien certainement une faute dans l'emploi du second *pour.*

> ...s espoir de pardon m'avez-vous condamné ?
> (*Racine,* Andromaque, III, 6.)

> Le plaisir fuit, le jour se passe
> *Sans* savoir ce que l'on fait.
> (*Voltaire,* Stances à Ulrique de Prusse.)

> Apprends tous mes forfaits, ou plutôt mes malheurs ;
> Mais, *sans* les retracer, juges-en par mes pleurs.
> (*Crébillon,* Rhadamiste, II, 1.)

> Je veux du moins prouver, dans une une fable,
> Que ces vrais biens s'attrapent *sans* courir.
> (*Florian,* le Cheval d'Espagne.)

D'Olivet blâme en puriste le vers d'Andromaque *sans espoir de pardon,* etc. Geoffroi le défend, et approuve cette licence en poésie, quand le sens est clair ; mais, par une inconséquence inconcevable, il blâme l'exemple cité de *Britannicus :*

> Vous l'ai-je confié *pour* en faire un ingrat,
> *Pour* être, sous son nom, les maîtres de l'Etat ?

Assurément personne ne se méprendra sur le sens de cette interrogation, et fût-on dans le doute un instant, le mot *maîtres,* qui ne peut se rapporter à Agrippine, détruit toute amphibologie. Nous avouons que si le premier vers était seul, la construction serait défectueuse.

565. — *Avant que de, avant de.*

Du temps de Louis XIV, la première de ces locutions avait la préférence sur la seconde. Successivement on s'aperçut que le mot *que* n'était ici d'aucune utilité ; Vailly, Lévizac, et Domergue, le proscrivirent. Cependant, la dernière édition du *Dictionnaire de l'Académie* l'admet encore. Quoiqu'il en soit, *avant de* doit être seul employé en prose ; quant à la versification, elle a trop souvent besoin d'une syllabe pour ne pas conserver *avant que de*.

Me voilà prêt, Seigneur, *avant que de* partir,
Faites percer ce cœur qui n'y peut consentir.
(*Racine*, Britannicus, IV, 3.)

J'ai voulu la revoir *avant que* d'expirer.
(*Cas. Delavigne*, Vêpres Siciliennes, III.)

REMARQUES.

1° Jusqu'à Racine, on a eu le choix entre *avant que*, *avant de*, et *avant que de*. Voici des exemples de la première locution :

Laisse m'en rire encore *avant que* te le dire.
(*Molière*, l'Etourdi, II, 14.)

Mais *avant que* partir je me ferai justice.
(*Racine*, Mithridate, III, 1.)

Avant que avait un désavantage logique sur *avant de* et la même quantité, il devait disparaître de la langue dans cette construction, il a disparu.

2° On se servait, au temps de Boileau et de La Fontaine, de la préposition *devant* pour *avant*. Cet archaïsme n'a pas été conservé :

Et combien La Neveu, *devant* son mariage, etc.
(*Boileau*, Satire IV.)

366. — Jusque *et* jusques.

On ne doit se servir de *jusques*, en prose, que

pour éviter une cacophonie, lorsque la préposition *à*, qui accompagne ce mot, est suivie de *quand, combien*, etc. Hors ce cas, on doit employer *jusque*, sans *s*, pour ne point paraître affecté. La poésie a le choix entre ces deux mots.

> Mais le peuple, excité, *jusques aux* cieux envoie
> Des cris d'emportement, d'espérance et de joie.
> (*Voltaire*, Henriade, IV.)

> *Jusques* à mon retour de la cité prochaine,
> Fais paître mes chevreaux au bord de la fontaine.
> (*Millevoye*, Bucoliques, Mœris.)

> Le temps va dévorer *jusques à* leurs ruines.
> (*Delille*, l'Imagination, IV.)

367. — *Remarque sur* DEDANS, DESSUS, DESSOUS, ALENTOUR.

Ces mots sont adverbes, cependant autrefois on leur donnait souvent un régime. La réforme à cet égard s'est établie du temps de Boileau. Néanmoins, il est vrai de dire que le style badin, le conte, l'apologue, peuvent encore admettre cet archaïsme.

> Bientôt, lassés de leur bonne aventure,
> *Dessous* un chêne ils soupent galamment.
> (*Voltaire*, le Mondain.)

368. — *Autre remarque.*

Quelquefois on remplace une préposition par une autre qui ferait hiatus, ou qui contrarierait la mesure du vers.

> 1° Je sens cela, — mets-toi *dans* ma place un moment.
> (*Collin-d'Harleville*, le vieux Célibataire, I, 8.)

On dirait en prose, *mets-toi* A *ma place*.

2° Leur trône à l'univers doit faire un vaste ombrage,
Et leur front s'élever *sur* la tête des rois.
(*Lebrun,* Odes, Europe.)

Plus il est élevé *sur* les autres monarques.
(*Boursault,* Es. à Pic V. II, 5.)

Sur est mis pour *au-dessus de*.

3° *Du* Troyen ou *de* moi faites-le décider.
(*Racine,* Andromaque, III, 6.)

En prose, dit Geoffroi, il faudrait *entre* le Troyen et moi.

4° Voyez et soutenez la juste fermeté
Que j'opposai toujours *contre* l'iniquité.
(*Voltaire,* Mahomet, I, 4.)

En prose, *opposer* veut la prépos. *à*.

C'est ce même Voltaire qui condamne ce vers de Corneille :

Si vous n'êtes *ingrat à* ce cœur qui vous aime.
(Rodogune, IV, 1.)

Sans doute *ingrat*, avec un nom de personne, prend la préposition *envers* pour régime; mais, puisqu'il prend *à* pour les choses, on peut admettre en vers ce régime pour tous les cas.

LICENCE DANS L'EMPLOI DES CONJONCTIONS.

Emploi de certaines conjonction pour d'autres. — **Emploi poétique des conjonctions** ET, NI. — **Appendice.**

§ I. *Emploi de certaines conjonctions pour d'autres*

369. — La conjonction *alors que* est un mot poétique dont les prosateurs romantiques abusent aujourd'hui, aussi bien que de la conjonction *cependant que*. Ils ne veulent pas voir qu'en confondant ainsi les genres, s'ils enrichissent leur prose, ils appauvrissent d'autant la langue poétique[1]. Laveaux est d'avis que cette expression, *alors que*, ne doit s'employer qu'en vers. L'Académie dit qu'on peut s'en servir dans le style élevé et en poésie.

Il n'est plus temps d'aimer *alors qu*'il faut mourir.
(*Corneille,* Héraclius, I, 4.)

Alors qu'elle évoqua devant un roi cruel
Le simulacre affreux du prêtre Samuel [2].
(*Voltaire,* Henriade, V.)

La colère est aveugle *alors qu*'elle est extrême.
(*L'abbé Aubert,* le Lion et les Animaux.)

---

[1] Vaugelas, remarque 220, se plaint aussi que, de son temps, quelques prosateurs, à l'exemple des poëtes, laissaient cette conjonction se glisser dans leurs écrits. Cela n'eut pas de suite. Aujourd'hui que tout le monde se mêle d'écrire, la mode s'attache aux mots comme aux choses. Il suffit qu'un écrivain coryphée se serve d'une expression nouvelle ou rajeunie pour que son *servum pecus* la déclame à chaque page.

[2] *Simulacre affreux* est un peu dur.

Il est beau de prévoir ces retours dangereux,
Et d'être bienfaisant *alors qu*'on est heureux.
(*La Harpe,* Philoctète, I, 4.)

Alors qu'il les choisit pour y placer les ombres.
(*Cas. Delavigne,* Messén., la Sybille.)

REMARQUE.

Dès lors que est une autre conjonction poétique peu usitée maintenant, mais qu'il ne faut point laisser perdre. Elle signifie *dès le moment que*, *dès que*, et de plus, *alors que :*

Dès lors que ce dessein fut su de l'alouette.
(*La Fontaine,* Fables, IV, 22.)

Les grands se font honneur *dès lors qu*'ils nous font
(*Le même,* Fables, I, 14.) [grâce.

L'Académie ne donne pas ce mot, que la *Gramm. des grammaires* trouve très *convenable*, et que la Société grammaticale trouve *bon*[1].

570. — Cependant que *pour* pendant que.

Cependant que, selon Féraud, serait très vicieux, si l'on en faisait maintenant usage ; il pardonne cependant aux poëtes de l'employer. Il ne faut point *pardonner*, mais recommander aux poëtes cette expression, que Batteux, dans son exercice ou analyse littéraire sur la fable du *Chêne et le Roseau,* qualifie de *terme noble* et *majestueux.*

Cependant que mon front, au Caucase pareil.
  (*La Fontaine,* Fables, I, 22.)

Cependant que leurs rois, engagés parmi nous...
Disputent vaillamment et vendent bien leur vie.
  (*Corneille,* le Cid.)

Cependant que son nom, profané dans le monde,
Est le prétexte saint des fureurs des tyrans.
  (*Voltaire,* Henriade, IV.)

Cependant que Phosphore, au bord de l'Orient,
Au devant de ton char ne paraît point encore.
  (*Le même,* le Dimanche, conte.)

*Cependant qu'*autour d'eux on prépare la flamme..
  (*Baour-Lormian,* Jérusalem délivrée, II.)

*Cependant qu'*Othello, Polynice et son frère...
  (*Cas. Delavigne,* Discours en vers.)

371. — Devant que *pour* avant que.

Et *devant qu'*ils fussent éclos,
Les annonçait aux matelots.
  (*La Fontaine,* Fables, I, 8.)

Prenez mes sentiments, et *devant que* je meure.
  (*Voltaire,* Tancrède, I, 4.)

Voltaire a encore employé *devant que* dans *Oreste,* III, 4. Racine s'en est servi, mais devant un infinitif :

Si, *devant que* mourir, la triste Bérénice. (IV, 5.)

Geoffroi dit que c'est une façon de parler antique qu'il ne faut peut-être pas proscrire de notre poésie, déjà bien pauvre. Cela est juste, mais il ne faut pas la joindre à un infinitif.

372. — Tandis que *pour* tant que, aussi longtemps que.

Cet emploi de *tandis que* n'a été signalé, que je

sache, par aucun grammairien. C'est la traduction littérale de *tam diu quam*. Cette acception n'est admise qu'en vers.

Tandis que vous vivrez, le sort, qui toujours change,
Ne vous a pas promis un bonheur sans mélange.
(*Racine,* Iphigénie, I, 1.)

Et toute ma grandeur me devient insipide,
Tandis que le soleil éclaire ce perfide.
(*Le même,* Esther, II, 1.)

Celui que par deux fois mon père avait vaincu,
Et qu'il tint enchaîné *tandis* qu'il a vécu.
(*Voltaire,* Zaïre, III, 1.)

De cet accord heureux tu goûtas les délices,
Tandis qu'à la vertu des destins plus propices,
Laissèrent parmi nous ce Socrate nouveau.
(*Marmontel,* Epître à Voltaire.)

Tandis qu'on ne sert point, on est ce qu'on veut être.
(*Andrieux,* le Vieux Fat, I, 10.)

§ II. *Emplois poétiques des conjonctions* ET, NI.

373. — Bien souvent, en vers, on se trouve forcé d'employer *et* au lieu de *ni* pour la mesure, devant les régimes partiels d'un verbe sous la dépendance d'une négation :

On ne connaissait point la ruse *et* l'imposture.
(*Boileau,* Epître à de Seignelay.)

Mais je n'ai point trahi ma gloire *et* mon pays.
(*Voltaire,* Tancrède, II, 7.)

Ce que n'ont pu Caton, *et* Pompée, *et* l'Asie,
Nous seuls l'exécutons, nous vengeons la patrie.
(*Le même,* Mort de César, III, 1.)

Rien ne trompe son zèle *et* son activité.
(*Marmontel,* la Boucle de chev. enlev., I,

Le figuier ne fut pas moins modeste *et* moins sage.
(*Andrieux,* Parabole de Joatham.)

Que le crime ne peut, même après le remord,
S'absoudre *et* se cacher dans la nuit de la mort.
(*Legouvé,* Mérite des Femmes.)

Il n'y a point de disconvenance grammaticale dans ces phrases, mais de simples licences dont on peut donner l'analyse par l'ellipse : *Je n'ai point trahi la gloire,* ET *je n'ai point trahi mon pays.*

574. — La poésie autorise aussi l'emploi sylleptique de *ni* au lieu de *et,* quand il y a dans la pensée de l'écrivain, et dans le sens total de la phrase, une idée négative, sans même que la mesure du vers réclame cette substitution :

Défendit qu'un vers faible y pût jamais entrer,
Ni qu'un mot déjà mis osât s'y remontrer [1].
(*Boileau,* Art poétique, II.)

Gardez donc de donner, ainsi que dans Clélie,
L'air *ni* l'esprit français à l'antique Italie.
(*Le même,* Art poétique, III.)

Plus grand, plus glorieux, plus craint dans ses défaites,
Que Dunois, *ni* Gaston ne l'ont jamais été.
(*Voltaire,* Henriade, II.)

---

[1] *Défendit* signifie ne *permit pas* ; *gardez* de donner, ne *donnez pas.* Plus grand que Dunois *ne* l'a été, que Gaston *ne* ; *loin de* peut se traduire par *tu ne fais point éclater* ton zèle..... Cependant, quelques grammairiens ont blâmé cet exemple de Boileau :

Penses-tu qu'aucun d'eux veuille subir mes lois,
Ni suivre une raison qui parle par ma voix?

Nous ne voyons pas non plus l'avantage de la syllepse dans cette phrase interrogative. La Fontaine et Rousseau offrent des exemples semblables à ceux que nous avons cités.

Je crains plus tes vertus que tes fers *ni* ton père.
(*Crébillon*, Atrée et Thyeste, II, 1.)

Loin de faire éclater ton zèle *ni* ta joie
Pour un roi malheureux que le ciel te renvoie.
(*Le même*, Rhadamiste, II, 1.)

Loin de nous éclairer sur le vrai *ni* le faux.
(*Palissot*, les Philosophes, II, 5.)

Répétition oratoire et poétique de la conjonction ET.

375. — La redondance de la conjonction *et* est permise, même en prose, devant une suite de mots en énumération, pourvu qu'il y ait une passion, un mouvement oratoire, une cause qui la justifie ; autrement, ce serait une insipide superfétation. Quoi qu'il en soit, cette redondance est plus particulière à la poésie, qui n'a pas besoin d'être justifiée sous ce rapport. L'exemple suivant de Racine pourrait se trouver dans la prose :

On égorge à la fois les enfants, les vieillards,
Et la sœur *et* le frère,
Et la fille *et* la mère.
(*Racine*, Esther, I, 5.)

Il n'en est pas de même de ceux-ci :

On voit sur son poitrail les muscles se gonfler,
Et les nerfs tressaillir, *et* les veines s'enfler.
(*Delille*, Trad. des Géorg., III.)

Ce mélange savant *et* de lumière *et* d'ombre
Donne une clarté vive, une teinte plus sombre.
(*Collin-d'Harleville*, les Artistes, II, 9.)

Le premier distique fait partie d'un simple récit où rien n'oblige l'écrivain de chercher à produire un effet. Le second est tiré d'une froide dissertation, et la conjonction se trouve devant la préposition déterminative du sujet ; en prose, ce style manquerait de goût, serait défectueux ; en vers, il est admis et n'a rien qui choque.

376. — *Répétition et suppression de* NI.

Ni l'or, *ni* la grandeur ne nous rendent heureux.
(*La Fontaine*, Philém. et Baucis.)

Cette construction est celle de la prose, qui peut même admettre la suivante, où le premier *ni* est supprimé :

Ma maison *ni* mon lit ne sont *point* faits pour vous.
(*Boileau*, Satire X.)

Mais elle est déjà rare en prose aujourd'hui, et même quelques grammairiens la regardent comme incorrecte. Observez que dans cet exemple figure le mot adnégatif *point*, qui ne pourrait se placer avec *ni* répété. Ainsi, la suppression de *pas* ou de *point* est une licence poétique, comme dans ces vers de La Fontaine :

Quand le mal est certain,
La plainte *ni* la peur ne changent le destin.

Dans ces différents cas, les noms sont en sujet. Quand ils sont en régime, la répétition de *ni* est obligatoire en prose ; l'omission de cette conjonction devant le premier mot est une licence poétique.

N'épargnons contre lui mensonge *ni* parjure.
(*J.-B. Rousseau*, Ode à la Postérité.)

Je n'ai, pour l'obtenir, dignité *ni* naissance.
(*Crébillon*, Electre, III, 2.)

Je ne veux l'un *ni* l'autre, il n'est plus temps de feindre.
(*Voltaire*, Rome sauvée, II, 6.)

REMARQUE.

Dans les vers suivants, l'emploi du premier *ni* est encore une licence poétique admissible :

Mon cœur, qui cependant craint de lui trop devoir,
Ni ne veut, *ni* ne doit compter sur son pouvoir.
(*Crébillon*, Atrée et Thyeste, II, 1.)

377. — *QUESTION*. *Ni* est-il bien employé dans ce vers, en remplacement de *et sans*?

Sans crainte *ni* pudeur, *sans* force *ni* vertu.

La Société grammaticale a pensé que cette tournure, quoique échappée à la plume de quelques écrivains, est une faute. (*Journal grammatical*, série IIe, t. 1, pag. 515.) Marmontel ne pense pas de même, nous sommes de son avis; seulement nous croyons que cette tournure ne peut être autorisée qu'en vers, et qu'elle rentre dans l'analogie des phrases syllleptiques dont il est traité dans le second numéro de ce paragraphe. Cependant, après *sans que*, la conjonction *ni* peut seule être employée·

Je reçus et je vois le jour que je respire
Sans que mère *ni* père ait daigné me sourire.
(*Racine*, Iphigénie, II, 1.)

Appendice sur l'interjection.

378. — L'interjection a subi l'influence poétique

comme les autres espèces de mots ; l'orthographe en a varié quelquefois.

1° Piron, dans la *Métromanie*, écrit *hée* au lieu de *hé*, parce qu'il avait besoin de cette terminaison à la rime :

> Holà ! hée !
> Que l'on aille chercher monsieur de l'Empyrée.

2° On écrit *zest*, mais Racine, qui avait besoin d'une syllabe, a écrit *zeste* dans les *Plaideurs* (II, 4) :

> Devant quatre témoins, assistés d'un notaire,
> (*Zeste*) ledit Hiérôme avouera hautement.

Boursault a usé de la même licence dans le *Mercure-Galant* (III, 4) :

> Mais *zeste*, le coquin, de branchage en branchage,
> De son maudit coucou redoubla le ramage.

On écrit de même *bast* ou *baste* en vers.

3° On écrit *las* pour *hélas*, ou plutôt *las* est l'interjection primitive ; mais elle n'est plus admise dans le haut style. On la tolère dans la comédie, l'apologue, etc.

> Il a l'air noble, et même certains traits
> Qui m'ont touché. *Las !* je ne vois jamais
> De malheureux à peu près de son âge, etc.
>   (*Voltaire*, l'Enfant prodigue.)

> Je paierai donc ; mais, *las !* que veut-on faire
> De cet argent que si bien j'emploierais ?
>   (*Béranger*, Les dix mille francs.)

DE L'EMPLOI DES MOTS.

De l'emploi des mots, et du choix des expressions en poésie. — Des alliances de mots et des hardiesses. — Du néologisme en poésie.

§ I. *De l'emploi des mots, et du choix des expressions en poésie.*

379. — Nous avons vu au chapitre VII, première partie, combien la recherche des synonymes a contribué à donner au style poétique une couleur propre. Il y a un rapport intime entre ce que nous avons dit alors et ce qu'il nous reste à dire en ce moment. Notre époque, travaillée par des besoins puissants, soumise à une fièvre de transformations, s'attache plus que jamais à toutes les ressources de la parole. Une froide et fausse délicatesse a cessé de présider à l'usage, et ceux qui ont droit de le fixer se sont multipliés au point qu'ils ne pourraient conspirer la déchéance d'un seul mot. Celui qui oserait prononcer l'exclusion d'une expression du langage des vers, se donnerait un ridicule; car la poésie est un protée susceptible de bien des métamorphoses : elle porte le sceptre ou la houlette, elle s'enivre d'ambroisie dans l'olympe, ou de bière dans la taverne; elle marche couverte de brocarts et de pierreries éblouissantes, prononçant des paroles mélodieuses, ou se mêle, les bras nus et la sandale au pied, aux saturnales de la populace, articulant des accents énergiques dans leur âpreté ou leur licence; car la poésie c'est l'homme dans toutes les conditions morales où la Providence l'a laissé libre de se placer, ou l'a placé elle-même. Sans doute, les mots orduriers ne sont point admis en vers; mais quand une expression ne peut choquer ni l'oreille, ni la pudeur, qui a le droit de la bannir du domaine de la poésie? Ainsi, quand nous trouvons dans la *Grammaire des gramm.*, pag. 686, que le verbe ABOUTIR *n'est point usité en poésie*, nous nous demandons le pourquoi de cette prohibition, et de quelle poésie l'auteur de cette remarque a voulu parler; car La Fontaine, qui s'entendait un peu à faire des vers, a dit, dans la fable des *Membres et l'Estomac :*

Notre soin n'*aboutit* qu'à fournir ses repas.

380. — De ce qu'une expression est populaire, triviale même, il ne s'ensuit pas que la poésie la repousse d'une manière absolue. Souvent même une pensée tire toute sa force d'un terme vulgaire. En voici quelques exemples :

1° Ses vœux depuis longtemps ont *beau* l'importuner.
(*Racine*, Britannicus, II, 2.)

Nous avons *beau* vanter nos grandeurs passagères,
Il faut mêler sa cendre aux cendres de ses pères.
(*J.-B. Rousseau*, Odes, Aveugl. des hom.)

Avoir beau est une expression qui se trouve dans la bouche de tout le monde, et dans les circonstances les plus communes; elle est très bonne dans ces vers.

2° *Trafiquant* avec lui des secrets de leur âme.
(*Racine*, Britannicus, I, 4.)

Le mot *trafiquer* est fort ici, remarque Geoffroi, par la raison même qu'il est familier. Dans le vers suivant, de Corneille (*Nicomède* (I, 1):

Dont leur Flaminius *marchandait* Annibal,

Marchander est encore plus fort, quoique non moins familier.

3° Voici d'autres expressions vulgaires heureusement employées :

Quand le sort ennemi m'aurait jeté *plus bas*.
(*Racine*, Mithridate, II, 5.)

D'un *incurable* amour remèdes impuissants.
(*Le même*, Phèdre, I, 3.)

Ce nom de Roi des rois et de chef de la Grèce
Chatouillait de mon cœur l'orgueilleuse faiblesse[1].
(*Le même*, Iphigénie, I, 1.)

En vain vos ennemis, par d'habiles outrages,
Essayaient vos fureurs et *tâtaient* vos courages.
(*Delille*, la Pitié, II.)

381. — Certains termes peuvent être *ignobles* dans le style soutenu, et tolérables dans le genre familier ou simple. Laveaux regarde comme ignobles les verbes *dérouiller, emmancher* des vers suivants :

---

[1] Racine a emprunté cette expression à Corneille (*Mort de Pompée*, III, 1.)

L'un *dérouille* son dard, l'autre son bouclier.....
On *emmanche* les dards, on aiguise les haches.
(*Delille,* Enéide.)

Ce jugement est peut-être trop sévère pour *dérouille*, quoique ce mot ne soit réellement pas *noble*, surtout dans son acception propre, comme ici. Quant à *emmancher*, il exprime un acte bas ; mais il n'a jamais été plus singulièrement employé que dans ces vers de Lamartine :

Les membres disloqués, mal attachés au corps,
S'*emmanchaient* pesamment à son buste distors [1].
(Chute d'un Ange, X^e vision.)

Personne ne sera choqué, au contraire, de lire dans une fable de La Fafontaine (*le Héron*) :

Un jour, sur ses longs pieds, allait je ne sais où
Le héron au long bec, *emmanché* d'un long cou.

Voltaire, dans son commentaire sur Corneille, dit, à propos de ce vers de *Rodogune* (IV, 5) :

Ce n'est pas tout d'un coup que tant d'orgueil *trébuche*;

« TRÉBUCHER n'a jamais été du style noble.. » L'observation est hasardée : Boileau a employé ce mot dans l'*Art poétique*. Toutefois, nous convenons qu'il est d'un effet grotesque dans la phrase citée de Corneille ; mais nous croyons qu'il n'en est pas de même dans ce passage de J.-B. Rousseau :

---

[1] Quelle poésie ! Est-elle bien de l'auteur des *Méditations*?

> C'est vous de qui la main impure
> Trame le tissu détesté
> Qui fait *trébucher* l'équité [1]
> Dans les piéges de l'imposture.
>
> (Odes, liv. I, 6.)

Nous ne prétendons pas exposer tous les termes bas, communs, prosaïques, dont les meilleurs auteurs mêmes offrent de nombreux exemples. Nous terminerons ce numéro par quelques autres citations

> Et dans un fol amour ma jeunesse *embarquée.*
>
> (*Racine,* Phèdre, I, 1.)

> Ecartons, ont-ils dit, ce censeur intraitable,
> Que des plus beaux dehors l'attrait inévitable
> Ne fit jamais *gauchir* contre la vérité [2].
>
> (*J.-B. Rousseau,* Ode à la Postérité.)

> Imite mon exemple, et quand une cabale,
> Un flot de vains auteurs follement te *ravale*.....
>
> (*Boileau,* Epître VIII.)

Boiste regarde le verbe *ravaler* comme *ignoble ;* il peut être énergique avec un entourage choisi. (Racine l'emploie aussi, *Brit.*, III, 2.)

382. — La nécessité de renfermer la pensée dans les bornes prescrites, le désir d'être concis ou de rendre nettement ses idées, font souvent employer le mot propre que la poésie repousse, du moins dans

---

[1] Un *tissu* qui fait *trébucher* l'équité dans des *piéges* n'est pas une image très nette. Quinault a aussi employé *trébucher* dans l'opéra de *Proserpine*, dans un passage cité par Voltaire, sans remarque. Voy. le n° 128.

[2] J.-B. Rousseau a un style brillant, riche, harmonieux ; mais il offre trop fréquemment des images incohérentes, des expressions triviales, des tours communs et prolixes.

la circonstance où l'on s'en sert; c'est ce que nous venons de voir pour *dérouiller, emmancher*, qui expriment des actes matériels. La même observation s'étend aux mots qui expriment des actes intellectuels où moraux. J.-B. Rousseau a dit :

> Quelle grandeur infinie !
> Quelle divine harmonie
> ***Résulte*** de leurs accords.

La Harpe fait remarquer, sur ce passage, que le verbe *résulte* est consacré au raisonnement, et n'a jamais dû entrer dans un vers.

La Harpe a raison de ne pas trouver ce mot convenable dans cette strophe; il était facile de l'éviter, il n'était pas indispensable dans le tableau, un autre pouvait y paraître avec plus d'éclat. Mais il est des cas où le mot propre est le seul convenable, quoique appartenant au genre didactique, au langage de la discussion, témoin cet exemple de Voltaire.

> Répondre à ce rebelle, et daigner m'avilir
> Jusqu'à le *réfuter* quand je puis le punir !
> (Alzire, III, 5.)

Delille est un des poëtes qui ont le moins reculé devant le mot propre, et on doit lui en savoir gré. Le goût ne doit point dégénérer en préciosité. Un traducteur peut-il se résoudre à paraphraser chaque expression de son texte? Sans doute, il faut éviter les termes trop vulgaires, mais nous croyons qu'on a eu tort de critiquer les vers suivants de ce poëte (*Énéide*) :

> Là, tout sanglant encore, hideux, *grinçant* les dents.....
> Rassemble tes soldats, *déroule* tes drapeaux.

Grincer ne peut se remplacer par aucune expression synonyme, et *déroule* est souvent un mot noble au figuré : *dérouler* le tissu de ses forfaits. On dit *déployer* ses drapeaux, mais ce n'est pas la même idée[1].

385. — Quelquefois la langue a deux mots pour désigner le même être, l'un du domaine commun, l'autre exclusivement, ou presque exclusivement réservé à la poésie. Il est cependant des cas où le terme vulgaire doit obtenir la préférence. *Coursier*, par exemple, est le synonyme poétique de *cheval*; mais si, dans ce vers d'*Athalie* (I, 1) :

> Sous les pieds des *chevaux*, cette reine foulée;

Si, dis-je, on remplaçait *chevaux* par *coursiers*, on ferait une espèce de contre-sens, parce que ce dernier mot éveille des idées d'élégance et de rapide allure, qui sont incompatibles avec l'effet d'horreur que veut produire Racine. Cette distinction est bien caractérisée encore dans ce passage du même auteur (*Phèdre*, V) :

---

[1] Ces expressions constitueraient tout au plus un prosaïsme. Par ce nom, il faut entendre toute phrase qui tient de la prose commune; tel est encore cet exemple :

> Peut-être mon esprit, prompt à ressusciter,
> Du temps qu'il a perdu saurait *se racquitter*.
> (Boileau, Épître VIII.)

Il y a un grand nombre de prosaïsmes dans Corneille. Nous renvoyons le lecteur au *Commentaire* de Voltaire.

Sa main sur ses *chevaux* laissait flotter les rênes.
Ces superbes *coursiers*, qu'on voyait autrefois,
Pleins d'une ardeur si noble, obéir à sa voix,
L'œil morne maintenant, et la tête baissée,
Semblaient se conformer à sa triste pensée.

Et c'est pour cela qu'ils étaient devenus *des chevaux*, de simples bêtes de somme.

Le substantif *avant-coureur* fait au féminin *avant-courrière*, terme poétique, comme le remarque Boiste :

De ce retour modeste *avant-courrière*,
Sur le gazon la tendre primevère....
(*Parny*, le Printemps.)

Avant que du soleil la fraîche *avant-courrière*
Ait argenté la plaine et la cime des bois.
(*Baour-Lormian*, Jérusalem déliv., VII.)

Cette expression convient parfaitement dans la description des phénomènes physiques, des faits naturels; elle peut même se tolérer avec un nom abstrait, dans le style simple :

Sa douleur
Des fruits d'hymen funeste *avant-courrière*.
(*Demoustier*, Lettres sur la Mythol., X.)

Mais Marmontel a compris que cette expression ne conviendrait point dans la peinture d'une grave affection morale, d'une situation touchante, et voilà pourquoi il a dit :

Mais cette sainte horreur,
D'un juste repentir n'est que l'*avant-coureur*.
(*Aristomène*, V, 4.)

384. — Nous sommes bien loin d'avoir exposé

tout ce que nous avons remarqué sur la distinction des sens synonymiques entre les expressions ; nous continuerons donc cette série d'observations, en les abrégeant le plus possible ; car nous croyons ce travail utile pour former le goût des jeunes gens. — *Cri* et *clameur* ont certainement entre eux une grande synonymie, néanmoins le premier est spécialement affecté à la douleur, et nous pensons que Colardeau aurait été plus pathétique, dans son Héroïde d'Armide à Renaud, si, au lieu de ce vers,

Mes sanglots, mes *clameurs* remplissent ce rivage,

il eût mis : Mes sanglots et *mes cris*.

C'est avec un tact exquis que La Fontaine s'est exprimé dans les deux passages suivants :

Car, au nom des dieux, je vous prie,
Quel fruit de ce *labeur* pouvez-vous recueillir ?
(Fables, le Vieillard et les trois jeunes hommes.)

Qu'un ami véritable est une douce chose !
Il cherche nos besoins au fond de notre cœur.
Il nous épargne la *pudeur*
De les lui découvrir nous-mêmes.
(Fables, les deux Amis.)

Qu'on essaie de mettre *travail* à la place de *labeur* dans le premier exemple, dit Batteux, et vous verrez si le vers peut soutenir la comparaison. — Des critiques ont avancé que le mot *pudeur*, ainsi déterminé, était impropre ; c'est une erreur, il n'y a qu'extension de sens. Et quel mot pourrait-on substituer ici à *pudeur* ? Est-ce la *honte* ?

Il n'y aurait plus identité d'idée. Telle est l'opinion de la Société grammaticale de Paris.

Si jamais il y a eu deux mots synonymes, c'est bien sûrement les deux personnes verbales *je puis* et *je peux*; cependant, on y remarque une nuance assez tranchée : *je puis* convient mieux dans le dialogue comique, quand la situation ne demande que la grâce, la vivacité, l'élégance du style; *je peux* est plus grave, et préférable dans toute occasion qui demande du nerf; il est commun dans les tragédies de Voltaire.

Et je ne *peux* rester avec Antoine et toi.
(Mort de César.)

Casimir Delavigne a fort bien senti la valeur de *je peux*, dans ce vers de l'*École des Vieillards* (II, 7) :

Non, je vais chez des gens que je *peux* fréquenter.

Cela frappe plus d'aplomb, et met plus rudement une bonne maxime en action.

585. — S'il nous est permis de faire une légère excursion, et de butiner un instant sur le terrain de l'art dramatique, sans trop nous écarter de notre voie, nous dirons que souvent une expression insignifiante pour des oreilles inattentives, produit un grand effet sur l'esprit de ceux qui en ont l'intelligence. Quand Orosmane dit à Corasmin :

Je ne suis point jaloux; si je l'étais jamais! (Zaïre.)

On tremble, si l'on est doué d'une sensibilité clairvoyante, parce qu'on sent qu'il est déjà jaloux, est

homme si noblement passionné, si généreusement épris. De même, après avoir entendu Roxane dire, quelque temps auparavant, en parlant de Bajazet :

Je puis le retenir; mais, s'il sort, il est mort (V, 3),

le spectateur est saisi de terreur, quand il entend cette femme irritée prononcer cet ordre : *Sortez*; c'est lui dire, *allez au supplice, les bourreaux vous attendent.*

Ainsi, la même expression, dans des circonstances différentes, peut être insignifiante ou terrible. Lorsque Néron dit à Junie qui entre, et le rencontre en allant chez Octavie (*Britan.*, II, 3) :

Vous vous troublez, madame, *et changez de visage,*

ce dernier hémistiche ne frappe point, parce qu'il n'exprime que l'effet du trouble produit par une rencontre inattendue. Mais quand Monime avoue à Mithridate sa tendresse pour Xipharès :

Nous nous aimions... seigneur, vous *changez de visage,*
(*Mithridate*, III, 5.)

cet hémistiche produit un coup de théâtre. Cette remarque est de Geoffroi.

586. — Il y a des mots auxquels la poésie donne un relief et une valeur qu'ils n'ont pas dans la prose.

1° *Maîtresse*, dans son acception d'amour, ne désigne en prose qu'une femme que l'on aime par passe-temps, avec qui l'on entretient une intrigue galante ; en vers, ce mot signifie une *amante*, dans les acceptions les plus délicates et les plus vertueuses. Voltaire, dans un moment de préoccupation, a avancé, à propos de ce vers :

> Si vos Romains ainsi choisissent des maîtresses,
> (*Corneille*, Sertorius, II, 2.)

que le mot de *maîtresse* n'a jamais été employé par Racine, dans ses bonnes pièces. Les vers suivants prouvent le contraire :

> Rome l'alla chercher jusques à ses genoux[1],
> Et ne désarma point sa fureur vengeresse,
> Qu'elle n'eût immolé l'amant et la *maîtresse*..
> (*Bérénice*, II, 2.)

> Disputer en ces lieux le cœur d'une *maîtresse*,
> (*Bajazet*, III, 4.)

> Loin de leur accorder le fils de sa *maîtresse*,
> Leur haine ne fera qu'imiter sa tendresse.
> (*Andromaque*, I, 2.)

Voltaire lui-même, mieux inspiré, s'est servi de ce substantif dans ses tragédies :

> Romains, dont la tendresse
> N'affecte de vertu que contre une *maîtresse*.
> (*Brutus*, IV, 4.)

> *Maîtresse*, amis, Romains, je perds tout en un jour.
> (Ibid.)

Tous les bons poëtes ont imité ces exemples dans le style noble.

2° *Appas*, d'après l'usage ordinaire, au propre,

---

[1] Paulin parle d'Antoine et de Cléopâtre. *Maîtresse* rime si bien avec *ivresse, tendresse, détresse, tristesse,* mots du vocabulaire sentimental.

désigne les moelleux contours de la beauté physique du sexe; en prose, il ne se dit que de la femme. La poésie s'en sert aussi en parlant de l'homme, et cet usage est constant depuis Malherbe, qui a dit, en parlant au duc de Bellegarde :

> Ta bonne grâce et tes *appas*,
> (Larmes de Saint-Pierre.)

jusqu'à nos jours :

> Il voit Faune sur la colline,
> Qui déjà mirait ses *appas*
> Dans le cristal mouvant d'une source voisine.
> (Lebrun, Veillées du Parnasse, III.)

3° Les verbes *dire*, *conter*, s'emploient poétiquement pour *célébrer*, *raconter* : dire ses malheurs, ses exploits (Acad.).

> Il *dit* le cerf léger, roi du bois solitaire,
> Le chevreuil innocent, le tigre sanguinaire.
> (Aimé-Martin.)

> Nos lévites, du haut de vos sacrés parvis [1],
> D'Ochosias au peuple ont annoncé le fils,
> Ont conté son enfance au glaive dérobée,
> Et la fille d'Achab dans le piége tombée.
> (Racine, Athalie.)

Laveaux avance avec raison que cela ne pourrait se dire en prose.

§ II. *Des alliances de mots, et des hardiesses.*

387. — Les heureuses alliances de mots et les

---

[1] L'adjectif *sacré*, placé ainsi avant son substantif, ne se permet pas en prose, on sent pourquoi ; en vers, même, il faut de l'attention pour qu'il n'offre rien de choquant ; ce vers est un bon exemple.

tours de phrases énergiques naissent naturellement sous la plume de l'homme de génie. Les idées se pressent dans sa tête, son imagination les mélange, les associe, elles en sortent par des combinaisons d'expressions que la recherche du bel-esprit ne saurait former. Dans la plupart des poëtes modernes, il faut l'avouer, cette recherche se fait trop sentir ; on voit trop qu'ils se font une étude de produire de l'effet, qu'ils ont l'intention de nous causer de la surprise, et toutes ces prétentions nuisent à leurs ouvrages. C'est sans y penser que La Fontaine a trouvé ce vers expressif (*la Besace*, Fabl.)

Lynx envers nos pareils, et taupes envers nous [1].

C'est presque à son insu que Corneille a écrit le *qu'il mourût*, et ce vers admirable (*Cinna*, II, 1) :

Et, monté sur le faîte, il *aspire à descendre*.

Aspirer marque un mouvement ascendant, et *aspirer à descendre* surprend et plaît à la fois. Le pendant de cette expression a été donné par le pindarique Lebrun, dans son ode à Montgolfier. Avant lui, le verbe *se précipiter* ne s'était jamais employé que pour indiquer une chute volontaire de haut en bas ; mais, comme l'a remarqué Ch. Nodier, Lebrun, en prenant les idées pour ainsi dire à rebours, ne choque point l'esprit dans ces vers :

---

[1] J.-B. Rousseau a fait une plate imitation de ce vers :
Nos raisonneurs à petite cervelle,
Lynx dans le rien, *taupes* dans le réel.   (Epîtres.)

> Et Montgolfier, quittant la terre,
> Se *précipite dans les cieux* [1].

C'est La Fontaine qui le premier a osé dire *sortir de la vie* :

> Je voudrais qu'à cet âge [2],
> On *sortît* de la vie ainsi que d'un banquet.
> (Fables, VIII, 1.)

Vaugelas regardait *sortir de la vie* comme un barbarisme; permis à lui. Lebrun a renchéri, je crois, sur cette expression, dans l'ode sur les *Avantages de la vieillesse* :

> Et même, en exhalant ma vie,
> Je ne meurs pas, *je sors du temps.*

Sentiment religieux qui annonce l'*entrée* dans l'*éternité*.

388. — Des gens, pour qui les phrases ronflantes et vides, les monstrueux accouplements de mots, sont le beau idéal, ont reproché à Racine et à Boileau, qui donnaient le dernier poli à notre langue, leur sage réserve et leur goût scrupuleux, qu'ils ont taxé de timidité, de faiblesse, tranchons le mot. Vingt littérateurs illustres les ont vengés de cette absurde critique. En effet, les œuvres de ce premier de nos tragiques sont remplies de ces expressions

---

[1] Nous avons déjà fait cette remarque au chapitre VII, première partie, § I, *des Synonymes*.
[2] Cette pensée paraît imitée de *Lucrèce* (liv. III) :
Cur non ut vita plenus conviva recedis ?

de génie qui enrichissent une langue et l'immortalisent. Tantôt c'est une épithète qui produit une magnifique image, une admirable association d'idées :

> Ces flambeaux, ce bûcher, cette *nuit enflammée.*
> (Bérénice, I, 5.)

> Prêt à faire sur vous éclater la vengeance
> D'un *geste confident* de notre intelligence.
> (Britannicus, III, 7.)

> Traîne, exempt de péril, une *éternelle enfance* [1].
> (Bajazet, I, 4.)

> De ce fatal honneur,
> Hélas, vous ignorez le *charme empoisonneur.*
> (Athalie, IV, 3.)

On ne fait plus aujourd'hui attention à cette expression, *charme empoisonneur*; elle est devenue commune; mais elle était alors d'autant plus hardie que le féminin *(empoisonneuse)* ne pourrait s'employer avec cette acception; on ne dirait pas *louange empoisonneuse, douceur empoisonneuse* [2].

---

[1] Voltaire a imité cette expression :

> D'abord, sa politique, assurant sa puissance,
> Semblait d'un fils docile *éterniser l'enfance.* (Henriade.)

[2] Racine a dit, le premier peut-être, dans *Andromaque* (I,1):

> Prêt à suivre partout le *déplorable* Oreste.

D'Olivet prétend qu'on ne doit pas joindre cet adjectif à un nom de personne. Geoffroi répond qu'aucun poëte ne se fera un scrupule de se servir d'une expression que Racine a employée dans ses chefs-d'œuvre. En effet, on la trouve encore deux fois avec un nom de personne dans *Phèdre*, et une fois dans *Athalie*. Vol-

389. — Tantôt Racine use de figures hardies qui manquent quelquefois de nom dans les rhétoriques :

> Et de *David* éteint rallumer le *flambeau*.
> (Athalie, I, 2.)

Cela signifie tout bonnement *rendre à la race de David, presque anéantie, son premier éclat*. Cette métaphore est empruntée à l'Ecriture. (Geoffroi.)

> Quel est ce glaive, enfin, qui marche devant eux ?
> (Athalie, IV, 1.)

Un poëte médiocre aurait mis *ce glaive qu'on porte devant eux*, mais cette personnification a bien un autre mérite. Louis Racine, qui ne se lassait point d'admirer l'éclat du style de son père, louait surtout la justesse et la force de ce beau vers.

> Il entre ; chacun fuit son silence farouche.
> (Britan., V, 8.)

Chaque mot, ici, quoique la construction soit di-

---

taire l'a employée plus de quinze fois, et l'Académie l'approuve dans le haut style. Cette signification de l'adjectif a entraîné celle du verbe, pour le même cas :

> Infortunés tous deux, dignes qu'on vous *déplore*.
> (*Racine*, Frères ennemis, V, 2.)

Cette extension de sens est peu forcée, elle a passé ; il n'en sera pas de même de l'adjectif *irréparable* de ces vers :

> Mais quand la parque inexorable
> Frappa cet homme *irréparable*.
> (*Lebrun*, Ode à Buffon.)

Peut être faut-il lire *incomparable*, quoique j'aie vu deux éditions.

recte, ajoute un degré de force aux idées précédentes, *fuir le silence, fuir un silence farouche*.

Corneille, malgré ses déclamations, ses incorrections, abonde en traits hardis : il a dit *tenir la vengeance à la main,* pour un *poignard,* et cette métonymie est fort belle.

Parmi la foule des vers remarquables et admirables que nous trouvons dans Racine, et qui ne nous laissent que l'embarras du choix, nous citerons encore celui-ci, que Geoffroi regarde comme une hardiesse heureuse :

Et d'un même poignard les **unissant** tous deux.
(Bajazet, IV, 5.)

Unir d'un même poignard, voilà bien l'alliance d'idées de la jalousie féroce.

590. — Les poëtes ont le sentiment, l'instinct des analogies, et leur diction s'en ressent et se colore de nuances délicates et précieuses. Entre *l'air* et la lumière céleste, *le jour,* il y a une certaine affinité. Voilà pourquoi Corneille a écrit, peut-être même sans y songer :

Albe, où j'ai commencé de *respirer le jour*.
(Horace, I, 1.)

On dit communément *voir le jour*, car, en réalité, on ne respire pas plus le *jour* que la *nuit*, on respire tout au plus l'air éclairé par le fluide lumineux, et cependant cette expression, dont la hardiesse touche au barbarisme, est admise sans contestation.

Quoi, vous à qui Néron doit le jour qu'il respire [1].
(*Racine,* Britannicus, I, 1.)

Je reçus et je vois le jour que je respire,
Sans que père ni mère ait daigné me sourire.
(*Le même,* Iphigénie, II, 1.)

Si je n'ai plus de fils, que m'importe un empire,
Que m'importe le ciel, ce jour que je respire?
(*Voltaire,* Mérope, I, 1.)

591. — Quelquefois Racine s'est permis de réunir sous un même qualificatif deux mots exprimant des idées bien différentes, mais dont l'un fait passer l'autre sous ses auspices, à cause d'un rapport de connexion et d'effet :

Croirait-on mes *périls* et mes *larmes* SINCÈRES?
(*Racine,* Bajazet, II, 1.)

Sa *réponse* est DICTÉE, ainsi que son *silence.*
(*Le même,* Britannicus, I, 2.)

Et de *sang* et de *morts* nos campagnes JONCHÉES.

La Société grammaticale de Paris, consultée sur

---

[1] Remarquez la liaison des idées : *devoir le jour* est mis pour *devoir la vie,* la phrase devrait naturellement se terminer à ce mot : on doit simplement *le jour* à sa mère ; on ne lui doit point *le jour qu'on respire.*
Voici encore une heureuse expression de Saint-Lambert (*les Saisons*) :

Des insectes sans nombre *exhalant la lumière.*

Nous avons vu, dans le premier numéro de ce paragraphe, que Lebrun a dit *exhaler sa vie.*
On trouve aussi dans M. de Lamartine :

Et mon âme, au moment qu'elle expire,
S'exhale comme un son triste et mélodieux.
(l'Automne.)

Nous ferons remarquer seulement que ce n'est pas l'âme qui *expire,* car expirer, c'est *rendre l'âme.*

ce dernier vers de Racine, a reconnu que l'expression peut se permettre en poésie (*Journal général*, série II, t. 2, pag. 21). En effet, remarquons l'analogie de *réalité* entre les *périls* et *les larmes*; *dicter*, c'est *prescrire* le silence comme la réponse; *joncher*, c'est *répandre* en dispersant. Voltaire était trop bon juge pour ne pas imiter cette tournure concise :

> Si l'on a *résolu* ma vie ou mon trépas.
> (Alzire, V, 1.)

En voici un exemple de Lebrun ; il paraîtra sans doute hasardé à quelques personnes, mais il nous paraît digne de la majesté de l'ode.

> *Pâle d'or et de faim,* il maudit l'abondance
> De ses trésors fallacieux.
> (Ode au jeune Racine.)

Pâle d'or, on le comprend, est mis pour *pâle* des soucis que cause l'or. La poésie franchit les intermédiaires que souvent exprime la régularité de la prose.

592. — Ce Lebrun, dont le style est généralement éclatant et noble, malgré quelques témérités, savait apprécier dans Despréaux les tournures neuves et hardies que ce législateur du Parnasse introduisait dans notre langue :

> Quel plaisir de te suivre aux rives du Scamandre,
> D'y trouver d'Ilion la *poétique cendre* !
> (Epître IV.)

« La *poétique cendre,* dit Lebrun, est une expression qui enrichissait la langue pour la première fois. » — Eh ! combien n'en doit-on pas à ce Boileau, que des littérateurs prévenus ou blasés ont osé taxer de stérile froideur et de timide génie ? Des vers tels que ceux-ci démentent ce reproche :

> Se font des mois entiers, sur un *lit effronté* [1],
> Traiter d'une visible et parfaite santé.
> (Satire X.)

Traiter d'une *parfaite santé* est une alliance de mots, un de ces paradoxismes (ou antithèses) aussi élégants que justes ; mais *un lit effronté* est un hypallage nerveux, qui fut vivement critiqué ; l'auteur a tenu bon, comme on peut le voir par son épître X, où il dit :

> Et bientôt vous verrez mille auteurs pointilleux......
> Vous soutenir qu'un lit ne peut être effronté.

Et le vers est resté, et il a mérité les honneurs de l'imitation :

> Et mille autres encore *effrontés ornements.*
> (*Gilbert,* Satire I.)

593. — Boileau a cependant montré plus d'entêtement que de goût en refusant de changer ce passage :

> Et tandis que ton bras, des peuples redouté,
> Va, la foudre à la main, rétablir l'équité.
> (Disc. au Roi.)

---

[1] Se faire traiter *effrontément* sur un lit, etc., voilà le sens, abstraction faite de toute figure. La Fontaine a dit aussi, dans la fable des *Bâtons flottants* :

> Ce qui nous paraissait terrible et singulier
> S'apprivoise avec notre vue.

C'est au contraire la *vue* qui *s'apprivoise* avec ce qui paraît terrible et singulier.

Ce bras qui va la foudre à la main a été critiqué par Boursault, dans la *Satire des Satires* (Sc. II), et, il faut l'avouer, le critique a eu les rieurs et les gens de goût pour lui. Boileau tâchait de se justifier en alléguant ce vers de Racine (*Mithridate*) :

Et mes derniers regards ont vu fuir les Romains;

mais les regards ne sont pas individualisés comme *le bras*; cette personnification d'une partie du corps agissant avec une autre partie de cette partie, forme une confusion d'idées qui choque tout esprit droit, et c'est au même titre que La Harpe a critiqué ce vers de Voltaire (*l'Orphelin de la Chine*) :

Où mon *front* avili n'osa lever les *yeux*.

Il faut pourtant avouer que cette phrase est un peu moins vicieuse que celle de Boileau; mais en voici une où Voltaire a atteint le comble du ridicule :

Lavons la *tête* à ce large *visage*.
(L'Enfant prod.)

Le visage fait partie de la tête, mais un visage n'a point de tête.

394. — Nous n'avons point la prétention d'exposer toutes les heureuses alliances de mots, tous les tropes hardis dont nos grands poëtes ont parsemé leurs ouvrages; nous avons seulement à cœur d'unir nos faibles efforts à ceux des grammairiens et des littérateurs distingués qui pensent que notre langue ne pousse la timidité que jusqu'où la raison

condamne la hardiesse, et que, si elle redoute les écarts, elle permet les généreux élans. Les poètes nos contemporains, je parle des grands poètes, sont pleins de verve et de sentiment; leurs écrits étincellent de ces éclairs brûlants qui semblent ouvrir le ciel à nos regards frappés d'admiration; mais aussi, combien de ces éclairs, après nous avoir éblouis, nous laissent dans une obscurité profonde! A côté de ces expressions sublimes, enchanteresses, nées comme de source, on en trouve trop souvent d'autres qui sentent la recherche, trahissent l'intention d'étonner, accusent la gêne et le travail de l'enfantement. Du sublime au ridicule il n'y a qu'un pas, disait Napoléon, et une foule de vers rêvés pour l'un, sont tombés dans l'autre. Le désir de produire du nouveau, la manie de se montrer génie créateur, jette les écrivains dans un dévergondage d'esprit, qui dénaturerait la langue en peu de temps, si les défenseurs des saines traditions grammaticales ne se réunissaient pour arrêter cette décadence. — Personne plus que nous ne professe une admiration sincère pour M. de Lamartine, dont nous honorons le caractère noble, dont le cœur grand, expansif, dévoué aux plus nobles causes, captive la sympathie de tout homme pour qui Dieu, la liberté, l'humanité, la patrie, ne sont pas de simples sons dans le vague de l'imagination. Oui, nous admirons Lamartine, poëte aux chaleureuses inspirations; oui, nous l'aimons, parce qu'aucun des touchants accords de sa lyre n'est resté sans écho dans notre cœur; aussi combien n'avons-nous pas gémi en lisant sa *Chute d'un ange!* Dans ses précédents écrits, nous répétions çà et là : *Non ego paucis offendar maculis,* nous ne nous choquons point de quelques taches; mais dans celui-ci, nous avons cru que l'auteur avait pris parti pour la nouvelle école, qui ne tend qu'à pervertir notre littérature et notre langue.

Nous terminerons ce paragraphe par la critique de quelques phrases et de quelques comparaisons puisées dans cet ouvrage, sur le mérite littéraire duquel nous nous abstenons, du reste, de porter aucun jugement :

1° Entends monter du fond du gouffre *surplombant.*
(VIIIe vision.)

Un rocher peut *surplomber* au-dessus d'un gouffre, voilà tout.

2° De nos dômes flottants montagnes couronnées,
Qui vivez *innombrablement.*
(Récit.)

Boiste trouve ce mot *trop* long; il l'est surtout trop dans un petit vers, et termine la stance d'une manière trop languissante[1]. De plus, il constitue ici un barbarisme bien conditionné.

---

[1] Les grands mots sont plus tolérables dans le dialogue comique. En voici un d'un hémistiche entier :
Pour vous déshériter *indubitablement.*
(*Destouches,* le Philosophe marié, I.)

3° Soleil dont nous *buvons les dards* éblouissants.
(Ire vision.)

Ce sont les cèdres du Liban qui parlent ainsi. *Boire des dards*, grand Dieu ! *boire des dards !* ces charlatans qui s'enfoncent un glaive dans la bouche et la gorge me sont sur-le-champ venus à l'idée.

4° La route, serpentant de l'abîme au nuage,
   D'un vaisseau qui *talonne* imitait le *tangage*.
(XVe vision.)

A peine un lecteur sur trois cents comprend cette comparaison sans le secours d'un dictionnaire, et, quand il l'a comprise, il se demande si ce langage de *bord* est bien de la poésie.

5°   Ses lèvres.....
   S'entr'ouvraient et faisaient éclater en dedans,
   Comme au sein d'un fruit vert, les blancs pépins des dents.
(Ire vision.)

Cette comparaison sent trop l'affectation, elle n'est point naturelle, et la similitude laisse trop à désirer. Et puis, l'analyse la plus favorable donne : *Les lèvres faisaient éclater les blancs pépins des dents comme* (ils éclatent) *au sein d'un fruit vert*. Réfléchissez :

6° Comme un tronçon dormant de serpent qu'un pied presse,
   Du seul effort des nerfs sur lui-même se dresse,
   Au sol qui la portait (Daïdha), sans appuyer la main,
   Elle fut sur ses pieds, debout d'un bond soudain.
(Ire vision.)

Il faut, dit Marmontel, se garder de tirer ses comparaisons d'objets bas. Le poëte a dédaigné ce précepte, soit ; mais comprend-on bien ce que c'est qu'un *tronçon* DORMANT *de serpent?* Et se fait-on une idée exacte de ce *seul effort des nerfs de ce tronçon dormant qui se dresse...* SUR LUI-MÊME? cheville. Laissons le reste.

§ III. *Du néologisme en poésie.*

395. — L'Académie Française, lorsqu'elle conçut l'idée de doter la nation d'un dictionnaire, ne forma point son plan sur une échelle assez large. Guidée par le purisme de cour et la délicatesse dédaigneuse de grammairiens gentilshommes, elle se montra timide, minutieuse et trop sévère, dans l'examen des titres que les mots pouvaient offrir pour être admis dans cette œuvre de législation en matière de langage. Ainsi, cette pensée créatrice avorta en partie sous l'influence de mesquines considérations, et les familles de nos mots furent mutilées et restèrent incomplètes. Que devait donc faire la commission chargée de cet inventaire alphabétique de nos éléments littéraires? Elle devait recueillir, dans les écrivains qui avaient quelque valeur en tout genre, les mots bons, bien faits, dérivés de sources pures, que réclamait le besoin, ou la prévision du besoin; elle devait, lorsqu'une expression manquait et laissait une lacune dans la nomenclature de sa famille, la tirer des langues mères, et, après une discussion académique pour en constater l'utilité, l'adopter dans le dictionnaire.

Le latin et l'italien sont plus riches en mots que le français, parce qu'on a procédé autrement, parce qu'on a suivi des principes d'analogie communs à toutes les langues, et dont on a trop négligé l'application pour la nôtre. La publication du dictionnaire était l'occasion opportune d'augmenter nos richesses grammaticales, ou du moins de les exposer toutes dans une idée d'avenir. Aussi, comme nous l'avons dit ailleurs, les académiciens individuellement n'ont pas tardé à franchir la circonférence trop rétrécie où l'Académie en corps voulait circonscrire le génie ; les investigations de Boiste, quoique fort imparfaites, le prouvent manifestement. Prosateurs et poëtes n'ont pas vu dans le recueil académique la borne où une autorité despotique avait tracé le *non plus ultra* du génie. Guidés par des perceptions délicates, les poëtes, sans feuilleter le dictionnaire, sans chercher à s'assurer si leur plume ou leur voix n'enfante pas un barbarisme, écrivent et chantent; ils donnent à la langue des expressions qu'on leur refusait en son nom, car il n'y a plus de barbarisme, quand l'expression est claire, harmonieuse, utile et frappée au bon coin, selon le précepte d'Horace :

Licuit, semperque licebit [1],
Signatum præsente nota producere nomen.
(Ars poet.)

---

[1] « Il est permis, il fut toujours permis de créer un mot frappé au coin actuel » (métaphore heureuse tirée du monnayage).

596. — Nous distinguons trois espèces de néologismes :

1° Celui qui consiste à donner une acception nouvelle, une extension de sens à des mots admis et usités; 2° celui qui consiste à réhabiliter, à remettre en usage des expressions tombées en désuétude; 3° celui qui consiste à créer des mots nouveaux qui se rattachent à des radicaux connus. Nous allons citer des exemples de ces trois espèces de néologismes, en faisant observer que nous pourrions les multiplier, s'il était nécessaire.

597. — *Néologismes par extension de sens.*

ABORDER. Dans le sens de prendre terre, l'Académie ne le donne que comme verbe neutre : *aborder* à la côte, *aborder dans* une île. Les poëtes le font actif dans cette acception :

Je chante les combats et ce héros pieux
Qui, des bords phrygiens conduit dans l'Ausonie,
Le premier *aborda les champs* de Lavinie.
(*Boileau,* Art poét., III.)

De Rhétée *abordant* l'antique promontoire.
(*Delille,* Énéide, III.)

CITADIN. L'Académie ne donne ce mot qu'avec des noms de personne, des habitants d'une ville, par rapport à ceux qui vivent habituellement à la campagne. On peut l'employer comme adjectif, même avec un nom de chose.

Des rimeurs *citadins* la muse peu champêtre.
(*Delille,* l'Homme des champs, IV.)

Aux plaisirs *citadins* autrefois assidus.
(*A. Chénier*, Elégie VI.)

Plaisirs citadins s'oppose à *plaisirs champêtres*.

Cécité. Etat d'une personne aveugle. *Cécité* se dit au propre, et *aveuglement* au figuré. (Académie.) Les poëtes ne s'astreindront pas à suivre complètement cette distinction. Ce que l'usage fait, l'usage le défait on peut le défaire, quand la raison y est contraire. Nous avons déjà trouvé plusieurs fois *cécité* employé pour *aveuglement* au figuré, et il sera préféré précisément parce qu'il est moins commun :

Hélas ! que vous devez méditer à côté
De l'arrogance unie à notre *cécité* !
(*V. Hugo*, Voix intérieures, XXVIII.)

Déplorable. Voir la note du paragraphe précédent sur cet adjectif, que Racine a employé avec un nom de personne. L'Académie permet cette extension en poésie.

Égarement. Méprise de celui qui s'écarte de son chemin. Ce mot a vieilli dans cette acception, au propre, dit l'Académie. Cependant on le trouve dans Racine, et Geoffroi le trouve bon, du moins en poésie :

Arcas s'est vu trompé par notre *égarement*.
(Iphigénie, I, 4.)

Pourquoi proscrire ainsi une expression sans équivalent qui la remplace ?

Erreur. Du verbe *errer*. L'Académie dit positivement que ce mot n'est plus usité au propre que dans cette phrase : Les *erreurs* d'Ulysse, voyage long et rempli de traverses que ce prince fit en revenant du siége de Troie. Eh! pourquoi ne dirait-on pas aussi les *erreurs* d'Enée, les *erreurs* de tout autre? Si Gresset a pu dire, Les longues *erreurs* d'Ulysse, Delille n'a-t-il pu dire :

> Quelle est cette antique patrie
> Que le ciel me rappelle, où le ciel, pour toujours,
> De nos longues *erreurs* va terminer le cours ?
> (Enéide, III.)

Le sens est de part et d'autre identique, et de même qu'on erre sur la terre comme sur la mer, nous applaudissons à Delille d'avoir dit du jeune homme perdu dans les catacombes (*l'Imagination*, IV).

> Enfin, de route en route et d'*erreur* en *erreur*,
> Dans les enfoncements de cette obscure enceinte,
> Il trouve un vaste espace, effrayant labyrinthe.

ENTR'AIDER. L'Académie ne donne ce mot que comme verbe réciproque, *s'entr'aider*. Delille l'a fait actif (*la Pitié*, IV) :

> Supportez vos défauts, *entr'aidez* vos misères.

Cela est plus bref que *entr'aidez-vous* dans vos misères, mais nous avouons qu'il peut paraître un peu étrange.

IMPUTER. Attribuer à quelqu'un une chose digne de blâme. (Académie.) Racine, qui savait oser à propos, n'a pas craint d'employer ce mot en bonne part, dans une de ses pièces les plus soignées :

> Nos superbes vainqueurs, insultant à nos larmes,
> *Imputent* à leur Dieu le bonheur de leurs armes.
>
> (Esther, I, 4.)

Il aurait bien pu faire entrer le verbe *attribuer* dans son vers, en lui donnant un sujet singulier, mais ce mot est peu poétique.

Impuni. Ce mot se dit maintenant des personnes aussi bien que des choses, grâce à Racine, qui, le premier, au témoignage de Geoffroi, en a étendu ainsi l'acception (*Mithridate*, V, 5) :

> Pharnace *impuni*.

Montagneux. L'Académie dit que ce mot signifie *plein de montagnes, où il y a beaucoup de montagnes :* pays montagneux, etc. Mais je suppose qu'un poëte veuille traduire, le plus littéralement possible, cette expression qui se trouve dans Ovide, *montana fraga* (*Métamorphoses*, I, 8), ne pourra-t-il dire :

> Les fruits de l'arbousier, la *fraise montagneuse*?
> (*De Saint-Ange,* traduction d'Ovide.)

Noueux. S'il rencontre ailleurs, *nodosa lina* (*Métamorphoses*, III, 4), ne pourra-t-il traduire :

> Et les *filets noueux* à sa voix se détendent?

Parce que l'Académie nous apprend que cet adjectif ne se dit guère que du bois, est-ce une raison pour limiter à un seul cas le sens d'un adjectif dont le substantif a des acceptions nombreuses?

NAVIGATEUR. L'Académie ne donne ce mot comme adjectif qu'avec un nom de personne. Mais Delille n'avait-il pas le droit de traduire le *nautica pinus* de Virgile, par l'expression immédiate *pin navigateur*? Et Lebrun n'a-t-il pas eu raison de dire aussi :

Ces *pins navigateurs*, amis des matelots.
(Ode sur la Paix.)

RACHETER. Cherchez ce mot dans l'Académie, et dites-moi si vous y trouvez une acception analogue à celle-ci :

A l'aspect de ce roi *racheté* du tombeau ?
(*Racine*, Athalie, VI.)

Il s'agit de Joas sauvé du poignard des assassins. Racine pouvait mettre *retiré*, *rappelé* du tombeau ; mais quelle différence !

598. — Mais pour que ces néologismes souvent métaphoriques soient approuvés, et se glissent dans la langue pour s'y incorporer en quelque sorte, il faut que l'analyse à laquelle les soumet le jugement n'offre rien qui répugne à la raison, autrement elle les repousse. En voici des exemples :

1° Mais votre Pierre enfin, *dessillant* ma raison,
M'ouvrit dans l'univers un plus vaste horizon.
(*Baour-Lormian*, Jérusalem. déliv., XVI.)

DESSILLER, et mieux *déciller*, signifie séparer les cils ; de là, *déciller* les yeux à quelqu'un, au figuré, pour dire le *désabuser*, et *déciller les yeux* est une expression faite qui a le même sens que *déciller la raison*, si cela pouvait se dire.

2° Ces grands gémissements *accentuant* les plages.
(*De Lamartine*, Chute d'un ange, VI.)

ACCENTUER, c'est mettre les accents orthographiques, ou donner l'accent tonique aux syllabes qui l'exigent, ou c'est prononcer les mots avec une accentuation quelconque. Mais des gémissements qui *accentuent* quoi?... des plages; il faut trop réfléchir sur le vers entier pour le comprendre.

599. — *Néologismes par rénovation ou réhabilitation d'expressions.*

Multa renascentur, quæ jam cecidere, cadentque
Quæ nunc sunt in honore vocabula, si volet usus [1].
(*Horace*, Art poétique.)

Vaugelas nous apprend que c'était la plus saine partie de la cour, et la plus saine partie des auteurs de son temps, qui étaient les arbitres de l'usage. Ainsi le reste de la nation était compté pour rien. Il y avait là un immense inconvénient. La cour, composée de grands seigneurs et de grandes dames qui donnaient le ton à la mode, la portait, cette mode, aussi bien dans la langue que dans la coiffure ou le vêtement. La bourgeoisie, qui avait augmenté ses richesses et sa puissance, voulait singer la cour, et celle-ci, dédaigneuse, affectait d'évite

---

[1] Beaucoup de mots ont péri, qui renaîtront; d'autres maintenant en honneur tomberont à leur tour, si le veut l'usage.

tout ce qui pouvait la commettre avec *la ville*. Il suffisait qu'un tour de phrase, un mot, eût faveur dans le public, pour que les précieux de la noblesse le bannissent de leur vocabulaire. De là des efforts tout à fait romantiques pour se créer un langage figuré, énigmatique, pour éviter d'appeler les choses bourgeoisement, par leur nom; langage sur lequel Molière a passé une couche de ridicule ineffaçable. Les grammairiens Vaugelas, Ménage se laissaient aller au torrent : *Féliciter*, *ambitionner*, *ployer*, *transfuge*, *insulte*, paraissaient barbares, malgré l'emploi qu'en avaient fait de grands écrivains en prose et en vers. Un Scudéri défendait au grand Corneille de dire :

Plus l'*offenseur* est cher, et plus grande est l'offense;

ce nom *offenseur* blessait l'oreille de ces messieurs. Un Subligny venait avec sa loupe chercher quelques incorrections de ce genre dans l'immortel Racine. L'Académie n'écoutait qu'avec trop de complaisance les décisions de ces censeurs, qui, sous l'apparence de vouloir polir notre langue, ne tendaient qu'à l'appauvrir. Cette manie d'abandonner certains mots, jointe à l'horreur du néologisme, allait toujours empirant, tellement que Marmontel, en 1785, se plaignait[1], en pleine Académie, qu'on eût laissé périr en quelque sorte les mots *labeur*,

---

[1] Discours. *De l'autorité de l'usage dans la langue.*

ombreux, brandir, aventureux, bruire, fallacieux, affres, simuler, discord, loyauté; il se plaignait qu'on n'employât plus *calamiteux, populeux, déhonté, souvenance, outrageux*. Il n'est plus douteux que la révolution qui survint quelques années après dans l'ordre politique, n'en ait également opéré une partielle, sous ce rapport, dans l'ordre grammatical et littéraire : elle a eu aussi ses heureux résultats et ses excès; mais des flots d'encre et de ridicule ne laissent pas du moins des souvenirs effrayants et hideux.

Pour en revenir à notre sujet, nous dirons que tous les mots regrettés par Marmontel ont été remis en usage ou adoptés : *ombreux, déhonté* se trouvent dans vingt auteurs, notamment dans Delille, qui a aussi employé *loyauté* dans son Énéide, liv. VIII. Baour-Lormian, Lebrun [1], de Saint-Ange, se sont servis de *fallacieux*.

De sucs *fallacieux* un mélange barbare.
(Métamorphoses, VII, 6.)

Boiste dit que ce mot est vieux, mais renouvelé; l'Académie dit seulement qu'il est du haut style.

Nous avons vu (chap. I), à l'examen de la diphthongue *ui*, que le verbe *bruire* est maintenant fréquemment usité.

Voltaire, dans son Commentaire sur Corneille,

---

[1] Nous avons cité plus haut des vers de Lebrun où ce mot se trouve.

paraît de l'avis de Marmontel, à l'égard du mot *discord*; on lit dans la tragédie d'Horace, III, 3 :

Puisque chacun, dit-il, s'échauffe *en ce discord*.

« *en ce discord* ne se dit plus, mais il est à regretter. » (Voltaire.) L'Académie 1835 dit que ce mot *vieillit*. Il a été renouvelé par les muses contemporaines ; il est rajeuni, il est frais et très bon :

Oubliant leurs *discords*, et déposant leurs haines,
Ils marchent réunis vers ces plages lointaines.
(*Ancelot*, Louis XI, acte I.)

Dans nos *discords* j'ai fait plus d'un naufrage.
(*Béranger*, le bon Vieillard.)

400. — Nous allons citer encore quelques mots renouvelés, qui méritent, selon nous, d'être pris en considération, s'ils manquent d'équivalents, ou s'ils augmentent les nuances de la diction.

1° Le verbe *dénier* est peu usité, dit Boiste ; mais puisqu'il a été heureusement employé par Racine (*Mithridate*, III, 5), les poëtes ne doivent point le négliger ; il est expressif.

2° Nous n'avons, disent les lexicographes et les grammairiens, conservé du vieux verbe *tistre* que le participe *tissu* et les temps composés qu'il sert à former. Voltaire, mettant au néant cette observation, a écrit :

L'Inde à grands frais *tissut* ses vêtements.
(Pauvre-Diable.)

Une femme hardie
Tissut le fil de cette perfidie. (La Prude, IV, 6.)

Ainsi le passé défini je *tissus*, tu *tissus*, il *tissut*, peut fort bien être employé, la prononciation est exactement la même que celle du participe. Cependant de Lamartine a préféré le verbe *tisser*, au pluriel à la vérité (*Chute d'un ange*, II) :

> Que ton hypocrisie et ton ambition
> *Tissèrent* de mensonge et de corruption.

Nous avouons que *tissurent* a quelque dureté, mais *tisser* est si populaire, il a un sens si mécanique, qu'on ne peut le trouver agréable au figuré : peut-être le poëte aurait-il pu mettre *ont tissu*.

3° Exulter, exultant. Boiste donne les mots *exulter*, *exultation*, en avertissant qu'ils sont vieux. Peuvent-ils être rajeunis, sont-ils nécessaires? nous le pensons :

> Et que dans l'univers toute chose et tout lieu,
> De jeunesse *exultants*, se sentaient pleins de Dieu.
> (*De Lamartine*, Chute d'un ange, II.)

4° Poudroyer. Nous n'avions vu ce verbe que dans la *Barbe-Bleue*, et, tout jeune encore, nous regrettions de ne pas le trouver dans les dictionnaires. Nous l'avons salué de bon cœur en lisant ce vers :

> Le désert qui *poudroie*, ou le désert qui fume.
> (*De Lamartine*, Chute d'un ange, XV.)

Le désert qui *poudroie*, c'est-à-dire où l'on voit s'élever de la poussière, dont un nuage de poussière couvre la surface, etc. Ces mots-là sont indispensables : il ne faut pas se laisser prévenir par la première vue ; il faut se rappeler que nous sommes débordés par des idées nouvelles, que la société est travaillée par des sentiments qui ont besoin de s'épancher, de se manifester clairement, et que la langue des passions et du genre descriptif réclame des mots nouveaux, comme la langue des sciences et des arts demande des expressions pour les découvertes nouvelles : il faut régler l'essor du génie, l'éclairer, et non le comprimer tyranniquement dans la sphère du passé.

Néologismes par création de mots qui se rattachent à des radicaux, et tendent à compléter les familles.

401. — Les poëtes ont eu la plus grande part dans la création des mots nécessaires pour peindre les sentiments et tout ce qui est du ressort de l'imagination et du cœur. On doit le mot *pudeur* à Desportes, et les mots *téméraire, insidieux, sécurité*, à Malherbe. Si l'on voulait faire la recherche historique de tous les éléments de notre vocabulaire, on se convaincrait de la justesse de notre assertion. Nos contemporains continuent cette œuvre de néologie ; nous en citerons quelques exemples.

Bruisser. Ce verbe est relatif à *bruissement*, il est excellent :

Les épis presque mûrs *bruissaient* sur leur paille.
(*De Lamartine*, Chute d'un ange, VI.)

Châteaubriand a aussi employé ce verbe dans Atala :

« Les serpents à sonnette *bruissaient* de toutes parts. »

Désenchanteur. Cet adjectif ne doit-il pas prendre naturellement place à côté de *désenchanter, désenchantement?*

Aux yeux désenchanteurs de la réalité.
(*Delille*, dithyrambe sur l'Immort. de l'âme.)

Désordonner. Le participe *désordonné*, né sans son verbe, ne le réclame-t-il pas? ne doit-on pas l'admettre auprès de *désordre?* Bussy-Rabutin a employé ce mot, il y a plus d'un siècle et demi. Delille s'en est servi deux fois, en voici un exemple :

Une raison hardie
De l'état social *désordonne* les rangs.
(La Pitié, IV.)

Inoffensé, inapaiser, infréquenté, etc. L'usage de la particule privative *in* est très fréquent en néologie. L'Académie avertit qu'il y a un grand nombre de mots commençant par cette particule, que les écrivains ont employés, mais qui ne sont pas généralement adoptés. Cependant *infréquenté*, qui se trouve dans Boiste, a été employé par vingt poëtes : il n'a pas le même sens que *solitaire*. Les deux autres mots ne se trouvent dans aucun dictionnaire :

Je franchis des ravins, des bois *infréquentés*.
(*De Saint-Ange,* Métamorphoses, V, 18.)

Et leurs augustes mânes
Erraient *inapaisés* autour de leurs cabanes.
(*Delille,* la Pitié, II.)

Mais la superbe tour qui domine la place
Encore *inoffensée* insulte à leur audace.
(*Baour-Lormian*, Jérusalem délivrée, XI.)

402. — Ainsi, pour conclusion, nous pensons que les poëtes ont bien agi en étendant le sens des expressions, en ressuscitant des mots inusités, en en créant de nouveaux ; mais ce droit ne peut s'exercer qu'à deux conditions : la nécessité, l'agrément. Quand une expression est inutile, à cause de ses synonymes existants, quand elle est dure ou inintelligible, elle n'a aucune chance d'adoption, elle doit être repoussée. Il faut être extrêmement sobre de néologisme ; il y a sous ce rapport intempérance chez beaucoup de poëtes de notre époque. D'après ces préliminaires, nous passons aisément condamnation sur les exemples suivants.

1° De sorte qu'en sortant nous trouvant tout *hilares* ;
(*A. Dumas*, Caligula.)

hilares, à la vérité, se rattache au nom connu *hilarité*, mais cet adjectif est glapissant, étrange, et quand nous avons *gai, joyeux, enjoué*, etc., à quoi bon ce cri, *hilares ?* Remarquez, dans ce vers, *de sorte qu'en sorte...*

2° Ses membres disloqués, mal attachés au corps,
S'emmenchaient pesamment à son buste *distors*.
(*De Lamartine*, Chute d'un ange, X.)

Il est encore vrai que nous avons *distorsion*, mais outre que ce mot est inusité en poésie, l'adjectif *distors* est durissime ; il exprime d'ailleurs une idée désagréable que *contrefait* ou *tortu* peuvent fort bien rendre, selon le genre d'écrire.

3° Il est des jours de luxe et de saison choisie
Tout trempés de rosée, et tout *fragrants* de fleurs.
(*De Lamartine*, Jocelyn, IV.)

L'épithète *fragrant* ne se rattache à aucun radical connu dans la langue, et dès lors il est inintelligible pour l'immense majorité des lecteurs. *Odorant, embaumé, parfumé* suffisent sans qu'il soit besoin de tirer du latin cette quadruple articulation en deux syllabes *rudes, fr, gr*.... Ce sont là, me dit un ami, des consonnes *burgraves*.

DES DIFFÉRENTS GENRES TRAITÉS EN VERS.

Des grandes œuvres. — Des petites œuvres.

§ I. *Des grandes œuvres poétiques.*

403. — Nous donnons le nom de *grandes œuvres poétiques* aux ouvrages d'une certaine étendue ou de longue haleine, qui méritent plus particulièrement le nom de poëmes. Cette division étant purement arbitraire, nous n'y attachons qu'une pensée de classification méthodique. Les grandes œuvres sont : 1° L'épopée, 2° le poëme héroï-comique, 3° le poëme didactique, 4° le poëme simple¹, 5° le poëme descriptif, 6° la tragédie, 7° la comédie, 8° l'opéra.

404. — L'*épopée* ou poëme *épique* est le récit d'une grande action entreprise ou dirigée par un héros principal, traversée par de grandes difficultés suscitées ou surmontées par l'intervention des puissances surnaturelles, et enfin accomplie selon l'espoir et le dessein du héros. Nous renvoyons aux poétiques et aux cours de littérature pour de plus amples détails, qui ne sont point de notre ressort. Le poëme épique s'écrit en vers héroïques, à rimes jumelles. L'*Enéide*, la *Jérusalem délivrée*, la *Henriade* sont des épopées.

405. — Le poëme *héroï-comique* ne diffère du poëme épique que par le but et par la nature des incidents. On y traite en style sérieux une action plaisante, et l'on y met souvent en œuvre les mêmes moyens que dans l'épopée pour arriver au dénouement. Le *Lutrin* de Boileau est un modèle en ce genre. Le *Vert-Vert* de Gresset est également une œuvre remarquable, mais tout y est moins épique. On y emploie le vers alexandrin, ou le vers pentamètre, à rimes jumelles ou croisées, selon le

---

¹ Nous ne comptons point le poëme burlesque, comme le *Virgile travesti* de Scarron, etc.

plus ou le moins de gravité dont on veut faire parade.

406. — Le poëme *didactique* est celui qui expose les règles, les préceptes, les beautés d'un art quelconque. C'est l'enseignement et l'exposé des causes et des effets de cet art, revêtus de tous les charmes de la poésie. On a fait des poëmes didactiques sur tous les arts. Les *Géorgiques* de Virgile, l'*Art poétique* de Boileau, la *Déclamation* de Dorat, sont des poëmes de ce genre. On y emploie l'alexandrin si le sujet a de la noblesse.

407. — Le *poëme simple* ou *petit poëme* est le récit d'une action peu importante, mais intéressante, dégagée d'épisodes. On en peut faire sur tous les événements marquants de l'histoire et de la mythologie. Les poëmes de *Fontenoy* par Voltaire, de *Tobie* par Florian, sont de ce genre. On y emploie l'alexandrin de préférence.

408. — Le *poëme descriptif* est celui dont le sujet est la description des beautés de la nature, ou des chefs-d'œuvre de l'art. Les *Saisons* de Saint-Lambert, les *Mois* de Roucher, etc., sont de ce genre. Ce poëme peut avoir un sujet moral, tel est le *Mérite des femmes* de Legouvé. On peut employer des vers de toute mesure dans ce genre, selon la nature du sujet.

409. — La *tragédie* est le récit d'une action malheureuse ou touchante destinée à être représentée sur la scène, et propre à exciter la terreur et la pitié dans l'âme du spectateur, et même à le corriger des passions fougueuses, ou à l'échauffer d'un généreux enthousiasme. Les héros de la tragédie doivent être illustres par leur naissance, leur position, ou leurs actions. Si les personnages sont pris dans le commun des mortels, la tragédie prend le nom de drame. La tragédie est nécessairement en vers ; la tentative de Lamotte pour en faire admettre en prose a échoué. Le drame peut être dans l'un ou dans l'autre genre d'écrire, c'est-à-dire en prose ou en vers. On ne se sert, pour la tragédie, que du vers héroïque à rimes plates ou jumelles. Nous avons déjà dit que Voltaire en a donné une en rimes croisées, qui a réussi.

410. — La *comédie* est le récit d'une action commune mêlée d'incidents, propre à être représentée, et à nous corriger de nos défauts, de nos vices, de nos ridicules, de nos travers. La comédie trouve ses héros dans toutes les classes de la société. Les pièces de caractère, de haut comique, doivent être en grands vers. Les pièces du genre attendrissant, comme *Nanine*, peuvent être en vers de dix syllabes ; les pièces du simple comique de situation et d'intrigue peuvent être en vers libres : tel est l'*Amphitryon* de Molière. Il y a aussi des comédies en prose.

411. — L'*opéra* est un poëme dramatique destiné à être mis en musique. C'est la représentation

d'une action qui tient de l'épopée par l'emploi du merveilleux; cependant le merveilleux n'est pas toujours indispensable dans ce genre de composition. Les opéras de Quinault sont en général des modèles. Marmontel en a donné quelques-uns qui ont un mérite incontestable. Ceux de Voltaire n'ont pas réussi. On emploie les vers mêlés pour l'opéra.

§ II. *Des petites œuvres poétiques.*

412. — Nous nommons *petites œuvres poétiques* celles qui n'ont en général qu'une médiocre étendue. C'est sous ce rapport seulement que nous leur donnons cette qualification, car, sous le point de vue de la difficulté et du mérite, la satire et l'ode sont des ouvrages qui exigent du génie et du travail.

Les petites œuvres poétiques sont 1° L'*ode*, 2° la satire, 3° l'épître, 4° l'héroïde, 5° la cantate, 6° le dithyrambe, 7° les stances, 8° l'élégie, 9° l'églogue, 10° l'idylle, 11° le conte, 12° l'apologue, 13° la chanson et la romance, 14° l'épithalame, 15° la ballade, 16° le sonnet, 17° le rondeau, 18° l'épigramme, 19° le madrigal.

Les poëtes modernes ont donné à leurs œuvres des noms nouveaux, comme *Harmonies, Méditations, Chants du Crépuscule, Orientales*, etc., etc. Mais ce sont en effet des odes, des stances, des dithyrambes, des ballades, en un mot, des pièces qui appartiennent à l'un des genres connus : *Rien de nouveau sous le soleil.*

413. — L'*ode* est un poëme lyrique composé de couplets égaux et semblables qui prennent le nom spécial de strophes. Chez les anciens, l'ode se chantait avec accompagnement de la lyre ou du barbiton. Chez nous, l'ode se récite ; mais nous avons des odes qui se chantent, ce sont les hymnes patriotiques ou religieux : ceux-ci prennent le nom de cantiques.

Voici ce que dit Boileau de l'ode :

> L'ode, avec plus d'éclat, et non moins d'énergie,
> Elevant jusqu'au ciel son vol ambitieux,
> Entretient dans ses vers commerce avec les dieux......
> Son style impétueux souvent marche au hasard ;
> Chez elle un beau désordre est un effet de l'art.
> (Art poétique.)

J.-B. Rousseau, et Lebrun, surnommé le Pindarique, ont réussi dans ce genre. De Lamartine et V. Hugo ont aussi donné de magnifiques odes sous d'autres noms.

414. — La *satire* est un poëme dans lequel on attaque directement les vices ou les ridicules. C'est la médisance armée du fouet de la critique littéraire, ou la Némésis vengeresse des actes blâmables que la loi ne peut atteindre, et des sentiments honteux que l'hypocrisie cherche à dissimuler. La satire en prose prend souvent le nom de pamphlet. Boileau et Gilbert ont réussi dans la satire; avant eux, Regnier s'était rendu célèbre par des satires d'un style singulièrement nerveux, mais qui blesse quelquefois la pudeur. On emploie l'alexandrin pour la satire, et quelquefois le vers de dix syllabes, si le sujet n'est pas trop sérieux.

415. — L'*épître,* comme son nom l'annonce, est une espèce de discours en vers adressé à quelqu'un [1], et dans lequel on traite un sujet de littérature, d'art, ou de morale. Souvent l'épître n'est qu'une satire déguisée. Boileau, Voltaire, un grand nombre d'autres poëtes, ont excellé ou réussi dans ce genre. L'épître sérieuse veut l'alexandrin; l'épître critique aime assez le pentamètre, l'épître badine et piquante admet volontiers le vers de huit syllabes.

416. — L'*héroïde* est une espèce d'épître composée sous le nom de quelque personnage illustre, fameux dans la fable ou dans l'histoire, et dont le sujet est sentimental. L'héroïde réclame l'alexandrin. Colardeau en a composé quelques-unes.

417. — La *cantate* est un petit poëme lyrique composé de plusieurs parties. La première expose le sujet et se nomme *récitatif.* Elle est suivie

---

[1] Il y a aussi le *discours* en vers où l'on traite une question de littérature ou de philosophie. Voltaire en a de fort beaux.

d'un air ou rondeau, puis succède un second récitatif après lequel vient ordinairement un dernier air qui contient le point moral de l'ouvrage[1]. La Cantate peut couper son second ou son troisième récitatif par un couplet nommé *cavatine*. Cette poésie est assez intéressante, quoique peu cultivée. On y traite des sujets héroïques ou galants, mais toujours nobles. La cantate admet des vers de toutes mesures. J.-B. Rousseau s'est acquis de la réputation en ce genre.

418. — Le *dithyrambe* chez les anciens Grecs était un chant d'enthousiasme en l'honneur de Bacchus. Chez nous, c'est une espèce d'ode sur un sujet noble, en strophes irrégulières. Delille a composé un dithyrambe sur l'*Immortalité de l'âme*. Beaucoup de pièces de vers de nos jours sont des dithyrambes, sans en porter le nom.

419. — Les *stances*. On nomme *stance* la réunion d'un certain nombre de vers, soit de même mesure, soit d'un mètre différent. Le mot *stance* est corrélatif, et ne convient qu'aux couplets dont la totalité roule sur un sujet moral, sentimental ou descriptif. C'est cet ensemble de couplets qu'on nomme *stances*. Une pensée spirituelle ou touchante, un fait, ou une maxime isolée, prend le nom de *qua-*

---

[1] On peut varier la forme de la cantate, lui donner trois récitatifs, trois airs ou rondeaux, etc.

train, si elle est exprimée en quatre vers, de *sixain*, si elle l'est en six, de *huitain*, si elle l'est en huit, de *dixain* si elle comprend dix vers [1].

420. — Les principes concernant l'arrangement des stances étant absolument ceux de l'arrangement des strophes dans l'ode, nous avons jugé à propos de ne les exposer que sous ce numéro.

1° Il y a des stances de cinq, de six, de sept, de huit, de neuf, de dix vers. On en fait rarement de onze, plus rarement de douze, jamais de treize. On sent que, dans une stance où les vers sont en nombre impair, il y a nécessairement une triple rime, mais elle ne doit pas se trouver de suite.

2° Il est impossible de fixer par des règles la manière dont les vers doivent s'agencer, s'entremêler dans la stance : lisez les bons poëtes lyriques, et, si vous êtes sensible au charme de l'harmonie, vous choisirez les rhythmes appropriés aux sujets que vous voudrez traiter. Voici des rhythmes majestueux :

Qu'aux accents de ma voix la terre se réveille !
Rois, soyez attentifs peuples, prêtez l'oreille !
Que l'univers se taise, et m'écoute parler !
Mes chants vont seconder les accords de ma lyre.
L'Esprit-Saint me pénètre ; il m'échauffe, il m'inspire
Les grandes vérités que je vais révéler.
(*J.-B. Rousseau.*)

---

[1] La strophe ou stance de trois vers se nomme *tercet*.

Fortune, dont la main couronne
Les forfaits les plus inouïs,
Du faux éclat qui t'environne
Serons-nous toujours éblouis !
Jusques à quand, trompeuse idole,
D'un culte honteux et frivole
Honorerons-nous tes autels ?
Verra-t-on toujours tes caprices
Consacrés par les sacrifices
Et par l'hommage des mortels[1] !
(J.-B. *Rousseau*.)

Tel que le vieux pasteur des troupeaux de Neptune,
Protée, à qui le ciel, père de la fortune,
  Ne cache aucuns secrets ;
Sous diverse figure, arbre, fleuve, fontaine,
S'efforce d'échapper à la vue incertaine
  Des mortels indiscrets. (J.-B. *Rousseau*.)

Seigneur, dans ta gloire adorable
Quel mortel est digne d'entrer ?
Qui pourra, grand Dieu, pénétrer
Ce sanctuaire impénétrable,
Où tes saints, inclinés, d'un œil respectueux,
Contemplent de ton front l'éclat majestueux ?
(J.-B. *Rousseau*.)

« Ces deux alexandrins, où l'oreille se repose après
« quatre petits vers, ont une sorte de dignité con-
« forme au sujet. » La Harpe.

---

mais ne se trouve que dans certaines pièces, comme le sonnet. On ne dit ni *cinquain*, ni *septain*, ni *neuvain*; cependant ce dernier mot est relatif à *neuvaine*, et Lebrun l'a employé, en parlant d'un impromptu fait à l'Académie.

[1] Cette strophe est pleine de gravité. La même combinaison a lieu avec des vers de trois pieds et demi, ou de sept syllabes. Elle a plus de mouvement. C'est, selon La Harpe, une des plus heureuses mesures qui soient du domaine de l'ode..... elle peut s'allier à tous les tons.
  Les cieux instruisent la terre
   A révérer leur auteur... (J.-B. *Rousseau*...)

> Combien avons-nous vu d'éloges unanimes,
> Condamnés, démentis par un honteux retour,
> Et combien de héros glorieux, magnanimes,
>   Ont vécu trop d'un jour !   (*Le même.*)

On peut, dans ce rhythme de quatre vers, substituer un tétramètre au demi-alexandrin final, et la strophe en acquiert plus de dignité ou de gravité. Du reste, c'est en lisant les lyriques que l'on verra toutes les combinaisons de vers qui peuvent former les stances.

3° Il vaut mieux commencer les stances par une rime féminine que par une masculine, parce que la vibration de l'*e* muet au repos final est plus agréable que le son de la syllabe masculine, qui a, dans ce cas, une certaine sécheresse.

4° Il est contraire à l'harmonie de terminer une stance par une rime masculine, et de commencer la suivante par une autre rime masculine d'une consonnance différente. Il en est de même pour les rimes féminines. Cependant cela n'est pas défendu.

>   Mon âme, louez le Seigneur ;
>   Rendez un légitime honneur
> A l'objet éternel de vos justes louanges.
>   Oui, mon Dieu, je veux désormais
>   Partager la gloire des anges,
> Et consacrer ma vie à chanter vos bienfaits.

>   Renonçons au stérile appui
>   Des grands qu'on implore aujourd'hui ;
> Ne fondons point sur eux une espérance folle :
>   Leur pompe, indigne de nos vœux,
>   N'est qu'un simulacre frivole ;
> Et les solides biens ne dépendent pas d'eux.
>   (*J.-B. Rousseau.*)

Cette forme a encore un petit défaut, c'est de n'offrir que deux vers féminins avec quatre vers masculins ; observez que ce défaut n'existe pas dans la strophe que nous avons citée plus haut :

Tel que le vieux pasteur des troupeaux de Neptune, etc.,

parce que les rimes féminines tombent par distiques, et qu'il y a séparation régulière entre les désinences.

5° Les stances sont régulières, si tous les vers sont de même mesure et de même rime, comparés chacun à chacun. Les stances sont irrégulières, si elles n'ont pas le même nombre de vers, ou s'ils ne sont pas placés avec la même symétrie, ou s'ils sont de mesures différentes.

421. — L'*élégie* est un poëme ordinairement de peu d'étendue sur un sujet lugubre ou triste, quelquefois sur un sujet d'amour.

La plaintive élégie, en longs habits de deuil,
Sait, les cheveux épars, gémir sur un cercueil.
Elle peint des amants la joie et la tristesse,
Flatte, menace, irrite, apaise une maîtresse.
(*Boileau.*)

L'*élégie* demande l'alexandrin dans les sujets sévères ; elle peut recevoir les vers libres dans les sujets de pure galanterie [1].

---

[1] Quand l'élégie est en stances, elle peut, dans tous les cas, admettre le mélange des mètres.

422. — L'*églogue* est un poëme pastoral ou *bucolique* : il représente une action qui se passe entre des personnages champêtres. L'églogue est un récit, ou un entretien, ou un mélange de ces deux choses. Elle admet ordinairement l'alexandrin ; mais le mélange des mètres et des rimes peut y être toléré. Gresset, Millevoye, ont traduit ou imité les églogues de Virgile. Fontenelle en a fait dont le style manque de naturel. On lit encore avec plaisir quelques-unes de celles de Racan et de Segrais. Ce genre est peu cultivé.

423. — L'*idylle* est aussi un petit poëme champêtre. Il est généralement moins étendu que l'églogue, avec laquelle on le confond quelquefois. Ces deux genres en effet se touchent ; mais l'idylle est plus spécialement une description riante, un récit sentimental et gracieux, une action touchante. Elle admet toute espèce de vers et de combinaisons de rhythmes. Mme Deshoulières, A. Chénier se sont distingués dans ce genre de poésie, où d'autres poëtes français se sont aussi exercés avec succès.

424. — Le *conte* en vers est le récit d'une aventure le plus ordinairement feinte, mais toujours plaisante ou piquante. Souvent le conte est une petite épopée qui roule sur une action galante : il admet tous les genres de vers, mais plus particulièrement celui de dix syllabes. La Fontaine, Voltaire ont réussi dans le conte.

425. — L'*apologue* est un petit poëme qui cache une vérité morale sous le voile de l'allégorie. Les personnages de l'apologue sont le plus communément des animaux. Il y a des apologues d'une très grande étendue; tel est celui des *Animaux parlants* de Casti, traduit dans notre langue en vers par Maréchal. C'est une véritable épopée sur tous les tons, depuis le plaisant jusqu'au sublime. L'apologue se nomme aussi *fable*, il préfère les vers libres. La Fontaine s'est immortalisé dans ce genre, où ont aussi brillé après lui Florian, l'abbé Aubert, Lamotte, et vingt autres.

426. — La *chanson* et la *romance* sont de petits poëmes très courts, destinés à être chantés à table ou dans les cercles. La chanson est gaie, vive, enjouée, pleine de sel; elle respire le plaisir, la galanterie. La romance est plus tendre, c'est la chanson larmoyante, elle peint les peines, les douceurs du sentiment : elle tient de l'élégie. Les Français l'emportent en ce genre sur tous les peuples anciens ou modernes. Anacréon, Horace, sont bien loin de Desaugier et de Béranger en ce genre. Celui-ci a fait même de belles odes sous le nom de chansons. Les stances de la chanson et de la romance prennent la dénomination particulière de *couplets*.

427. — L'*épithalame* est un petit poëme fait à l'occasion d'un mariage, en l'honneur des deux époux.

Toutes les mesures de vers peuvent être employées dans l'épithalame, genre de poésie passé de mode et qui n'a jamais fait la réputation d'aucun écrivain. J.-B. Rousseau en a composé.

428. — La *ballade* est une pièce de poésie ordinairement distribuée en deux ou trois couplets d'un nombre de vers indéterminé, de même mesure et sur deux ou trois rimes, avec un refrain qui sert de dernier vers à chaque couplet ou stance. Le tout est accompagné d'un *envoi* de quatre ou cinq vers qui finit aussi par le refrain. Ce genre de poésie est inusité aujourd'hui. Marot, et après lui La Fontaine, y ont réussi.

Dans la littérature moderne, le mot de *ballade* a pris une nouvelle signification : il désigne un récit touchant des anciens temps en stances régulières ou irrégulières.

429. — Le *sonnet* est une petite pièce de quatorze vers formant deux quatrains et deux tercets. Du temps de Boileau, on attachait encore un grand mérite à un sonnet sans défaut, puisqu'il dit :

Un sonnet sans défaut vaut seul un long poëme.

C'est une exagération assurément ; quoi qu'il en soit, voici les règles qu'il en donne. Il dit que Apollon,

Voulant pousser à bout tous les rimeurs *français*,
Inventa du sonnet les rigoureuses lois ;
Voulut qu'en deux quatrains de mesure pareille,
La rime avec deux sons frappât huit fois l'oreille ;

Et qu'ensuite six vers, artistement rangés,
Fussent en deux tercets par le sens partagés, etc.
(*Boileau*, Art poétique.)

Le premier tercet commence par deux rimes semblables; l'arrangement du second est arbitraire. Pour nous conformer à l'usage, nous donnerons un exemple du sonnet, en faisant observer qu'on peut en faire en vers de dix syllabes :

Nourri dès le berceau près de la jeune Orante,
Et non moins par le cœur que par le sang lié,
A ses jeux innocents enfant associé,
Je goûtais les douceurs d'une amitié charmante.

Quand un faux Esculape, à cervelle ignorante,
A la fin d'un long mal vainement pallié,
Rompant de ses beaux jours le fil trop délié,
Pour jamais me ravit mon aimable parente.

Oh! qu'un si rude coup me fit verser de pleurs !
Bientôt, la plume en main, signalant mes douleurs,
Je demandai raison d'un acte si perfide.

Oui, j'en fis dès quinze ans ma plainte à l'univers,
Et l'ardeur de venger ce premier homicide
Fut le premier démon qui m'inspira des vers.
(*Boileau.*)

Le style de ce sonnet est loin d'être sans défaut.

450. — Le *rondeau* est une pièce de treize vers sur deux rimes, huit féminines et cinq masculines, ou *vice versa*, ou sept masculines et six féminines. Ces vers sont partagés en trois stances inégales : la première a cinq vers avec un repos, la deuxième a trois vers, mais elle est suivie d'un refrain qui se compose des deux ou trois premiers mots qui commencent le rondeau. La troisième stance, de cinq vers, est également suivie du refrain qui fait partie intégrante de la phrase, et termine le rondeau.

Le rondeau, né gaulois, a la naïveté. (*Boileau*.)

C'est probablement à cause de cette origine que l'on n'emploie dans cette pièce que le vers commun, ou de dix syllabes, et celui de huit, qui sont très anciens dans notre idiome. Le rondeau exige la grâce, la naïveté du style et des pensées. En voici un de J.-B. Rousseau. Il sent l'épigramme :

En manteau court, en perruque tapée,
Poudré, paré, beau comme Diopée,
Enluminé d'un jaune vermillon,
Monsieur l'abbé, vif comme un papillon,
Jappe des vers qu'il prit à la pipée.

Phœbus, voyant sa mine constipée,
Dit : Quelle est donc cette muse éclopée
Qui vient chez nous râcler du violon
    En manteau court ?

C'est, dit Thalie, à son rouge trompée,
Apparemment quelque jeune Napée
Qui court en masque au bas de ce vallon.
Vous vous moquez, lui répond Apollon ;
C'est tout au plus une vieille poupée
    En manteau court.

Il y a encore le rondeau redoublé ; mais ces genres sont rarement usités aujourd'hui, et ceux qui voudront avoir de plus amples détails les trouveront dans les dictionnaires de littérature et les poétiques.

451. — L'*épigramme* est une petite pièce de vers

très courte qui se termine par une pensée ingénieuse, vive et toujours satirique, car l'épigramme n'est qu'une petite satire chez les modernes ; elle blesse en riant.

> L'épigramme, plus libre, en son tour plus bornée,
> N'est souvent qu'un bon mot de deux rimes orné.
> *(Boileau.)*

Ce genre admet toutes sortes de vers et le langage marotique, car Marot y a excellé. J.-B. Rousseau et Lebrun se sont fait aussi un nom dans l'épigramme. Citons-en quelques exemples.

Aux journalistes de Trévoux.

> Petits auteurs d'un fort mauvais journal,
> Qui d'Apollon vous croyez les apôtres,
> Pour Dieu, tâchez d'écrire un peu moins mal,
> Ou taisez-vous sur les écrits des autres.
> Vous vous tuez à chercher dans les nôtres
> De quoi blâmer, et l'y trouvez très bien ;
> Nous, au rebours, nous cherchons dans les vôtres
> De quoi louer, et nous n'y trouvons rien.
> *(J.-B. Rousseau.)*

Voici une singularité en ce genre : Baour avait décoché ce distique épigrammatique à Lebrun :

> Lebrun de gloire se nourrit,
> Aussi voyez comme il maigrit.

Lebrun la lui renvoya, en ajoutant une apostrophe après le *m* du dernier mot, sans changer le titre :

Baour à Lebrun.

> Lebrun de gloire se nourrit,
> Aussi voyez comme il *m'aigrit*.

432. — Le *madrigal* est une petite pièce de vers ingénieuse ou galante, tendre ou délicate, enjoée ou flatteuse. Le madrigal se nommait aussi *oi- gramme* autrefois, mais on a senti que les dax genres ne pouvaient pas plus être confondus ue la nature des sentiments qu'ils expriment.

REMARQUE.

On donne le nom de fugitives aux petites ièces de vers des auteurs, soit qu'elles portent les noms différents de ceux que nous comprenons dns les petites œuvres poétiques, soit qu'elles porent individuellement l'un de ces titres. Les poéies fugitives de Voltaire sont d'impérissables modles en ce genre.

FIN.

TABLE DES MATIÈRES.

PREMIÈRE PARTIE.

DES RÈGLES DE LA VERSIFICATION.

Avertissement	v
I. Notions préliminaires, quantité	1
II. De l'hémistiche et de la césure. — De l'enjambement	16
III. De la rime.	27
IV. De l'hiatus. — De l'élision	52
V. Du vers pentamètre ou décasyllabyque. — Des vers d'un mètre inusités. — Des petits vers.	68
VI. De la cadence et de l'accent tonique. — Du mélange des rimes. — Du mélange des mètres.	78
VII. De l'harmonie en général et des cacophonies. — De l'harmonie imitative. — De l'harmonie expressive ou descriptive, et des coupes. . .	90
VIII. De l'emploi des synonymes. — Des épithètes et des chevilles.	113

SECONDE PARTIE.

DES LICENCES POÉTIQUES DE CONSTRUCTION, D'ORTHOGRAPHE ET DE SYNTAXE.

I. De l'inversion, de la syllepse, de l'ellipse et du pléonasme 136
II. Licences dans l'emploi du substantif. . . . 165
III. Licences dans l'emploi de l'adjectif. 198
IV. Des licences dans l'emploi des pronoms. — Pronoms personnels. — Pronoms conjonctifs. 224
V. Licences dans l'emploi des participes. . . . 276
VI. Licences dans l'emploi des adverbes. 296
VII. Licences dans l'emploi des prépositions. . . 310
VIII. Licences dans l'emploi des conjonctions . . . 324
IX. De l'emploi des mots. 330
X. Des différents genres traités en vers 370

FIN DE LA TABLE.

Paris. — Imprimerie d'A. SIROU, rue des Noyers, 37.

www.ingramcontent.com/pod-product-compliance
Lightning Source LLC
Chambersburg PA
CBHW052047230426
43671CB00011B/1816